Heinz Weiss

Mehr Licht für alle!

Freie Schule – die angesagte Option.

echomedia
BUCHVERLAG

Aus Gründen der besseren Lesbarkeit wird auf die gleichzeitige Verwendung männlicher und weiblicher Sprachformen verzichtet. Sämtliche Personenbezeichnungen gelten gleichwohl für beiderlei Geschlechter. – Bei den Originalzitaten wurden die ursprüngliche Rechtschreibung und der Stil beibehalten.

Impressum:
ISBN: 978-3-903989-23-8

Media Quarter Marx 3.2
A-1030 Wien, Maria-Jacobi-Gasse 1

Produktion: Ilse Helmreich
Layout: Elisabeth Waidhofer
Umschlagbild: Grete Wolf-Krakauer
Lektorat: Regina Moshammer
Herstellungsort: Wien

Besuchen Sie uns im Internet:
www.echomedia-buch.at

Inhalt

Mit Mut eröffnet.

„Schule der Zukunft eröffnet"

„Noch mehr Raum für Bildung"

„Eröffnung der neuen Ganztagsschule nach perfektem Umbau"

„Feierliche Eröffnung des coolsten Schulgebäudes des Jahrzehnts"

„Jahrhundertbau: Eine Wohlfühlschule wurde in unserer Stadt feierlich eröffnet"

„Ein postmoderner Volksschulbau von Hans Hollein weckt positives Presseecho"

„Komfortzone Schule – man möchte hier wieder die Schulbank drücken"

So oder so ähnlich klingen Pressemeldungen heutzutage, wenn ein neues oder umgebautes Schulgebäude seiner Bestimmung übergeben wird. Schüler und Lehrer fühlen sich schon Wochen vor dem Festakt eingestimmt und es wird mit viel Engagement auf das offizielle „Geburtstagsfest" des neuen Gebäudes hingearbeitet: Ausgewählte Schüler trainieren viele Stunden und Tage hart, um ohne Panne und mit beherrschbarem Lampenfieber Texte vorzutragen; unterdessen werden musikalische Darbietungen perfektioniert, damit sie ohne ungewollte Misstöne zum Ohrenschmaus für die geladenen Gäste werden. Tanzeinlagen mehr oder weniger körperlich begabter Schüler sollen obendrein von Modernität, Elan und Motivation, die an dem besonderen Schulstandort herrschen, zeugen. Jeder Winkel des Gebäudes ist blank gefegt und selbstgebastelte bunte Girlanden sollen für emotionale Aufbruchsstimmung sorgen. Honoratioren aller Gattungen, Personen aller politischen Couleurs, Journalisten mit und ohne Kamera, Schulaufsichtsbeamte und Elternvertreter sind eingeladen und man drückt inständig die Daumen, dass auch das Wetter mitspielt. Technisches Equipment wird bis zum Abwinken auf seine

Das Haus der „Freien Schule" in der Albertgasse 23 – Gaslaterne rechts

Funktionalität geprüft und alle fiebern dem großen Augenblick vor, auf und hinter der Bühne entgegen. Nach dem Festakt wird dann erleichtert und glücklich getwittert und hunderte Schnappschüsse, Selfies und Kurzvideos gehen auf Facebook viral, um hoffentlich unzählige Likes zu ergattern.

Ein Festakt, der nicht nur auf der Website der Schule stolz dokumentiert wird und in der Schulchronik seinen feierlichen Niederschlag findet, sondern auch den prägenden Stellenwert eines Gebäudes für seine Schützlinge sowohl in der Presse als auch in den sozialen Medien verdeutlichen soll.

Doch drehen wir das Rad der Zeit um 110 Jahre zurück. Bildung und Erziehung befinden sich in einer Übergangs- und Umwandlungsphase. Aufgrund des gesellschaftlichen Demokratisierungsprozesses und der fortschreitenden Industrialisierung sind auch Bildung und Erziehung geprägt von zwei Besonderheiten: Einerseits findet man immer häufiger individualisierende Formen und andererseits ist die Dringlichkeit einer besseren Allgemeinbildung gegeben. Die Entwicklung der Infrastruktur des Landes und das beginnende Industriezeitalter stellen in der Folge immer komplexere Anforderungen an die arbeitenden Menschen, die mit einer eher ungebildeten Bevölkerung nicht zu bewältigen sind. „*In späteren Jahren sehen es die Eltern dann ein, wie Unrecht sie thaten, ihren Söhnen nicht mehr als die vier deutschen Klassen lernen zu lassen, da heut zu Tag von den Mindergebildeten schon Manches begehrt wird, was einstens nur von dem Gebildeten verlangt wurde.*“ Diese Aussage stammt aus einer 1850 erschienenen Publikation, die sich unter anderem mit den steigenden schulischen Anforderungen auseinandersetzt.

Mit dem Reichsvolksschulgesetz von 1869 wird in Österreich schlussendlich die achtklassige öffentliche Volksschule als allgemeine Pflichtschule eingeführt, wobei die Möglichkeit besteht – aber eher in Ballungszentren –, nach fünf Jahren in eine dreiklassige Bürgerschule zu wechseln. Daher ist es notwendig, anders als in den Volksschulen, unterschiedliche Lehrpläne für Burschen und Mädchen einzuführen, um „Mädchen im Unterricht nicht zu überfordern“. Ferner soll ihre natürliche Bestimmung als Frau und Mutter in den Mittelpunkt der schulischen Erziehung gestellt werden.

Desgleichen wird 1869 der Kirche die Bildungsaufsicht entzogen und folglich das staatliche Schulsystem entwickelt. Liberale Kreise haben schon lange den zunehmenden Einfluss des Klerus im Staat mit Sorge beobachtet. Das Dogma von der Unfehlbarkeit des Papstes, das eine Reaktion auf den Verlust des Kirchenstaates im Zuge der italienischen Staatseinigung ist, verstärkt zusätzlich jene Befürchtungen. Zwar wird 1870 das Konkordat von Österreich ebenfalls aufgekündigt, trotzdem üben die Kirchenvertreter und die meisten Lehrer weiterhin große Macht in den Schulen aus.

Demzufolge wird der Ruf liberaler und reformpädagogisch denkender Kreise, allen Kindern – ohne Unterschied des Geschlechts und der sozialen Lage – eine neue, der Zeit angepasste Bildungsentfaltung zu sichern, immer lauter.

Anfang April 1910 wird bereits im deutschen Königreich Württemberg die erste Schule des Reformpädagogen Paul Geheeb eingeweiht. Seinen pädagogischen Schwerpunkt legt er auf Schülerselbstverwaltung und er sieht die Schulgemeinde als Zentrum des Gemeinschaftslebens. Die

Hauptmerkmale seines Schulkonzepts beruhen auf der Selbstentfaltung der jungen Menschen und dem daraus resultierenden Übernehmen von Verantwortung. Von großer Bedeutung damals ist auch die Überkonfessionalität dieser Bildungs- und Erziehungseinrichtung sowie, dass Mädchen und Buben gemeinsam unterrichtet werden.

Auch in Wien brodelt es und es kommt 1905 zur Gründung des Vereins „Freie Schule", der sich zum intellektuellen Flächenbrand über die ganze deutschsprachige Monarchie entwickelt. Davon aber später.

Wenden wir uns der Eröffnung eines auch rein äußerlich völlig „anderen" Schulgebäudes in der Albertgasse 23 zu. Es ist der 18. September 1910 – ein Sonntag, an dem mehr als 8.000 Menschen, vorrangig Arbeiter, nur ein Ziel haben: Sie wollen dabei sein, wenn nach vielen Rückschlägen und Schwierigkeiten das neue Schulgebäude der „Freien Schule" nun endlich feierlich der Bestimmung übergeben wird.

Die „Arbeiter-Zeitung" und das Wiener Montagblatt „Der Morgen" widmen sich am nächsten Tag breit und ausführlich der neuen Institution in der Josefstadt.

Frenetisch applaudiert die „Arbeiter-Zeitung" mit folgender Schlagzeile: „So wie diese ist noch keine Schule eröffnet worden." Und „Der Morgen" formuliert bewusst sachlich: „Die Eröffnung der Freien Schule. Eine Massendemonstration". Jedoch entpuppt sich auch der nachfolgende Artikel – trotz der wenig reißerischen Headline – als Achtungsbezeugung vor dem ungebrochenen Durchhaltevermögen des Vereins „Freie Schule", der diesen Schulbau ermöglicht hat, und zwar gegen den heftigen Widerstand von Karl Graf Stürgkh, dem damaligen Unterrichtsminister, der ihm nachgeordneten Schulbehörde und von den Vertretern der Kirche.

Dozent Dr. Ludo Hartmann übt scharfe Kritik an der „Verhinderungspolitik" der Behörden, indem er öffentlich *„[...] den Unterschied zwischen der geschriebenen österreichischen Verfassung und ihrer Anwendung darlegt und meint, daß der gegenwärtige Unterrichtsminister nichts ist als der Bediente des Nuntius oder eines anderen."* (Arbeiter-Zeitung)

Bevor man aber den eigentlichen Festakt in der Albertgasse beginnt, trifft sich das hochrangige Gremium des Vereins im Hotel Savoy in der Mariahilfer Straße. Laut „Arbeiter-Zeitung" bedeutet dies: *„Vor 9 Uhr Früh*

Freie Schule: Generalversammlung 1910 im Hotel Savoy

waren der große Saal, die breite Galerie und die vielen Nebenräume überfüllt. Ununterbrochen zogen Menschenmassen herbei. Bald war auch der Hof gefüllt und in kurzer Zeit standen viele Tausende, die gekommen waren, das Fest mitzufeiern, auf der Straße.“

Der Vereinsobmann Abgeordneter Paul (Freiherr von) Hock begrüßt die Erschienenen, unter ihnen die Abgeordneten Otto Glöckel, Engelbert Pernerstorfer, Karl Seitz, Franz Schuhmeier und Julius Ofner. Anwesend sind ferner mehrere hauptsächlich sozialdemokratische Gemeinderäte und einige Landtagsabgeordnete als Vertreter von auswärtigen Ortsgruppen des Vereines, aber auch Sympathisanten aus den Kronländern der Monarchie, alle mit einem Ziel: dabei sein zu dürfen, wenn es zur hautnahen „Kostprobe der Freiheit“ (Der Morgen) kommt.

Auch Hock verweist in seiner Rede auf die exorbitanten Hürden, die die Verwirklichung des Projekts mit sich gebracht hat: die Mühsal mit der Finanzierung, schlussendlich erreicht durch Spenden des kleinen Mannes, denn *„Wir haben nur wenige Beiträge von Reichen bekommen …“* (Arbeiter-Zeitung), aber auch die Forderung des Unterrichtsministers, der dem Verein die Erlaubnis der Privatschule letztendlich nur dann in Aussicht stellt, wenn katholischer Religionsunterricht verbindlich angeboten wird. Obendrein wird der Religionslehrer von der Kirche entsandt und darf in keinem Konnex mit dem Verein stehen. Ein schwerer Schlag für den Verein, der sich die „geistige Befreiung" (vom Gedankengut des Klerus – Anm. des Autors) – oder um Hock zu zitieren: *„Fort mit dem Klerikalismus aus der Schule!"* – zu einem der Eckpfeiler seiner Reformpädagogik gemacht hat. Man wehrt sich mit allen zur Verfügung stehenden juristischen Mitteln, aber selbst eine Eingabe beim Verwaltungsgerichtshof führt in dieser Causa zu einer Niederlage. Um die Schule dann doch verwirklichen zu können, müssen die Verantwortlichen klein beigeben und die Situation akzeptieren.

„Da die Saallokalitäten lange vor Eröffnung der Versammlung überfüllt waren, so wurde im Garten eine zweite Versammlung abgehalten und auch auf der Straße sammelten sich allmählich mehrere tausend Teilnehmer an, die keinen Eintritt mehr fanden und bis zum Schluß der Versammlung geduldig ausharrten." (Der Morgen) Aus diesem Grund müssen die Redner vor den Wartenden im Freien ihre Ansprachen wiederholen und man spendet ihnen tosenden Applaus.

Anschließend ziehen die Menschenmassen geordnet durch die Mariahilfer Straße und auf dem Gürtel bis zur Lerchenfelder Straße und erreichen über diese die Albertgasse, wo *„[...] sich der Bau erhebt, der mit aus großer Entfernung sichtbaren Goldbuchstaben verkündet, daß er das Haus der Freien Schule ist."* (Arbeiter-Zeitung.)

Kurze Zeit später ist die Albertgasse bis zur Josefstädter Straße brechend voll. Trotz des Gedränges richten die Menschen neugierig ihre Blicke auf das prominente Gebäude. Vier Stockwerke hoch, Dachterrasse und viele übergroße Fenster, die Licht und Luft im Inneren garantieren. Klare Linien unterstreichen das markante Erscheinungsbild.

In diesem Moment öffnet sich eines der Fenster und unter Applaus erscheint Hock, der voll Stolz einige Worte an die Anwesenden richtet. Er weist auf die geschichtliche Bedeutung des Tages hin und dankt den Menschen für ihr Kommen. Gleichzeitig spricht er an alle Zuhörer eine Einladung zur Besichtigung des Hauses aus. Schließlich nimmt Hock in seiner Funktion als Vorsitzender die Eröffnung vor: *„Wir übergeben heute dieses Haus dem freien deutschen Volke Oesterreichs. Es wird länger stehen als die Regierung. [...] Die Pforten dieses Hauses, das ich hiemit eröffne, werden*

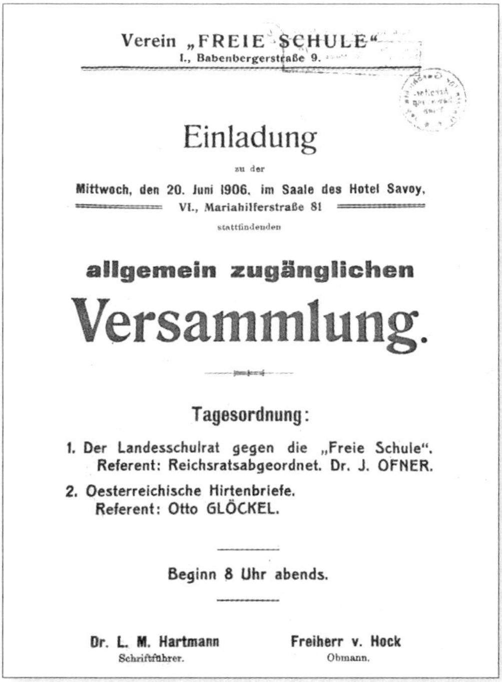

Verein „FREIE SCHULE"
I., Babenbergerstraße 9.

Einladung

zu der

Mittwoch, den 20. Juni 1906, im Saale des Hotel Savoy,
VI., Mariahilferstraße 81

stattfindenden

allgemein zugänglichen

Versammlung.

Tagesordnung:

1. Der Landesschulrat gegen die „Freie Schule".
   Referent: Reichsratsabgeordnet. Dr. J. OFNER.
2. Oesterreichische Hirtenbriefe.
   Referent: Otto GLÖCKEL.

Beginn 8 Uhr abends.

Dr. L. M. Hartmann
Schriftführer.

Freiherr v. Hock
Obmann.

Flugblatt, 1906.

sich Ihnen auftun, damit Sie sich überzeugen, daß es die beste Stätte ist, die geschaffen werden kann, für den freien Geist in Liebe zum Volke. Die Freiheit hoch!" (Arbeiter-Zeitung)

Unter tosendem Applaus öffnet sich nun das Schultor und der breite Stiegenaufgang wird sichtbar. In kleinen Gruppen strömen interessierte Frauen und Männer in das Innere des *„Musterschulhaus(es), das in allen seinen Einzelheiten vorbildlich ist. Alle waren voll von Bewunderung …"* (Arbeiter-Zeitung)

Die *„[…] Besucher waren einstimmig in dem Lobe des Musterschulhauses und in ihrem Staunen darüber, daß es die Bau- und Schulbehörden versucht hatten, dieses Haus als für Schulzwecke ungeeignet zu erklären."* (Der Morgen)

Als Grund für die vorangegangene, versuchte Verweigerung der Benützungsbewilligung gibt die Behörde an, dass die Kinder in diesem Schulgebäude gesundheitsgefährdet seien – angeblich *„wegen ungenügender Belichtung der Lehrmittelzimmer und der Gänge … […]. Diejenigen, die Wiener öffentliche*

Das Volksheim Ottakring, einer der beiden Standorte des Schulversuchs

Schulen kennen, waren starr über die Schamlosigkeit [...] ...“ (Arbeiter-Zeitung) Der Andrang ist groß – jeder will sich das Schulhaus von innen ansehen: die hellen und räumlich großzügig gestalteten Klassenzimmer, die breiten Gänge, den neu eingerichteten Turnsaal, das mit Plattenkameras ausgestattete Fotolabor – und selbstverständlich muss auch die Dachterrasse besucht werden. Hier eröffnet sich den Besuchern ein wunderbarer Rundblick über die Stadt bis hin zu den Wiener Hausbergen. Diese Freiluftterrasse wird den Schülern als Kreativraum und/oder auch als Sportstätte zur Verfügung stehen.

Unter „Vermischtes“ schildert die Vertreterin der „Arbeiterinnen-Zeitung“ (Heft 20, Seite 8, 1910) ihre Eindrücke vom Rundgang durch das neue Gebäude:

Lichte, geräumige Lehrzimmer, von denen jedes 20 Schüler aufnehmen kann, werden den Kindern den Aufenthalt während der Schulstunden so angenehm als möglich machen. Die Ueberkleider werden nicht in den Klassenzimmern aufgehängt; dafür gibt es separierte Garderoberäume für jede Klasse.

Dann fehlt auch das Podium, auf dem sonst die Lehrer sitzen müssen, um die Riesenanzahl von Schülern, zum Beispiel in den Wiener Schulen, überblicken zu können. Hier thront der Lehrer nicht über den Schülern, er ist ganz nahe an ihren Bänken. Dadurch ist der persönliche Verkehr von Lehrern und Lernenden möglich, der für beide Teile so sehr von Vorteil und für die Erziehungstätigkeit von größter Bedeutung ist. Wände und Fußböden sind leicht zu reinigen, auch ist in jedem Lehrzimmer eine Waschvorrichtung angebracht. Knaben und Mädchen sitzen in jeder Klasse beisammen.

Im zweiten Stock befindet sich der Physiksaal, im dritten Stock der Zeichensaal. Beide Räume können verfinstert werden, um Skioptikonvorstellungen (Skioptikon = Laterna Magica = Projektionsgerät) veranstalten zu können. Zu ebener Erde befindet sich der Turnsaal, eine Turnsaalgarderobe sowie ein Warteraum für die ihre Kinder abholenden Eltern. Ein Baderaum mit zwölf Brausen und ein Ankleideraum vervollständigen die durchaus modernen und hygienischen Einrichtungen in diesem Musterschulhaus.

Wenn wir nur recht viele solche Schulen hätten, wird jeder denken. Aber es war nicht ganz leicht, auch nur diese eine Schule […] erstehen zu lassen.

Nun sind aber diese Schwierigkeiten überwunden. Als Beweis dafür steht hoch und stolz das Haus der Freien Schule. Möge dieses Haus als Vorbild dafür gelten, wie frei denkende Menschen sich die Erziehung der „höchsten Werte der Menschheit“, ihrer Kinder vorstellen.

Obwohl das Haus den ganzen Nachmittag für Besucher offen steht, müssen viele der Menschen abgewiesen werden. Diese versprechen aber, an den kommenden Sonntagen wiederzukommen, um sich dann in Ruhe die Musterschule ansehen zu können.

Ergänzend sollen an dieser Stelle noch die Baukosten für das Haus Albertgasse 23 dargelegt werden. 1930 beziffert Paul Speiser[1] den Kostenaufwand mit 400.000 Kronen. Das sind laut Oesterreichischer Nationalbank/Umrechnungstabelle € 1.872.633,50 (vormals ATS 25.768.000).

Verglichen mit heute gab es keine staatliche Förderung. Ferner musste der Verein die Gehälter der Lehrer zur Gänze selbst aufbringen.

---

[1] Paul Speiser bei der Jahreskonferenz der Wiener Kinderfreunde 1930.

„Je mehr ein Mensch weiß, desto weniger ahnt er."

Hermann Bahr

Der Philosoph Johann Gottfried Herder hat den Menschen gelegentlich als das „Wesen der Zucht" definiert. Es geht dabei immer darum, dass Humanität nicht nur vorgegeben, sondern auch eine Aufgabe ist. Diese Aufgabe wird uns nicht geschenkt, sie ist mühsam. Es ist aber zu berücksichtigen, dass der mühevolle Ernst des Erziehers auf die Freiheitlichkeit des Menschen und damit auf den Gesamtraum ihrer Konkretisierungen bezogen wird und bezogen werden muss. Insofern liegt in aller Erziehung immer auch die Aufforderung an die Selbsterziehung. Ein Pädagoge wird sich ferner immer selbst zu prüfen haben, wie weit sich etwa hinter seinem Handeln das Streben nach Selbstbestätigung oder sogar nach Macht über andere verbirgt.

Wie oben bereits erwähnt, muss Erziehung auf den Gesamtraum freiheitlicher Selbstbestimmung des Menschen bezogen sein, sowohl auf seine theoretische Leistungsfähigkeit als auch auf das, was im engeren und eigentlichen Sinn Erziehung heißt. Und schließlich ganz allgemein, was im Vollsinn des Wortes „Bildung" ist. Bezüglich der notwendigen Wissensvermittlung spricht man von „Unterricht". Dieser aber erschöpft sich keineswegs in bloßer Information. Es ist daher nicht zutreffend, dass der Unterschied von Lehrer und Schüler nur in einem Informationsvorsprung des Lehrers bestehe. Erziehung muss stets die Würde des Menschen im Auge behalten. Bildung erweist sich dadurch als Resultat eines dauernden Ringens um Humanität, in dem immer auch Unterricht und Erziehung zum Zug kommen. Bildung ist auf diese Weise tatsächlich als gereifte Humanität zu bezeichnen, die etwaige Plagen des Unterrichts oder die Härte der Erziehung hinter sich gelassen hat. Ein so gebildetes Dasein weist Züge von natürlicher Selbstverständlichkeit und innerer Sicherheit auf, die sich spielerischer Leichtigkeit nähert. Ein so gebildetes Bewusstsein gewinnt ein neue Art der Unbefangenheit zurück, die weder duldend das Überkommene auf sich nimmt, noch in ungeduldigem Eifer negiert, sondern hier und jetzt in eigenständiger Verantwortlichkeit weiß, was zu tun ist.

Dies als gedankliche Einstimmung auf den nachfolgenden Essay von Hermann Bahr. Der berühmte österreichische Schriftsteller, Dramatiker, Theater- und Literaturkritiker Bahr besuchte die Musterschule kurz nach deren Eröffnung, um sich persönlich von den gänzlich neuartigen Unterrichtsmethoden ein Bild zu machen. Obendrein sah er sich in diesem modernen Schulgebäude genauer um. Er als „intellektueller Herr von Adabei" (Hermann Bahr: „Selbstbildnis", S. 2) hat „jede geistige Mode dieser Zeit mitgemacht" und widmet somit der „Freien Schule" in seinem Buch „Austriaca" ein eigenes Kapitel.

Freie Schule

In der Albertgasse die quer vom Lerchenfeld in die Josefstadt geht, hat die Freie Schule jetzt ihr eigenes Haus. Vom Althan oben erblicken die Kinder in der Rast über Schlote, Dächer und Türme hinweg den grünen Kranz der waldigen Hügel, vom Kahlenberg bis zum Anninger. Das Drohende der großen Stadt wird durch hereingrüßende Wiesen gemildert, der blaue Himmel ist nah und die liebe Sonne scheint. Schöner noch wär's freilich ja, das Schulhaus ganz im Grünen zu haben, auf irgendeiner Höhe draußen, weit über dem Dunst der Stadt. Luft und Licht sind die besten Lehrer. Sie wecken den Menschen und darin allein besteht doch schließlich alle Kunst der Erziehung. Aber wenn man nun, vom Althan herab, in eins der hellen Schulzimmer tritt, siehe, da ist man ja wirklich wie mitten im Grünen! Die frohen Kinderstimmen machen das, und die lachenden Augen und der Glanz auf allen Gesichtern.

Es wird gerade modelliert, als wir eintreten. Buben und Mädeln durcheinander beisammen. Bald in einer Bank zwei, bald nur eins. In keiner Klasse sind mehr als zwanzig. Und alles in Bewegung, alles voll Eifer! Der Lehrer bringt einen Klumpen Lehm her und teilt jedem davon aus, wie greifen da die kleinen Hände gierig zu und freuen sich, recht darin herum zu batzen! Der blonde Bub in der letzten Bank, mit den verschmitzten Augen in dem altklug ernsthaften Gesicht, knetet einen Hund. Mein Lieblingshund, sagt er stolz; und es muß wirklich ein ganz besonderer Hund sein, er sieht eher einem Känguruh gleich. Ein anderer macht ein großes Schiff und kann sich gar nicht genug tun, immer muß er noch einen Rauchfang, immer neue Masten haben, aber wie er es gar zu gut meint und für das Takelwerk die Fäden gar zu dünn dreht, bricht's ab und er kann von neuem

Hermann Bahr

beginnen, Zorn drückt ihm fest die Lippen zu. Hier ist ein kleines Mädchen mit schon ganz erwachsenen Augen, und indem sie knetet, mit zartesten Fingern, schielt sie heimlich immer seitwärts, ob man ihr auch zusehe, und es scheint ihr nicht so wichtig, was aus dem Ton wird, als ihre Hände zu zeigen. Eine andere dort ist ein bißchen verzagt, es ist das erste Mal, daß sie sich in der bildenden Kunst versucht, da sinkt ihr wohl das kleine Herz, sie sitzt ganz still und bückt sich vor, und wie sie so verlegen am Lehm herumdrückt, rundet sich ein Stück und nun setzt sie das getrost fort und legt die Dinger vor sich hin, sind's Brotkugeln oder Erbsen? Sie sagt: Äpfel. Und der Lehrer nickt, da wird sie rot und freut sich still, das nächste Mal wird's schon gleich viel besser gehen, denn jetzt hat sie doch schon mehr Vertrauen zur Kunst.

Die Kinder sagen zum Lehrer „du". Und wenn einem was einfällt, so redet es, und wenn ihm was nicht recht ist, so widerspricht es, und wenn ihm etwas lächerlich vorkommt, so lacht es. Und allen sieht man an, daß sie sich wohl fühlen, weil sie den Lehrer gern haben. Sie haben ihn aber gern, weil er lustig ist. Er ist ihr guter Kamerad, der von keinem was verlangt, aber jedem hilft. Er zwingt sie zu nichts, er zeigt ihnen nur, wie jedes sich anstellen muß, um zu können, was es selber will. Strafen gibt es hier nicht. Die quälende Furcht vor einer schlechten Note, böse Träume von schimpflichen Zensuren sind unbekannt. Was fängt man dann aber mit den schlimmen Kindern an? Gegen sie hilft man sich so: man nimmt hier an, daß es keine gebe, und die Folge davon ist, daß es wirklich keine gibt. Denn wie man den Menschen annimmt, so wird er dann. Es stellt sich heraus, daß die schlimmen Kinder offenbar erst in der Schule dazu gemacht werden. Durch Strenge, durch den Zwang, durch Langweile. Es geht mit den Kindern wie mit den Erwachsenen. Man muß Gewalt anwenden, um den Menschen schlecht zu machen. Wie er aber fühlt, daß man ihn ein bißchen lieb hat, ist er wehrlos. Insgeheim spürt das ja jeder, nur will jeder, daß der andere anfangen soll, mit dem Liebhaben. Das ist die große Torheit.

Ich weiß, daß alle diese Worte vielen albern vorkommen werden, und als hätt ich einen kindischen, dürftigen, ja recht kleinbürgerlichen Begriff vom Menschen. Viele glauben nämlich, ihn zu vergrößern und erst interessant zu machen, wenn sie ihn für ein höllisches Wesen nehmen, das nur mit Drohungen durch Furcht gebändigt werden kann. Sie sind der Meinung, daß einem Menschen erst der Mensch ausgetrieben werden muß, wenn er halbwegs brauchbar, ja bloß erträglich werden soll. Ich werde sie nicht bekehren, und sie mich nicht. Aber ihre Meinung hat ja jetzt ein paar tausend Jahre lang das Menschenleben regiert. Was ist dabei herausgekommen? So laßt uns doch nun einmal die andere Methode versuchen! Ärger kann's ja wohl nicht mehr werden, als es dem Menschen bisher ergangen ist, da man es für die Hauptaufgabe jeder Ordnung hielt, ihm das Leben zu verleiden, weil er nur zitternd allenfalls zu zähmen sei. Laßt uns nun doch einmal sehen, was aus ihm werden mag, wenn man ihm vertraut, wenn man an ihn glaubt, wenn man ihn frei läßt! Wird unser Verfahren ebenso zu Schanden, wie es eures noch immer geworden ist, dann geschieht ja schließlich nichts, als daß alles beim alten bleibt. Es kann sich höchstens ergeben, daß auch mit Liebe der Mensch ebensowenig gelingt, als er bisher mit Prügeln gelungen ist; vielleicht gelingt er überhaupt nicht. Aber warum will man uns ein Experiment verbieten, das vielleicht den alten Traum der Menschheit von einem Reich des Friedens und der Freude erfüllt oder aber uns davon befreit, durch den Beweis, daß er nur ein Wahn war, den wir dann also zur ewigen Ruhe bestatten wollen? Aller geistige Streit unserer Zeit geht schließlich nur um dieses Experiment. Die einen wollen den Menschen auch ferner als ein reißendes Tier an der Kette halten, die anderen sind neugierig, was denn wohl aus ihm würde, wenn man ihn einmal frei herumlaufen läßt. Zieht man auf beiden Seiten die großen Worte ab, so bleibt schließlich nichts als dies. Dort drüben eine Todesangst vor dem Menschen, wie er war, ist und, behaupten sie, bleiben wird, hier aber, bei uns, das stille Vertrauen auf ihn, der sich ja nur noch nie hat zeigen dürfen. Wir haben halt eine bessere Meinung von ihm, das ist vielleicht der ganze Unterschied. Und wer recht hat, das hängt ja vielleicht am Ende nur davon ab, wer die Kraft haben wird, seine Meinung durchzusetzen. Wie es nämlich vielleicht gar nicht eine Eigenschaft der Dinge ist, schön oder häßlich zu sein, sondern ihre Schönheit oder Häßlichkeit aus den Augen, die sie ansehen, kommt, so mag auch der Mensch beides sein, gut und bös, je nachdem er für gut oder bös gehalten und danach behandelt wird. Das Kind aber ist bisher in der Schule sozusagen überhaupt nicht behandelt worden, sondern mißhandelt. Was das Kind in der alten Schule gelernt hat, war der Haß. Den hat es da zuerst kennen gelernt, den Haß der Menschen voreinander und ihr tiefes Mißtrauen und den Zwang. Ich erinnere mich noch mit Wut, wie wir unnatürlich steif sitzen mußten, entsetzlich bange Stunden lang, die Hände auf der Bank, als wären wir Diebe, in atemloses Stillschweigen eingeschnürt, unter dem lauernden Blick des Neidischen dort oben, der Jagd auf uns machte, um unsere kleinen armen Seelen einzufangen. Wem aus meiner Generation wird nicht heute noch die Zunge bitter, wenn er an seine verlorene, zerquälte, geschändete Schulzeit denkt? Uns war der Lehrer der böse Feind. Wie froh wird mir hier in dieser lachenden Schar, der er ein guter Kamerad ist! Denn dies ist die Methode der Freien Schule: sie vertraut dem Menschen und läßt ihn wachsen, in der guten Erde heiterer Liebe, die Kinder empfinden und vergelten es, und das Schulzimmer, das uns voll Haß und Qual war, wird zum Idyll.

So fand ich es in der Freien Schule, von der es heißt, daß sie Atheisten züchten will. Nein, sie will das nicht, sondern ihr Sinn ist es umgekehrt, nichts zu züchten, sondern das Menschenkind werden zu lassen, seiner eigenen Natur gemäß, und ihm nur zu helfen, daß es sein inneres Gesetz selbst erkennen und verstehen lerne. Wir glauben ja heute nicht mehr an eine Wahrheit, die für alle giltig wäre, sondern wir meinen, Wahrheit sei des Menschen innerstes Eigentum, das jeder wieder erst in sich selbst zu suchen und zu finden hat, weil es eben aus dieser heiligen Kraft des eigenen Suchens, eigenen Findens erst entsteht, sonst ist's nur ein leeres, lebloses, nichts wirkendes und unvermögendes leidiges Ding. Wie oft hören wir Eltern darüber klagen, daß all ihre Erfahrung unnütz sei, weil die Kinder darauf nicht hören! Solche Eltern vergessen, dass Erfahrung ein ganz persönliches Gut ist, sie gilt nur für den, der sie gemacht hat, denn sie gilt ja nur für einen bestimmten Zweck, jeder neue Mensch aber gibt dem Leben einen neuen Zweck. Wären die Kinder nichts als eine Wiederholung der Eltern, so könnte des Vaters Erfahrung den Sohn führen, aber dann würde die Menschheit immer nur repetiert, niemals fortgesetzt, nicht entwickelt. Aber der Sohn soll mehr werden als der Vater war, mit jedem neuen Menschen fängt eine neue Form der Menschheit an, was soll sie da mit dem alten Mittel? Wir haben jetzt begreifen gelernt, daß nichts an sich gut, nichts an sich schön,

Josefstädter Straße um 1900

nichts an sich wahr ist, sondern nur das was einen Menschen zur Erfüllung bringt, eben dadurch für ihn zum Guten, Schönen und Wahren wird: jeder muß das für sich selber entdecken. Des Vaters Erfahrung enthält alle Antworten auf seine Fragen, aber der Sohn ist ja wieder eine neue Frage an das Schicksal. Ihr den Mund zu verstopfen, darin bestand früher alle Erziehung. Die neue besteht darin, sie andächtig anzuhören. Denn was das Kind vom Vater lernen kann, ist nicht viel, das ist ja schon erledigt, aber aus den Fragen des Kindes kann er ahnen, was der Menschheit die Zukunft antworten wird.

Jedem ist es schon einmal geschehen, daß er irgend ein Buch, das er seit Jahren kennt, bei Gelegenheit wieder zur Hand nimmt, um nun zu seiner größten Verwunderung Gedanken darin zu finden, die ganz neu scheinen und ihm plötzlich so vieles erklären. Ja hat er denn das Buch nicht vor Jahren schon gekannt? Hat er nicht eben die nämlichen Worte, die jetzt auf einmal solche Macht auf ihn haben, vor Jahren schon gelesen? Und war er damals taub für eben das, was nun so bedeutend, entwirrend, erlösend auf ihn wirkt? Und geschieht es nicht ebenso, daß wir zuweilen umgekehrt ein altes Buch wieder aufsuchen, weil wir uns erinnern, welche Lebenskraft uns einst daraus angeglüht hat, und nun ist aber auf einmal nichts als Asche darin? Denn kein Buch kann einem Leser mehr geben, als er selbst dem Buch entgegenbringt. Mit dem Gespräch unter Freunden, mit der öffentlichen Rede ist es nicht anders. Auch das Gespräch, so sehr es uns zuweilen neu zu beseelen, auch der öffentliche Redner, der uns in eine andere Welt fortzutragen scheint, sagen uns nichts, als was wir uns dabei selber sagen. Buch, Gespräch und Rede wirken nur dadurch auf uns, daß sie uns zum Selbstgespräch bestimmen. Wir brauchen sie, weil der Mensch die Reibung am Menschen braucht, durch sie wird er mit geheimnisvoll magnetischer Macht aus sich heraufgeholt. Allein sind wir nur ein Teil von uns, am anderen erst finden wir uns ganz. Wir brauchen ihn, denn durch ihn werden wir uns selbst erst gewahr. Wir brauchen den Stoß von außen, dann springt unser Inneres plötzlich auf. Und das ist das Einzige, was Lehre, Beispiel, Erziehung für uns tun kann: uns öffnen. Lehrer sind Menschen von einer aufweckenden Kraft, die durch ihr Wort, durch ihren Blick oder auch schon durch das geheimnisvolle Glück ihrer bloßen Gegenwart entbinden, was bisher in uns verschlossen lag. Mehr kann Erziehung nicht. Sie kann mich an mir verhindern, sie kann mich entmutigen, sie kann mich mir verleiden oder sie kann mir zu mir selbst verhelfen. Aber sie kann mir nichts bringen, was ich nicht schon habe, sie kann nichts aus mir machen, was ich nicht selbst schon von allem Anbeginn bin. Was hilft mir alles, was der Lehrer weiß, wenn es meiner eigenen Art nicht gemäß ist? „Jeder weiß nur für sich, was er weiß", hat Goethe gesagt. Und seit wir in diese Tiefe der Menschennatur gedrungen sind, darf sich keiner mehr vermessen, sein eigenes inneres Gesetz, das nur für ihn gilt, anderen aufzudrängen, denen es sinnlos ist.

Früher hat der Erzieher gefragt: Wie soll der Mensch sein und was muß ich also mit diesem Schüler anfangen, um jenen vorgeschriebenen Menschen aus ihm zu machen? Jetzt erkennen wir, die Frage war falsch. Denn jeder Mensch ist ein neues Versprechen, das nur er erfüllen kann, in seiner eigenen Art. So muß die Frage des Erziehers vielmehr sein: Was ist dieser Mensch, dieser eine Mensch, und wie wird er es ganz, wie wird alles aus ihm, was er werden kann, und nur er, unter Millionen und Millionen Menschen nur dieser eine Mensch? Der Sinn unseres Lebens ist, daß wir uns finden. Erziehung kann uns dabei helfen indem sie von uns abwehrt, was uns nicht gemäß ist, und uns immer wieder an uns selbst erinnert, immer wieder auf uns selbst zurückführt.

Auch durch die alte Erziehung ist ja schließlich doch kein Mensch anders worden, als er ist, keiner von sich abgebracht worden, sie hat nur die Menschen heucheln und sich schämen und an sich verzweifeln gelehrt, am Ende blieben sie, was sie waren, nur voll Angst und mit schlechtem Gewissen. Aber die neue

Rechenstunde – Freie Schule 1910

verargt keinem, was er ist, sondern macht ihm Mut dazu, Mut und Lust zu seinem eigenen Wesen und hilft ihm, daß er sich ertragen lerne und guten Gewissens sei, was er nun einmal, ob er mag oder nicht, doch ist und bleibt.

Jeder Mensch hat seinen eigenen Weg zu gehen, das ist der erste Gedanke der neuen Schule. Und der andere ist: Keiner kann einem Menschen seinen Weg zeigen, es findet ihn nur, wer ihn selber sucht, man kann dem Menschen nichts ersparen. Was für einen wahr, für ihn gut, für ihn schön ist, ist es nur für ihn und wird es auch für ihn erst durch ihn, indem er es sich aus Eigenem holt. Ein Kind sagt nach, was man ihm vorsagt, aber es hat nichts davon. Sinn und Kraft bekommt dies alles erst, wenn das Kind es am Ende selbst entdeckt, als wär's vor ihm allen unbekannt gewesen. Auch jede alte Wahrheit muß jeder neue Mensch erst am eigenen Leib wieder erleben und erleiden, früher hat er sie nicht. Alle Weisheit wird der Mensch erst inne, wenn er ihrer bedarf und indem er Gebrauch von ihr macht. Und ebenso die Schönheit und ebenso die Pflicht. Aller Inhalt der Erziehung ist, dem jungen Menschen Gelegenheit zu geben, daß er sich entdecke, sich selbst und was für ihn gut, was für ihn schön, was für ihn recht ist, und daß er sich ausüben lerne. Das ist die „neue Schulgesinnung", wie

Schulversuchsstandort Babenbergerstraße, Eckhaus links im Bild, 1906

man es in Deutschland draußen nennt, wo ja seit Jahren schon im stillen daran geschaffen wird. Die Wickersdorfer Schulgemeinde ist das schönste Beispiel. Wir haben in Österreich wieder einmal lange gebraucht, nachzukommen. Aber wie das bei uns oft geschieht, daß man lange nichts vernimmt, sozusagen unterirdisch aber doch irgend ein geheimes Regen und Ringen irgendwo sein muß, das dann plötzlich über Nacht aufschießt, so scheint's holen wir es nun ungestüm nach, und die Freie Schule sieht sich plötzlich jetzt von einer Begeisterung umdrängt, die allen hämischen Spott niederschlägt. Nur in den Kreis der reichen Leute dringt die Begeisterung nicht. Seltsam. Sollten gerade den reichen Leuten ihre Kinder nicht so wichtig sein? Aber schließlich werden wir auch ohne sie die Zukunft erreichen.

September 1910

Ein Gebäude: die emotionale Heimat.

Die Musterschule „Freie Schule" wird trotz vieler Schwierigkeiten erbaut und letztlich erfolgreich ihrer Bestimmung übergeben. Doch stellt sich für den interessierten Betrachter die Frage, warum dieses Gebäude akkurat in der Josefstadt beziehungsweise in der Albertgasse errichtet wurde. Und welcher Bauherr zeichnet für das Bauvorhaben verantwortlich?

Das k. u. k. Kriegsministerium besaß in der Wiener Vorstadt Josefstadt ein ausgedehntes Areal, das sich von der Fuhrmanngasse und Florianigasse über die Josefstädter Straße bis zur Albertgasse erstreckte. Nach den Plänen von Josef Ignaz Gerl – sein Vater war Stiftsbaumeister von Klosterneuburg und Stadtbaumeister von Wien – wurde in der Zeit von 1772 bis 1777 eine Kavallerie-Kaserne erbaut, die man 1794 noch erweiterte. Die Rückfront des militärischen Gebäudekomplexes begrenzten die privaten Häuser in der Fuhrmanngasse. Der Wiener Magistrat erwies sich aus Sicherheitsgründen, nämlich wegen der Brandgefahr (Scheunen voll mit Heu) und wegen der katastrophalen hygienischen Zustände (keine Kanalisation), als Gegner dieser Reiterkaserne und forderte bereits um 1800 deren Abbruch. In der Folge kam es tatsächlich zum Abriss, doch man hat die Kaserne Mitte des 19. Jahrhunderts wieder neu errichtet.

Im Zuge der Kasernentransaktion – in den Jahren 1890 bis ungefähr 1912 wurden in Wien die Kasernen systematisch aus dem Zentrum verbannt und an die Peripherie der Stadt verlegt – kam es schlussendlich zum Abriss der Josefstädter Kaserne. Als Ersatz ließ die Heeresverwaltung die Breitenseer Kaserne erbauen.

Aber lauschen wir für kurze Zeit dem österreichischen Lyriker und Dramatiker Anton Wildgans (1881–1932), der in „Musik der Kindheit" – „Die alte Josefstadt" die Reiterkaserne für uns poetisch zum Leben erweckt:

Ganz hingegen vom Erdboden verschwunden ist ein anderes Wahrzeichen der Josefstadt: hoch oben in Gürtelnähe die alte Reiterkaserne. Weithingezogene, einstöckige und düstere Gebäudetrakte umspannten einen Hof von ungeheuren Dimensionen. Wenn einmal zufällig eines der mächtig gewölbten Tore offen war, konnte der Vorübergehende in das Leben dieses streng abgeschlossenen Bezirkes Einblick nehmen. Da sah man Reitschule halten und Remonten zurei-

Reiterkaserne Josefstadt

ten, sah die Mannschaft fußexerzieren, turnen und säbelfechten, und manches, was man nicht sah, wovon aber jedesmal die ganze Stadt tagelang sprach, umgab das Gebäude mit Romantik und Grauen. Das waren vor allem die Pistolenduelle, die in allerfrühesten Morgenstunden auf dem gewaltigen Hofplatze ausgetragen wurden. Aber auch Freundliches, Friedliches, Anheimelndes ging von der düsteren Kaserne aus. An Sommerabenden, wenn die Petroleumhängelampen über den Familientischen brannten und die Turmspitzen der Piaristenkirche im letzten Flor des versinkenden Tages an die ersten zartflimmernden Sternbilder rührten, da stieg aus der Mitte des dämmernden Riesenhofes der Mahnruf der Retraite, das hundertjährige Hornsignal auf, das des großen Josephus Haydn Bruder dereinst für die kaiserlich österreichische Armee komponiert hatte. Weithin über Dächer und Gärten klang jene einzigartige dreifache Tonfolge. Schnurrbärtige Wachtmeister traten da kontrollierend vor die Tore der Kaserne und von allen Seiten fanden sich die Gerufenen ein. Schwergespornte Mannschaftsstiefel hallten über das Pflaster, noch gemächlich nach dem ersten Hornrufe, schon hastiger nach dem zweiten. In der Umgebung der Kaserne aber lösten sich jetzt allenthalben aus finsteren Straßenwinkeln und Tornischen die Gestalten von Dienstmädchen mit weißen Schürzen und dunklen Umhäng-

tüchern und sahen den Enteilenden nach, bis das letzte rote Husarenkäppi um die Straßenecke verschwunden und das letzte metallene Aufschlagen des Säbels auf das Pflaster verklungen war. Wer dann etwa eine Stunde später an den verdunkelten Fronten der Kaserne vorüberkam, ahnte nur mehr den Männerschlaf von Tausenden hinter ihren Mauern. Nur selten klang der melancholische Gesang rauher Stimmen in fremden Sprachlauten aus einem noch später erleuchteten Fenster. Um Mitternacht aber drang nur mehr scharf gärender Geruch von Pferdemist aus den schwervergitterten straßenseitigen Stallöffnungen und an Geräuschen bloß das dumpfe Stampfen unruhiger Hufe auf knisternder Strohschütte, das Schnauben nervöser Nüstern und hie und da das Rasseln einer Halfterkette.

Das war die alte Josefstädter Reiterkaserne: durch viele Geschlechter Aufenthalt und Schicksal für Hunderttausende. Dragoner, Husaren, Ulanen, Deutsche, Böhmen, Magyaren und Polen! Immer wieder wechselten die Regimenter und mit ihnen die Völker und Sprachen. Aber gleich für alle war durch Jahrhunderte die eiserne Ordnung des Dienstes, der alte Soldateneid der Treue »in Krieg und Frieden, zu Wasser und zu Land« und der melodische Befehl der ehrwürdigen Signale, bis über dem Verstummen von Millionen Tapferer auch sie auf den Schlachtfeldern des Weltkrieges verstummten. (antonwildgans.at)

Auf dem nun frei gewordenen Grundstück der ehemaligen Reiterkaserne – es handelte sich dabei um rund 50.000 m^2 – entstanden in der Folge sukzessive mehr als vierzig unterschiedliche Bauten, darunter zwei Gymnasien, eine Handelsakademie, das Stadttheater, das Bezirksamt Josefstadt, das Kartographische Institut und die Musterschule in der Albertgasse 23.

Als Architekt und Bauleiter für das neue Schulgebäude verpflichtete der Verein den in Brünn geborenen Ludwig Faigl. Dieser hatte bereits in Wien gemeinsam mit zwei anderen Architekten das Volksheim (= Volkshochschule) Ottakring entstehen lassen. Parallel zur „Freien Schule" zeichnete er auch für die Erbauung des Volksbildungshauses in der Stöbergasse in Margareten verantwortlich. Darüber hinaus engagierte sich Faigl als Ausschussmitglied des Wiener Volksbildungsvereins (= Volkshochschule Polycollege Stöbergasse).

Mit Ausbruch des Ersten Weltkriegs wurde auch Ludwig Faigl zum Militärdienst einberufen. Er starb unmittelbar danach im Kriegsgeschehen.

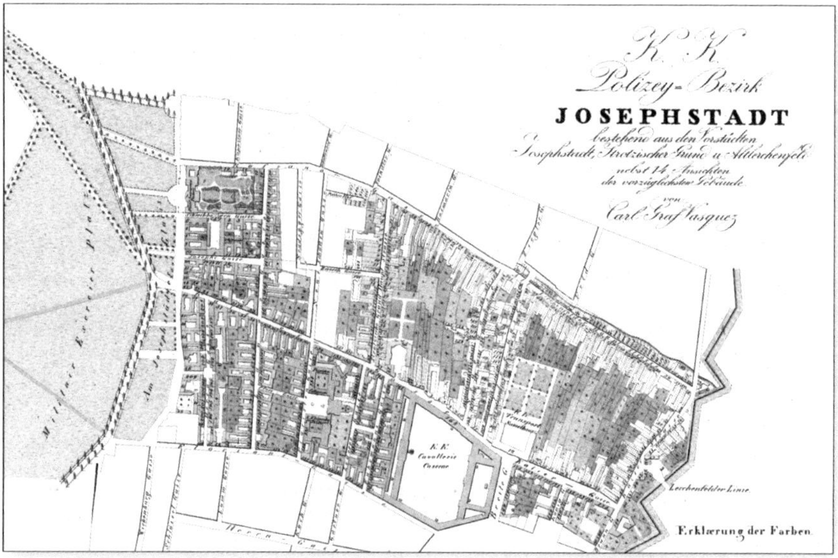

Josefstadt vor 1894

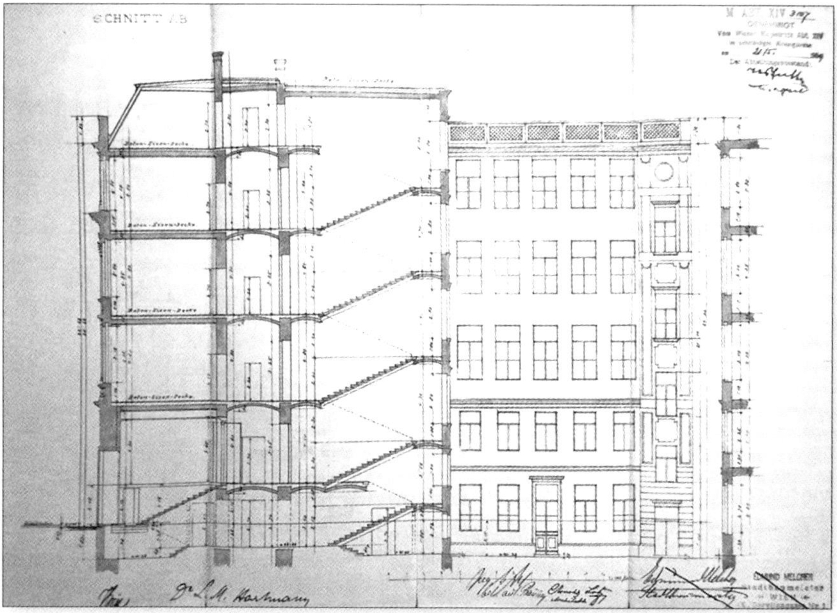

Bauplan Freie Schule Stiegenhaus, Hofseite

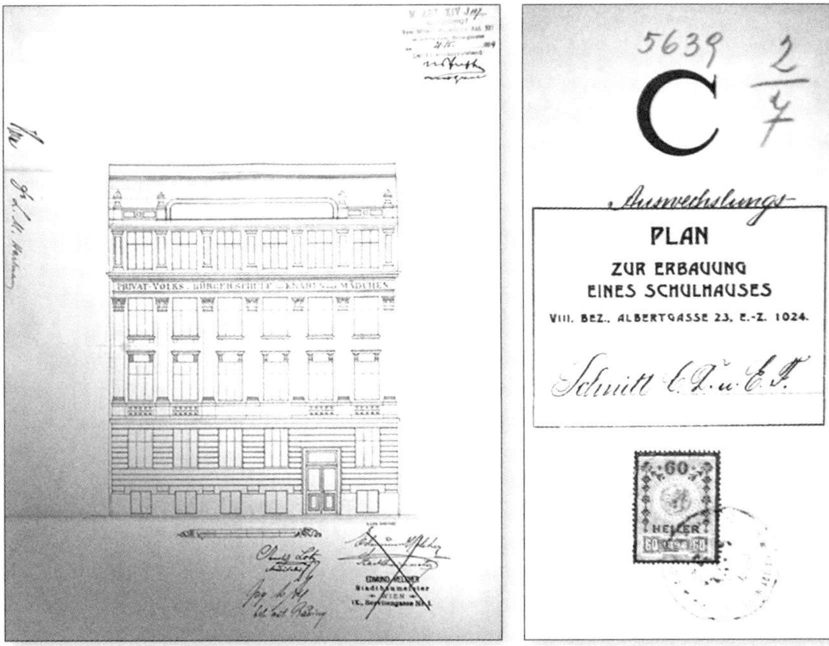

Bauplan Freie Schule Straßenseite

Lasst Pläne sprechen.

Um speziell fachliche Informationen zu baulichen Details des Gebäudes Albertgasse 23 transparent zu machen, haben wir den bekannten Wiener Architekten und Mediator in Zivilrechtssachen DI Franz Ryznar gebeten, einen professionellen Blick hinter die Kulissen des Hauses zu werfen. In mühsamer Recherche hat er alte Pläne ausgehoben und kommentiert sie wie folgt:

Unter dem Sammelbegriff „Phase 0“ finden heute im Idealfall von Neu- und Umbauten von Schulen Beteiligungsprozesse mit den NutzerInnen statt. PädagogInnen, SchülerInnen, Eltern, Verwalter und PolitikerInnen werden in großer Zahl in die Entscheidungsfindung eingebunden. Gemeinsam entwickeln sie nach den jeweiligen Bedürfnissen unter professioneller Begleitung ein Raumprogramm für „ihre“ Schule. Diese Handlungsweise deckt und trifft sich mit der Haltung für eine emanzipatorische Schule und eine entwickelte, demokratische Gesellschaft.

Schulneubau fertiggestellt, 1910

Wohl im Sinne dieser damals wie heute gültigen Grundgedanken formierte sich 1905 der Verein „Freie Schule". Der Bau eines Schulhauses nach vereinskonformen Plänen wird wohl ein wichtiges Ziel gewesen sein – quasi um der Idee einen Ort zu geben. Im 8. Wiener Gemeindebezirk, der Josefstadt, fand sich eine Liegenschaft für die Errichtung eines Schulgebäudes.

Vermutlich war es die Verbindung zur Volksbildung, die Ludwig Faigl für die Planung des Gebäudes für die „Freie Schule" prädestinierte. Initiatoren für die Errichtung der Schule waren der Volksbildner Ludo Hartmann und der sozialdemokratische Abgeordnete zum Reichsrat Franz Schuhmeier.

Im Planarchiv der Stadt Wien finden sich zur Liegenschaft Albertgasse 23 die Originale der Einreichpläne für das Schulgebäude. Auf Basis dieser Pläne ist eine Analyse des Hauses in seinem ursprünglichen Zustand möglich. Die nachfolgende Beschreibung bezieht sich daher auf die ursprünglichen Pläne und nicht auf die spätere und noch heutige Verwendung des Gebäudes als zentrales Bürohaus der Wiener Kinderfreunde.

Die Liegenschaft Albertgasse 23 ist Teil einer für die Gründerzeit typischen Blockrandbebauung. Das rechteckige Grundstück misst gassenseitig 19,52 m und hat laut Plan eine Tiefe von 33,18 m. Auf eine Tiefe von ca. 17,60 m ist die Liegenschaft an der Albertgasse verbaut. Die für Wohngebäude übliche Bautiefe von ca. 12 m wird durch eine zweite tragende Wand im Kern des Haupttraktes überschritten. Die Verdopplung der Mittelmauer ermöglicht im hofseitigen Teil des Hauptgebäudes einen breiten Gang und etliche Nebenräume. Ein ca. 7 m breiter Hoftrakt reicht bis an die hintere Grundstücksgrenze. Ein Hof im Ausmaß von ca. 12 x 15 m verbleibt als Freifläche.

Spiel und Sport – Dachterrasse

Der Zugang in das Gebäude erfolgt durch ein zweiflügeliges Eingangsportal. Eine 2,40 m breite, einläufige Stiegenanlage führt ins Vestibül, einen Verteilraum zum hofseitigen Hauptstiegenhaus. Nach links führt ein Gang – genannt Halle – zum Konferenzzimmer mit Bibliothek und zur Direktion. Diese Räume befinden sich gegenüber dem Straßenniveau im Hochparterre. Ebenfalls auf dieser Ebene, jedoch im Nebentrakt zeigen die Pläne drei großzügige Büros. Das Haus Albertgasse 23 war nach der Fertigstellung auch der Sitz des Vereins „Freie Schule". Es liegt also nahe, dass die Sekretariatsräume vom Verein genutzt wurden.

In einer schmalen Raumachse rechts vom Vestibül liegt eine schmale von der Albertgasse bis zum Hof reichende Hausmeisterwohnung. In den Schulen wohnende Schulwarte waren früher üblich, ähnlich wie die Hausmeister im Wohnbau.

Das in den Hof ragende großzügige zweiläufige Stiegenhaus weist ein geringes Steigungsverhältnis und dadurch bequemen und sicheren Zugang auf. Zusätzlich zu diesem Stiegenhaus war am Ende des Hoftraktes ein zweiläufiges Notstiegenhaus angeordnet. Diese Sicherheitsmaßnahme war im Vergleich zu den damals in Wien üblicherweise errichteten Schulbauten eine Neuerung. Fehlende Notstiegen in öffentlichen Schulen aus

Kreatives Werken, 1910

dieser Zeit „hemmen“ noch heute die räumliche Entwicklung etlicher Wiener Schulen.

Ein weiterer Unterschied zu den öffentlichen Schulen der 1900er Jahre lässt sich aus der Bezeichnung der Klassen ableiten. Öffentliche Schulen wurden zu der Zeit als Mädchen- oder Knabenschulen errichtet. In den Plänen für die „Freie Schule“ finden sich keine Geschlechtsbezeichnungen und WC-Anlagen getrennt nach den Geschlechtern. Das lässt auf gemeinsamen Unterricht für Mädchen und Buben schließen.

Unter dem Hochparterre befindet sich gassenseitig ein Souterraingeschoss. Dort weist der Grundrissplan einen „Warteraum für die Schülerabholung“ aus. Es ist das ein Raumangebot, das vielen öffentlichen Schulen auch heute noch fehlt. In manchen Schulen werden die SchülerInnen zwischen Vormittags- und Nachmittagsunterricht in den öffentlichen Raum entlassen. Das mag dem Freiheitswillen der SchülerInnen entgegenkommen. Ist aber bei Regen und kaltem Wetter ein ernsthafter Mangel.

Auf gleicher Ebene wie das Souterrain befindet sich im Nebentrakt ein Turnsaal. Da der Hof um ein Halbgeschoß tiefer liegt als das Straßenniveau gibt es vom Turnsaal einen ebenen Ausgang zur als Turnplatz benannten Freifläche.

Schulversuch Standort Volkshochschule Ottakring, 1909

Weiters zeigt der entsprechende Plan im Souterrain ein „Schulbad" mit 10 Duschplätzen und 5 Badewannen. Zu Beginn des 20. Jahrhunderts waren in der Regel nur bürgerliche Haushalte mit Bädern ausgestattet. In den Wohnungen der städtischen Unter- und Mittelschicht war die Körperpflege auf Bassena und Lavoir beschränkt. Breite Bevölkerungsschichten mussten zur Körperpflege städtische Badeanstalten – das sogenannte Tröpferlbad – aufsuchen. Die Errichtung eines Schulbades könnte daher als ein frühes Element der später im Roten Wien forcierten Körperhygiene gesehen werden.

Im 1. Stock weist der Plan gassenseitig drei Volksschulklassen auf. Ein viertes Klassenzimmer befindet sich im Hoftrakt. Die Klassenräume sind mit einer Fläche von ca. 30 m² vergleichsweise klein. Den vorliegenden Unterlagen ist keine Klassenschülerhöchstzahl zu entnehmen und daher ist kein Vergleich möglich. Ein fünfter Klassenraum und vier weitere Klassenzimmer für die Bürgerschule befinden sich im 2. Stock.

Interessant ist die Ausdifferenzierung in den Sonderunterrichtsräumen: Im 1. Stock des Hoftrakts befindet sich eine Lehrwerkstatt. Im 2. Stock sind ein ca. 50 m² großer Physiksaal, ein Physikkabinett und ein Kabinett für Chemie eingeplant. Ein ca. 70 m² großer Zeichensaal ist im Plan

Alltag in der Reiterkaserne

für den 3. Stock eingezeichnet. Alle diese Raumbezeichnungen lassen auf ein differenziertes Lernangebot schließen. Die Förderung von Bewegung, Kreativität und Naturwissenschaften spiegelt sich in dem Raumangebot wider.

Den Plänen ist auch zu entnehmen, dass das Flachdach über dem Hoftrakt als zusätzliche Freifläche nutzbar war. Auch das ist ein Vorgriff, der erst in den letzten Jahren in der öffentlichen Schularchitektur zum Tragen kommt.

Die großflächigen Fenster an der Frontseite zur Albertgasse und im Hoftrakt entsprechen dem Grundsatz der „Freien Schule" nach „Mehr Licht".

Im Kontext der Errichtungszeit zum Ende der Monarchie weist das Gebäude jedoch viele Funktionen und Möglichkeiten auf, die weit über den damaligen Normschulbau hinausgehen. Das gilt sowohl für das differenzierte Raumangebot wie auch für die fortschrittliche bis revolutionäre Denkweise, die in den vorliegenden Plänen zum Ausdruck kommen. An den Maßstäben und Anforderungen aktueller Schulbauplanung gemessen, hielte das Konzept der Schule Albertgasse 23 von Ludwig Faigl nicht mehr stand.

Bereit für mehr.

Schule heutzutage sieht sich mit steigenden Anforderungen in den diversen Berufssparten konfrontiert. Die Schule der Zukunft wird immer mehr den Status der Wissensvermittlung verlieren, denn die allgegenwärtige Digitalisierung verändert nicht nur die Berufswelt, sie bestimmt auch, was Kinder und Jugendliche lernen müssen beziehungsweise wie und wo sie sich mit den Lehrinhalten konstruktiv auseinandersetzen.

Viele moderne Pädagogen tendieren zu neuartigen Klassenzimmern, die eher Großraumbüros gleichen. In der Schweiz hat man an einigen Schulen neben Klassenräumen spezielle Lernateliers eingerichtet: Die Schüler arbeiten dort selbstständig und erfüllen nach eigener Planung Arbeitsaufträge, die ihre Lehrer individuell auf sie zuschneiden. Der Lehrer als reiner Wissensvermittler hat hier schon lange ausgedient, er fungiert als Lerncoach, Motivator, Trainer, aber auch als Influencer. Neben individualisiertem Lernen soll als oberstes Ziel die Freude am Lernen gefördert werden. Dies ist für das spätere Leben des Schülers besonders von Bedeutung, da sich die Berufswelt ständig verändert. Als Folge ändern sich aber auch konstant die Anforderungen an die jungen Menschen. Daher müssen die Jugendlichen eines beherrschen: sich gerne Neues rasch und gut anzueignen!

Der israelische Historiker Yuval Noah Harari skizziert diese notwendige Handlungsfähigkeit in seinem Buch „21 Lektionen für das 21. Jahrhundert" anhand folgendem Beispiel: „*Wenn Sie 1018 in China lebten, wussten Sie, dass auch im Jahr 1050 die meisten Menschen noch als Bauern und Weber arbeiten würden […]. So lehrten arme chinesische Eltern ihre Kinder 1018, wie man Reis pflanzt oder Seide webt […]. Es war offensichtlich, dass diese Fähigkeiten auch im Jahr 1050 noch benötigt würden. Doch anno 2020 müssen wir umdenken, denn wir können nicht erahnen, welche Fähigkeiten unsere Kinder möglicherweise in 30 Jahren benötigen; ja, wir wissen nicht einmal, welche Berufe noch existent sind. Es werden sich neue Berufssparten auftun, die wir 2020 noch nicht kennen.*"

Der Fokus der unmittelbaren Ausbildung liegt somit auf dem Erlernen von analytischen und sozialen Fähigkeiten, gepaart mit solidem Computerwissen. Der Schüler ist firm im Umgang mit digitalen Medien, Daten und Programmen. Informatik und Nutzung der Medien sind keine eigenen Unterrichtsgegenstände, sondern fließen bindend fächerübergreifend ein. Das Beherrschen digitaler Hilfsmittel dient demzufolge aber nur als Werkzeug. Über den beruflichen Erfolg werden unter anderem Kreativität und kritisches Denken, Teamgeist und Kommunikationsfähigkeit entscheiden. Die Zukunft ist zwar ungewiss, doch mit Sicherheit setzt sich der stete Wandel fort.

Doch blicken wir zurück: Welche Beweggründe gibt es um 1900, einen Verein mit dem gestalterischen Namen „Freie Schule" zu gründen? Was sind die Hintergründe? Welche Basis für einen „freien" Unterricht haben die Lehrer? Wofür überhaupt steht die Bezeichnung „frei" im öffentlichen Schulwesen?

Aber alles der Reihe nach!

Ende des 19. Jahrhunderts kommt es in weiten Teilen Europas zu harten Auseinandersetzungen um das Schulwesen. Die Kirche hat die Schulen fest im Griff und daher gibt es starke Bestrebungen, das Schulwesen von der Kirche zu lösen. Schüler und Lehrer müssten von kirchlicher oder religiöser Abhängigkeit befreit werden. Die Lehrinhalte sollten von religiösen Vorgaben entbunden und auf wissenschaftlich-liberaler Grundlage neu festgelegt werden. Man will die nichtkonfessionelle Schule. Zahlreiche Konfrontationen bei diversen Zusammenkünften und viele Publikationen legen Zeugnis davon ab, dass die Säkularisierung des Schulwesens besiegelt ist. 1868 verankert man die nichtkonfessionelle Schule somit in der österreichischen Verfassung. Doch die Vertreter der Kirche bleiben nicht untätig und so beschließt einige Jahre später der niederösterreichische Landtag trotzdem, dass der Ortspfarrer in jedem Schulbeirat vertreten sein muss!

Die weiterhin unausgegorene Situation und die konstant anwesende lange Hand der Kirche lassen besonders die Vertreter der Freimaurer auf die Barrikaden steigen. Ein Artikel in der geheimen Freimaurer-Wochenzeitung „Der Zirkel" (November 1900) liest sich daher so:[2] *„Die Lehrpläne*

[2] Quelle: Patka, Marcus G.: Freimaurerei und Sozialreform. Der Kampf für Menschenrechte, Pazifismus und Zivilgesellschaft in Österreich 1869–1938, Erhard Löcker GesmbH, Wien 2011.

unserer Volks- und Bürgerschulen ebenso die unserer Mittelschulen lassen jeden Zusammenhang vollständig vermissen. Wenn wir ‚Realia' sagen, so denken wir in erster Linie an die ‚exacte', die Naturwissenschaft und auch hier ist der Begriff des Realen ein relativer, da die biblische Schöpfungsgeschichte noch immer den Ausgangspunkt für den Unterricht in der Naturgeschichte bildet. Jener Verwirrung, die für die Zeit vorbereitet wird, in der die Schüler zu grösserer Selbstständigkeit im Denken sich entwickeln, jener Seelenconflikte, die durch den Gegensatz von Glauben und Wissen entstehen, braucht hier nur kurz Erwähnung zu geschehen; wir sind Freimaurer und wissen, um was es sich handelt, wenn in unseren Schulen noch immer von der ‚Erschaffung der Welt in sechs Tagen' gesprochen wird."

Ebenfalls 1900 entschließen sich Vertreter der Freimaurer-Loge „Pionier" zur Gründung des „Verein(s) zur Erhaltung einer Freien Schule für Volksbildung". Aristides Brezina, Naturwissenschafter, Direktor der Mineralogisch-Petrographischen Abteilung des k. k. Hofmineralien-Kabinetts in Wien und später Leiter der Wiener Urania, ist der Obmann dieses Vereins. Statutarisch verankert man, dass die „Freie Schule" die Aufgabe hat, *„[...] in systematischer Weise und durch eine allen Kreisen der Bevölkerung zugängliche Lehrtätigkeit die Kenntnis jener Wissenszweige zu vermitteln, die jedem Staatsbürger unerlässlich sind, wenn er seine staatsbürgerlichen Rechte in einer für seine Person wie für das Gemeinwohl gleich ersprießlicher Weise ausüben und seine staatsbürgerlichen, sozialen und ethischen Pflichten erkennen und mit dem vollen Bewusstsein menschlicher Verantwortlichkeit erfüllen soll."*[3]

Auf den Statuten basierend, entscheidet der Verein, dass folgende Gegenstände gelehrt werden sollen: Geschichte der neuesten Zeit, Heimatkunde, Volkswirtschaftslehre, Buchführung und kaufmännisches Wissen, Gesetzeskunde, Gesellschaftskunde, Sittenlehre und Volkshygiene.

Doch fehlen dem (Freimaurer-)Verein Mitglieder und er ist daher nur wenig handlungsfähig. Schlussendlich kommt es 1905 durch Öffnung zu einer Neugründung unter dem verkürzten Vereinsnamen „Freie Schule".

---

[3] Quelle: Patka, Marcus G.: Freimaurerei und Sozialreform. Der Kampf für Menschenrechte, Pazifismus und Zivilgesellschaft in Österreich 1869–1938, Erhard Löcker GesmbH, Wien 2011.

Die konstituierende Versammlung findet am 19. März 1905 im Theater Ronacher statt – zum neuen Vorsitzenden wird Paul Freiherr von Hock bestellt. Politiker verschiedener Parteien, Wissenschafter, Unterstützer, Sympathisanten, Lehrervertreter, aber auch engagierte Frauen wie Marianne Hainisch, Begründerin der Frauenbewegung in Österreich und Präsidentin des Bundes österreichischer Frauenvereine, lassen es sich nicht nehmen, in dieser für die Bildungspolitik so wichtigen Stunde im Ronacher ihre Stimme zu erheben. Der Reichsratsabgeordnete Engelbert Pernerstorfer gibt sich kämpferisch und macht mit harten Worten auf die Missstände in den Schulen aufmerksam. Er beginnt seine Rede allgemein:

Der Gedanke der Volksschule, daß die großen Massen eine schulmäßige Bildung verlangen können und haben müssen, ist verhältnismäßig jungen Ursprungs. Heute sind Wissen und Bildung nicht nur ideale Forderungen; nicht nur eine Forderung der inneren Kultur: was heute in der Schule gegeben wird, soll ein Waffenarsenal auch für das wirtschaftliche Leben sein, da in dem Zeitalter der freien Konkurrenz meist derjenige überlegen ist, der über die höhere Bildung verfügt. Es darf daher nicht wundernehmen, daß gerade die Arbeiterschaft von jeher, wenn auch nicht immer schon mit klarem Bewußtsein, so doch mit sicherem Instinkt für die Volksschule gekämpft hat.

Jede aufstrebende Bewegung muß eben vor allem auch sich der geistigen Waffen zu bemächtigen suchen. Wenn man sich wie diese breite Schicht der Bevölkerung die industrielle Arbeiterschaft, die ganze Welt erobern will, so kann man das nur, wenn man die geistigen Waffen besitzt; denn die Masse kann nur im Bunde mit der Intelligenz den Kampf siegreich zu Ende führen.[4]

Drastisch führt Pernerstorfer den Anwesenden die pädagogische Ist-Situation vor Augen:

In Österreich steht es um die Schule schlecht nicht erst seit gestern und vorgestern. Seit wir ein Reichsvolksschulgesetz haben, ist die Volksschule eigentlich niemals geworden, was sie hätte werden sollen. Mehr als 50 Prozent aller Volksschulen sind einklassig und viele Tausende von Volksschulklassen sind sogar über das gesetzlich zulässige Maß besetzt und dieses Maß ist achtzig. Wenn

[4] Quelle: Arbeiter-Zeitung, 20. März 1905, S. 2.

es ein gesichertes Ergebnis der modernen Pädagogik gibt, so ist es das, daß der Unterricht umsomehr gedeihlich ist, je mehr er individualisieren kann. Nun stellen Sie sich einen Lehrer vor – und wäre er der wiedererstandene Pestalozzi oder Comenius!! – der vor einer Klasse von achtzig Schülern steht und da individualisieren soll! Deshalb wäre die Gründung eines solchen Vereines wie die „Freie Schule" auch am Platze, wenn auch nicht die Gefahren von allen Seiten einstürmen würden.

Nach einem verbalen Seitenhieb auf den zuständigen Unterrichtsminister, der sich seiner Meinung nach dem Machtgefüge des Klerus unterwirft, mahnt Pernerstorfer, die gemeinsame Idee nicht aus den Augen zu verlieren, sie gegen alle erdenklichen Widerstände zu verteidigen und für ihre Umsetzung auch über parteipolitische Grenzen hinweg zu kämpfen:

Es gibt Perioden, wo der Kampf sich zuspitzt und in einer solchen scheinen wir zu leben. Noch einmal – ich hoffe zum letztenmal – erheben sich die Mächte der Vergangenheit gegen die neue Zeit, gegen die neuen Ideen und neuen Menschen, um die Entwicklung aufzuhalten. Wenn hier in diesem Saale viele Parteien, die sich sonst im politischen Leben bekämpfen, zusammenstehen, so ist das gewiß eine Erscheinung von großer Bedeutsamkeit für die Kraft und Tiefe der Idee, die sie zusammenführt.

Die „Neue Freie Presse", Abendblatt, widmet sich am 20. März 1905 detailliert der Vereinsgründung. So erhält der interessierte Leser mannigfache Informationen. Nämlich, dass der Gemeinderat und Lehrer Karl Leopold Jordan nachweist, *„[...] daß die interkonfessionelle Schule überhaupt nicht mehr bestehe. Der Bedarf nach einer freien Schule sei daher unleugbar vorhanden. Das Volksschulgesetz, wie es geschaffen wurde, und wie es jetzt gehandhabt werde, sei nicht mehr zu erkennen. Man sollte versuchen das Steuer- oder Wehrgesetz so zu umgehen! Aber in Österreich glaube man, man könne mit dem Volksschulgesetze machen, was man will. Der Redner begrüßt die Schaffung der ‚Freien Schule' im Namen der Lehrerschaft und begrüßt es dann mit Freude, daß nun endlich die Lehrer der Mittelschulen und Hochschulen in die Bewegung für die freie Schule eingreifen. In Österreich gäbe es Gott sei Dank noch 18.000 Lehrer – der Deutschösterreichische Lehrerbund – welche auf dem Boden des Reichsvolksschulgesetzes stehen. Der Redner spricht zum Schlusse die Hoffnung aus, daß die Gründung der Freien Schule ein Symptom sei, daß* *die Lehrerschaft nun nichtmehr vereinsamt stehen werde im Kampfe gegen den ärgsten Feind, den Klerikalismus."*[5]

In diesem Artikel, der sich beinahe wie ein Gründungsprotokoll liest, erfährt man auch, dass der Dekan der Philosophischen Fakultät der Universität Wien, Universitätsprofessor Dr. Wilhelm Meyer-Lübke, unter tosendem Applaus das Wort ergreift:

Der Verein »Freie Schule«, dessen Gründung heute stattfinden soll, wendet seine Aufmerksamkeit der allerwichtigsten Seite des menschlichen Lebens zu und darf daher das Interesse aller derer beanspruchen, deren Blick über ihr eigenes Ich hinausgeht, vor allem der Kreise, die sich auf irgend welcher Stufe mit der geistigen Erziehung befassen. Wird er direkt sich an die Volks- und Mittelschulen wenden, so können seine Bestrebungen doch auch den Hochschulen nicht gleichgültig sein, – wie ja auch schon beim ersten Aufrufe sich eine große Zahl von Universitätsprofessoren angeschlossen hat. Und in der Tat kann es uns ja nicht gleichgültig sein, wes Geistes die jungen Leute sind, auf deren Fühlen und Denken wir während einer vierjährigen besonders aufnahmsfähigen Periode Einfluß zu nehmen bestimmt sind.

Man hört jetzt öfter, daß das zwanzigste Jahrhundert den Universitäten ungünstig sei, dass es anderen Zielen zustrebe. Wenn dem so ist, dann erfordert es nicht nur der Selbsterhaltungstrieb, es erfordert vor allem die Rücksicht auf das Gesamtwohl, daß die Universitäten die veränderten Ideale zu den ihrigen machen und wieder an der Spitze bleiben. Denn ein Volk ohne Ideale ist auf die Dauer dem Kampf ums Dasein nicht gewachsen; nirgends aber werden die Ideale, wird der Sinn für Ideale so gepflegt, wie an den Universitäten und es kann nirgends so geschehen, weil die Grundlage für Ideale nirgends so vorhanden ist, wie an der Universität.

Die Freiheit: Die akademische Freiheit! Ein herrlicher Begriff, der freilich falsch verstanden wird, falsch angewendet, für mehr als Einen zur Klippe geworden ist, an der er unrettbar zerschellte, der aber richtig erfaßt, die höchsten Güter der Menschheit in sich faßt. Was ist die Lehr- und Lernfreiheit? Für den Studierenden bedeutet sie, daß er jene Mischung von Arbeit und Erholung, die allein ein fruchtbringendes Leben ermöglicht, nach eigenem Ermessen wahr-

[5] Quelle: Neue Freie Presse Nr. 14574 vom 20. März 1905, S. 8.

nehmen kann; für den Lehrer, dass er nach eigenem Gutdünken diesen Ausgleich zwischen wissenschaftlicher Forschung und praktischen Bedürfnissen zu treffen hat; für den Forscher, daß die einzigen Grenzen, die ihm in seiner Forschung gesteckt werden, die seiner eigenen geistigen Kraft sind. Wer das Recht hat, sein Leben nach eigenem Ermessen zu gestalten, dem erwächst daraus die Pflicht, für die Folgen einzutreten, die die Ausübung dieses Rechtes für ihn und für andere hat.

Zwar sind wir in Oesterreich, was die Freiheit in der Zulassung der Universität betrifft, noch rückständig, dagegen haben wir aber einen viel wichtigeren Schritt getan und sind ein leuchtendes Vorbild geworden in den volkstümlichen Universitätskursen. Die Beschäftigung mit der Wissenschaft soll nicht mehr ein Privatvergnügen sein, an dem man nur wenige Privilegierte will teilnehmen lassen, die Art und die Ergebnisse wissenschaftlicher Forschung sollen hinausgetragen werden in die weitesten Kreise und sollen in der Wirkung auf die Gesamtheit den einzelnen heben und fördern.

Wenn in dem Gesagten die ethische Bedeutung des Universitätsunterrichtes und die Bedeutung der Universitäten auch fürs zwanzigste Jahrhundert besteht, so ist dieses Ziel doch nur zu erreichen, wenn den Universitäten Hörer zugeführt werden, deren Blick schon vorher auf dieses Ziel gerichtet ist. Was eine gedankenlose, der Selbstbestimmung nicht fähige Masse für den Staat bedeutet, das sehen wir mit erschreckender Klarheit im Südwesten wie im Nordosten unseres Erdteils. Ein selbstbewußtes verantwortungsfähiges Volk ist die beste Gewähr eines Staatswesens – das Selbstbewußtsein aber kann nur beruhen auf der Freiheit des Geistes, wie sie im höchsten Grade an der Universität gepflegt wird, wie sie aber an der Universität nur gepflegt werden kann, wenn die Vorarbeit in der Mittelschule, an der Volksschule geschieht im Sinne einer freien Schule.[6]

Den wirtschaftlichen Aspekt stellt Gemeinderat Dr. Alexander von Dorn Ritter von Marwalt in den Mittelpunkt seiner Ausführungen. Er beleuchtet *„ […] die Notwendigkeit der Erhaltung einer freien Schule vom wirtschaftlichem Standpunkte […]. Die Schule müsse die Schärfung des Verstandes und die Bildung des Charakters zur unerläßlichen Bedingung haben. Die Errungenschaften in Wissenschaft und Technik stellen heute große Anforderungen an das ein-*

[6] Quelle: Neue Freie Presse Nr. 14574 vom 20. März 1905, S. 7.

zelne Individuum, damit es seinen Platz behaupte, und die Summe aller Arbeit und Tüchtigkeit verbürgen das Wohl des Staates und Volkes. Daher müsse die Schule in ihrem Lehrplane daran eingerichtet, und nicht unter Zwang gestellt sein, nur die freie Schule könne aus dem Schüler einen tüchtigen Menschen machen; der Schulmeister müsse die Waffen schärfen im Kampfe ums Dasein."[7]

Seine amüsante Schlussformel „*Freie Lust, freie Schule, sind Lebensbedingungen für das Volk*" quittieren die Zuhörer mit Schmunzeln und Klatschen.

[7] Quelle: Neue Freie Presse Nr. 14574 vom 20. März 1905, S. 8.

„... geht zurück in die Welt und bewährt euch als Freimaurer."

Dr. Georg Semler, Großmeister der Großloge von Österreich

Bei diesem Satz handelt es sich einerseits um die Verabschiedungsformel in einer deutschen Loge. Andererseits muss nach einer Klärung des Begriffes „Welt" das Verhältnis der Freimaurer zur Welt des 21. Jahrhunderts und deren Gesellschaft definiert werden. Welche Chancen eröffnen sich auch heute trotz allgegenwärtigem Zeitdruck, trotz Gesellschaftszwängen und des konstant wachsenden Lebenstempos, den „Tempel der Humanität" weiter zu bauen? Sind Humanität und Ethik noch zeitgemäß oder passen wir das Menschenbild beispielsweise einer wachsenden Intoleranz an? Welche Rolle spielt in diesem Gefüge die Freimaurerei?

Blicken wir aber zurück und betrachten wir gemeinsam den Stellenwert der Freimaurer am Beispiel „Freie Schule". Das Menschenbild der Freimaurer ist nicht nur verstandesmäßig definiert, sondern wird durch einen gegenwartsbezogenen Handlungsbedarf im Sinne humanistischer Ideale erhöht. In der Zeit vor dem Ersten Weltkrieg war es den österreichischen Freimaurern ein wesentliches Anliegen, gegen den kulturpolitischen Stillstand in der Gesellschaft aktiv anzukämpfen. Als ethische Wertegemeinschaft engagierten sich die österreichischen Brüder damals fokussiert für eine moderne Schulgesetzgebung, die dem jungen Menschen Freiräume bietet, sich als wertgeschätztes Individuum eigenständig zu entfalten. Die Schule als karger Ort spärlicher Wissensvermittlung, der noch dazu unter gewichtigem katholischem Einfluss stand, sollte zu einer offenen, freien Institution mutieren: zugänglich für alle Kinder und Jugendliche, ohne Unterschied von sozialer Stellung, Religion, Hautfarbe und Nationalität. Das verbindende Element ergäbe sich unter anderem durch Toleranz, die einer selbstverständlichen, im Alltag erprobten ethischen Grundhaltung entspringe.

Somit sahen sich die Freimaurer in dieser Situation und Zeit einer gewaltigen Herausforderung gegenüber, denn es lag in der k. u. k. Monarchie in Österreich ein Verbot über ihrem brüderlichen Bund. Nichtsdestotrotz waren sie – im Hintergrund – maßgeblich an der Gründung des Vereins „Freie Schule" beteiligt.

Die Loge „Galilei“ richtete sogar in einem geheimen Rundschreiben einen eindringlichen Appell an andere Logen, das Projekt „Freie Schule“ besonders finanziell zu unterstützen. Das Engagement war vorerst zu gering, der Verein kam nicht in die Gänge, wurde aufgelöst, um später wieder neu gegründet zu werden. Wieder unter Mithilfe der Freimaurer, die sich ebenso maßgeblich in die Schaffung und den Aufbau von pazifistischen sowie sozialreformerischen Vereinigungen einbrachten:

So entstanden die Österreichische Friedensgesellschaft, der Wiener Volksbildungsverein, die Ethische Gesellschaft und der Bund für Mutterschutz sowie die Sozialpädagogische und die Soziologische Gesellschaft. Bedeutende Persönlichkeiten wie Ferdinand Hanusch, Julius Tandler, Franz Schuhmeier, Josef Karl Friedjung und Victor Hammerschlag waren als Logen-Mitglieder die treibende Kraft bei der Umsetzung der damaligen freimaurerischen Vorhaben.

Ein besonderes Augenmerk legten die Freimaurer vor, während und nach dem Ersten Weltkrieg auf die soziale Problematik, speziell die der Kinder. Als Beispiel sei hier die Errichtung von Waisenhäusern bzw. Kinderheimen, wie etwa im Kahlenbergerdorf, genannt.

1899 übernahm Viktor Zwilling, ein Lehrer, die Leitung des Kinderasyls „Humanitas“ im „Schlössel“ im Kahlenbergerdorf. 1875 vom „Nichtpolitischen Verein Humanitas“, einer Freimaurer-Loge, ins Leben gerufen, diente die Institution als Heim für Waisen und Kinder aus zerrütteten Familien. Die Kinder wurden nach modernsten pädagogischen Richtlinien erzogen – Begabungen und Fähigkeiten wurden gefördert – und bekamen aus dem Kreis des Vereins „Humanitas“ einen Paten, der für das weitere Fortkommen des Kindes zu sorgen hatte. Zwilling, selbst Freimaurer, und seine Frau Maria nahmen die Rolle der Eltern ein. Ihre eigenen Kinder wuchsen gemeinsam mit den Kindern des Heims auf. Nach dem Tod von Zwilling, der das Heim bis dahin geleitet hatte, wurde das Waisenhaus im Jahr 1931 aufgrund von Finanzproblemen aufgelöst.

Dass diese Einrichtung in der Öffentlichkeit als humanitäre Hilfe der Freimaurer bekannt wurde, war absolut nicht beabsichtigt. Denn sowohl damals als auch heutzutage werden Unterstützungen und Förderungen seitens der Freimaurer generell anonym geleistet, heißt, der oder die Empfänger erfahren nicht, wer der Wohltäter ist.

An diesen wenigen Beispielen kann der geschätzte Leser bereits erkennen, dass der Freimaurerei Humanismus als Grundprinzip dient und sie sich als ethische Gemeinschaft versteht. Toleranz bedeutet somit für den Freimaurer die Bejahung von Humanität, Freiheit und Gleichheit: Ein solcher Mensch sieht im Anderssein des anderen nicht etwas gegen sich Gerichtetes, sondern er versteht, dass in der Vielfalt der Erscheinungen und Ideen der Reichtum des Lebens begründet ist.

Abschließend sei noch angemerkt, dass die österreichische Freimaurerei kein Geheimbund ist, denn die Logen und die Großloge sind in Österreich nach den Vorschriften des Vereinsgesetzes als Vereine konstituiert. Die Statuten und die verantwortlichen Vereinsorgane sind der Vereinsbehörde gemeldet und dort nach den Vorschriften des Vereinsgesetzes einsehbar.

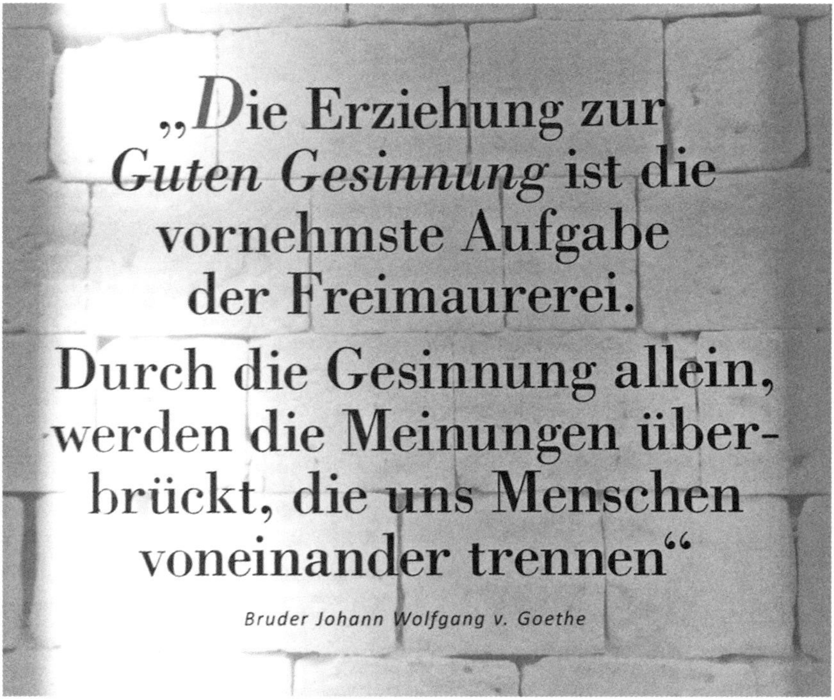

Frauen, die mehr wollen!

Im Jahr 1891 setzt in Österreich die Frauenstimmrechtsbewegung ein. Zwei Jahre später gründen Rosa Mayreder, Auguste Fickert und Marie Lang – sie gelten als die Vertreterinnen des radikalen Flügels der österreichisch bürgerlichen Frauenbewegung – den „Allgemeinen Österreichischen Frauenverein“ (AÖFV). Die Frauenaktivistin Marianne Hainisch gründet einige Jahre später den bürgerlich gemäßigten „Bund Österreichischer Frauenvereine“ (BÖFV), der später als Dachverband fungiert.

In der folgenden Tabelle werden die Inhalte der beiden Vereine gegenübergestellt:

ÖSTERREICHISCHE FRAUENVEREINE

Allgemeiner Österreichischer Frauenverein (AÖFV)
Verein der bürgerlich-liberalen Frauenbewegung, dessen vorrangiges Ziel die Mitgestaltung der Frauen bei der Verbesserung gesellschaftlicher Verhältnisse (allgemeine Wohlfahrt, Verbesserung des Vorschul- und Schulwesens, Entmilitarisierung der Gesellschaft) war. Das Frauenstimmrecht wurde dabei als Mittel zur Emanzipation der Frauen und zur Erreichung vordringlicher sozialpolitischer Ziele gesehen. Vorsitzende war Auguste Fickert, Rosa Mayreder war Vizepräsidentin des Vereins.

Bund Österreichischer Frauenvereine (BÖFV)
Von Marianne Hainisch nach dem Vorbild des International Council of Women (ICW) 1902 gegründet. Der Dachverband bürgerlicher Frauenvereine sollte eine Stärkung der bürgerlichen Frauenbewegung bringen. Sozialdemokratische und christliche Frauenvereine traten aufgrund politischer Differenzen nicht bei. Vor dem Hintergrund des Nationalitätenstreits in der Habsburgermonarchie ist auch das Desinteresse ungarischer und tschechischer Frauenvereine an einem Beitritt zu sehen. Ziele des BÖFV waren die Gleichberechtigung der Frauen in der Schule, Familie und im Erwerbsleben, eine Liberalisierung des Abtreibungsrechtes, Friedenspolitik, Kampf gegen Prostitution und Alkoholismus.

© Bildarchiv Österreichische Nationalbibliothek
Bund Österreichischer Frauenvereine.

Aus: Forum Politische Bildung (Hrsg.): Wendepunke und Kontinuitäten. Zäsuren der demokratischen Entwicklung in der österreichischen Geschichte. Wien 1998, S. 80.

Quelle: demokratiezentrum.org

Schwieriger haben es die sozialistischen Frauen, denn sie werden von den männlichen Parteifunktionären in ihren Bestrebungen nicht ernst genommen und auch nicht unterstützt. Auf Parteitagen lässt man zwar Frauen zu Wort kommen, aber deren Ausführungen beinhalten hauptsächlich diverse Aspekte der „Frauenfrage“. Tatsächlich fordern zahlreiche Sozialdemokraten ein Frauenarbeitsverbot, erstens, weil Frauenarbeit die Löhne drücken würde, und zweitens, weil sie der weiblichen Natur widerspreche.

Frauenwahlrecht 1919

Die Frauenrechtlerinnen halten dem entgegen, dass die wirtschaftliche Unabhängigkeit der Frau ja die Voraussetzung für die Beseitigung ihrer Unterdrückung darstelle. Bezeichnenderweise waren auch beim Gründungsparteitag der Sozialdemokratischen Arbeiterpartei keine weiblichen Delegierten zugelassen. Das Argument lautete, dass die Frauen noch nicht so weit seien!

Der Weg zur Gleichberechtigung innerhalb der Partei führt deshalb über die Bildungsvereine. 1890 wird am Neubaugürtel der Arbeiterinnen-Bildungsverein gegründet. Jeden Samstag finden hier Vorträge statt und während der Woche werden die Frauen ehrenamtlich von engagierten Lehrerinnen unterrichtet.

Ab 1892 erscheint die Arbeiterinnen-Zeitung als Beilage zur Arbeiter-Zeitung (Quelle: dasrotewien.at).

Auguste Fickert, Präsidentin des AÖFV, ist eine hoch motivierte Lehrerin. Ferner ist sie Herausgeberin der Zeitschrift „Neues Frauenleben". Im März 1905 gibt sie folgende umfangreiche Stellungnahme zur Gründung des Vereins „Freie Schule" ab:

NEUES FRAUENLEBEN

XVII. JAHRG. WIEN, MÄRZ 1905 NUMMER 3

FREIE SCHULE.

Ein Verein ist in Bildung begriffen, der nicht nur den Zweck verfolgt, dem verderblichen Einfluss der klerikalen Partei auf das gegenwärtige Schulwesen zu steuern, sondern der sich auch die Aufgabe stellt, „durch verbesserte Methoden und Individualisierung des Unterrichtes, durch Errichtung von Musterschulen, durch Erhaltung von vierten Bürgerschulklassen und Schulwerkstätten u. s. w. beispielgebend zu wirken." Sein Tätigkeitsgebiet soll sich über das ganze Reich erstrecken und der Agitation des katholischen Schulvereines entgegenarbeiten. Der Aufruf, mit dem sich die Begründer des Vereines „Freie Schule" an die Oeffentlichkeit wenden, ist von einer stattlichen Reihe von Männern der Wissenschaft und der Kunst, von Lehrern an Hoch-, Mittel- und Volksschulen und von Vertretern verschiedener politischer Parteien unterschrieben, und es ist selbstverständlich, dass jeder vorurteilslos Denkende die neue Organisation durch seinen Beitritt oder durch seine Mitarbeit zu unterstützen und zu fördern versuchen wird.*)

Hiebei drängt sich uns die Frage auf, ob der Hauptzweck des Vereines „Freie Schule", die Unschädlichmachung des Klerikalismus, durch die von ihm ins Auge gefassten Mittel erreicht werden kann?

Seit der Lösung des Konkordats und der Schaffung des Reichsvolksschulgesetzes sind 35 Jahre verflossen, ein volles Menschenalter. Damals wurde die neue Aera freudig begrüsst, die Stadt illuminiert und dem Schöpfer des Schulgesetzes ein Fackelzug dargebracht, und heute? Wie konnten die finsteren Mächte, die nach der verunglückten 1848er Revolution das geistige Leben in Oesterreich niederhielten und erstickten, wieder so die Oberhand gewinnen? Wie kommt es, dass die Neuschule so vollkommen versagte?

Man wende nicht ein, dass die seit Bestand derselben ins Werk gesetzte Minierarbeit der Klerikalen daran die Schuld trage. Diese Minierarbeit bestand und besteht zwar ohne Frage — die Schulnovelle 1883, der Schulantrag Liechtenstein 1887, der Vergani's 1897 sind die äusseren Kennzeichen des Wühlens dieser lichtscheuen Volksfeinde — allein trotz aller Erlässe und Verordnungen zu Gunsten und im Sinne der klerikalen Reaktion, trotz der schlechten Lehrbücher, der von Geschichtsfälschungen wimmelnden Lesebücher, kann man auch heute noch frei und nach eigenem Ermessen in unseren Volksschulen unterrichten und allen schlimmen Einflüssen, soweit die Schule dieselben überhaupt paralysieren kann, die Spitz ebieten. Man kann es, wenn man es als notwendig erkenntund wenn man die sittliche Kraft hat, sich in Gegensatz zu der herrschenden Strömungzu setzen.

Warum mangelt aber der Lehrerschaft teils die Erkenntnis der Schädlichkeit dieser Strömung, teils die sittliche Kraft zum Widerstand? Warum steht die Hauptmasse der Wiener, ja beinahe der österreichischen Bevölkerung im Banne der klerikalen Agitation? Wie kommt es, dass die Neuschule in ihren Wirkungen auf den öffentlichen Geist so ganz ohne Einfluss geblieben ist?

*) Anmeldungen zum Beitritt sind zu richten: Verein „Freie Schule", XIX/1, Hauptstrasse 75. Mindestbeitrag für Mitglieder 2 K, für Förderer 50 K, für Gründer 400 K.

Im politischen Parteikampfe wurden als Gründe für diese Tatsache die zu geringe Aufwendung für die Volksschulen und die mangelhafte Einrichtung derselben angeführt. Es ist keine Frage, dass dem so ist, dass die der Volksschule zugewendeten Mittel unzureichend sind und dass infolge dessen die von ihr erwarteten Leistungen hinsichtlich der Erreichung des Lehrzieles ausbleiben. Trotzdem sind gerade in den Bevölkerungskreisen, welche nur auf die Volksschule angewiesen sind, die reaktionären Neigungen viel geringer und verhältnismässig viel leichter zu überwinden, als in jenen, welche eine höhere Ausbildung an Fach-, Mittel- und Hochschulen genossen haben.

Es kommt eben nicht auf das Wissen allein an, das durch die Schule vermittelt wird, sondern auf den Geist, von welchem es getragen ist. Wie die mitgeteilten Kenntnisse untereinander verbunden, wie sie bewertet und zum eigenen und fremden Wohle verwertet werden sollen, dass sie nicht Endzweck, sondern nur Ausgangspunkt zu selbständiger Beobachtung sind, das müssen die Schüler herausfühlen, wenn sie durch Wissen zum Denken und zu sittlichem Wollen gelangen sollen.

Und daran fehlt es. Den Mittelschulen wird nicht in dem Masse wie den Volksschulen der Vorwurf mangelhafter theoretischer Leistungen gemacht, an den Hochschulen fällt derselbe ganz weg und doch waren auch sie nicht imstande, bei ihren Absolventen jenen geistigen Aufschwung hervorzurufen, der nötig gewesen wäre, um den reaktionären Tendenzen zu widerstehen, die in Oesterreich seit Urväterzeit Hausrecht geniessen.

Durch Individualisierung des Unterrichtes und verbesserte Methoden, durch Errichtung von Musterschulen und Erhaltung von vierten Bürgerschulklassen will der Verein „Freie Schule“ unser Volk vor geistigem Verkommen retten.

Individualisieren des Unterrichtes ist eine schöne Sache, eine Sache von unermesslicher Tragweite, aber die Zusammenstellung mit den zu verbessernden Methoden, mit der Errichtung von Musterschulen und der Erhaltung von vierten Bürgerschulklassen macht uns stutzig.

Die Methode der ersten Volksschulklasse, die Methode des Lesenlernens ist so kunstvoll ausgearbeitet und erreicht so vollkommen ihren Zweck, dass nichts zu wünschen übrig bleibt und doch, welch verhängnisvoller Irrtum ist es, die kleinen sechsjährigen Knirpse, die voll gespannter Erwartungen die Schule betreten, lesen zu lehren, statt sie zum Anschauen, Beobachten, Vergleichen, Urteilen zu erziehen. Man lehrt sie lesen, damit sie so schnell wie möglich verlernen, eigene Gedanken zu haben, damit sie so schnell wie möglich für die ganze jammervolle Schablone der nächsten Schuljahre vorbereitet werden. Nein, eine Verbesserung der Methode im Rahmen des geltenden Schulsystems wird dem Uebel, an dem wir kranken, nicht abhelfen. Das ganze heutige Bildungssystem ist keinen Schuss Pulver wert, es gehört zu den Dingen, von welchen Mephisto-Faust sagt: „Vernunft wird Unsinn, Wohltat Plage, weh' Dir, dass Du ein Enkel bist!“

Wir stecken hinsichtlich der Schule noch tief im Mittelalter, äusserlich, was die Kahlheit und Hässlichkeit unserer Schulzimmer und innerlich, was die geistlose Vermittlung toten Wissens in kunstvoll entwickelten Methoden anbelangt. Die musterhafteste Musterschule, nach dem herrschenden System eingerichtet, wird den Zweck, die Heranbildung denkender, altruistisch fühlender, zweckmässig handelnder Menschen, verfehlen, wenn sie verlangt, dass Kinder und heranwachsende Knaben und Mädchen 5 und 6 Stunden hintereinander in drangvoller Enge, in eingesperrter Luft beisammensitzen, um hundert und tausend Dinge zu lernen, die sie nicht verstehen, die sie nicht interessieren und mit denen sie im Leben nichts anzufangen wissen. Und die vierte Bürgerschulklasse? Es ist wohl im Ernst nicht anzunehmen, dass die Hinzufügung derselben zu den bestehenden drei Klassen der Jugend das geben wird, was ihr in all den vorhergegangenen Jahren vorenthalten wurde.

— 3 —

Wenn der Verein „Freie Schule" dem Klerikalismus die Wurzeln abgraben will, dann muss er den Mut haben, mit dem ganzen heutigen Schulsystem zu brechen und die Einheitsschule mit gemeinsamem Unterricht für Knaben und Mädchen an deren Stelle setzen. Diese Einheitsschule muss aber eine grundsätzlich andere Organisation erhalten als alle jetzt bestehenden öffentlichen Schulen, sie muss vor allem darauf bedacht sein, eine Methode zu entwickeln, die das geistige Leben der Kinder weckt und nicht tötet, die Geist und Charakter in gleichem Masse zu befruchten imstande ist und die das Gemüt bei der Vermittlung von Kenntnissen nicht darben lässt, wie es bei der Neuschule der Fall ist, die in erziehlicher Hinsicht wohl Musterschüler — entweder von verkrüppelter oder heuchlerischer Herkunft — aber keine aufrechten Menschen heranzubilden vermag.

Die erste und wichtigste Arbeit des neuen Vereines wird also die Ausarbeitung eines klaren Schulprogrammes sein, dem er bei den von ihm zu schaffenden Einrichtungen folgen will, eines Schulprogrammes, das imstande ist, freie starke Menschen zu erziehen, die den Drachen Klerikalismus endgiltig zu überwinden vermögen. A. F.

Ida Baumann, ebenfalls Lehrerin, wird, obwohl sie die jahrzehntelange Lebensgefährtin von Auguste Fickert war, in keinem der Nachrufe auch nur erwähnt. Mit der zehn Jahre älteren Ida Baumann, die Fickert in der Lehrerinnenbildungsanstalt kennenlernt, verbindet sie eine konfliktreiche Beziehung. Die Lebensgemeinschaft von zwei unverheirateten, finanziell unabhängigen Frauen repräsentiert innerhalb der bürgerlichen Frauenbewegung ein neues Ideal eines unabhängigen und freien Lebens als Pionierinnen der Emanzipation. Lesbische Beziehungen sind zur damaligen Zeit kein Thema. Während Fickert zu einer prominenten Frauenrechtsaktivistin wird, steht Baumann zunehmend in ihrem Schatten.

Blicken wir nochmals auf die konstituierende Versammlung des Vereins am 19. März 1905 im Theater Ronacher zurück: Als einzige weibliche Rednerin meldet sich Marianne Hainisch, Präsidentin des BÖFV, zu Wort. Sie ist nicht nur eine angesehene Dame der gutbürgerlichen Gesellschaft, sondern sie tritt auch vehement für Chancengleichheit in der Bildung ein. Hainisch hatte seit 1870 die Errichtung von Mädchengymnasien gefordert und die Zulassung von Frauen zur universitären Ausbildung. Erst 22 Jahre später wurde das erste Mädchengymnasium in Wien eröffnet.

Immer wieder nützt sie ihre Stellung in der Gesellschaft, um mit Nachdruck darauf hinzuweisen, dass Frauen vom Zugang zu Bildungs- und

Erwerbsmöglichkeiten sowohl durch den Staat, aber auch durch die Gesellschaft ausgeschlossen werden. Die (bessere) Ausbildung der Mädchen bleibt für sie die zentrale Forderung der Frauenbewegung. Später bemüht sie sich als „Anwältin der Frau" um eine Reformierung des Ehe- und Familienrechts und wird Vorkämpferin für das Frauenstimmrecht.

Die Wortmeldung der Grande Dame Marianne Hainisch im Ronacher zeigt einmal mehr die gesellschaftliche Gewichtung des neuen Vereins. Sie nützt das prominente Forum, um ihre bildungspolitischen feministischen Anliegen verbal zu manifestieren, und schließt ihr Plädoyer damit ab, dass sie auch als Vertreterin der Mütter große Hoffnung auf eine moderne, pädagogisch reformierte Schulausbildung im Sinne der Mädchen setze.

Aber zurück nach Österreich.

Die österreichische Schriftstellerin Mag. Evelyn Steinthaler hat sich exklusiv für dieses Buch mit dem Thema befasst.

Frauen und ihre Rechte: Geschlechtergleichstellung in Österreich?

In einigen Staaten der Welt waren und sind Frauen seit der 2. Hälfte des 20. Jahrhunderts gewählte Regierungschefinnen. Etwa Golda Meir in Israel, Indira Gandhi in Indien, Margaret Thatcher in Großbritannien oder wie heute die deutsche Bundeskanzlerin Angela Merkel, Finnlands Premierministerin Sanna Marin, die neuseeländische Premierministerin Jacinda Ardern oder Dänemarks Ministerpräsidentin Mette Frederiksen. Dass in Österreich bislang keine Frau als Parteichefin Bundeskanzlerin wurde, spricht in Sachen Geschlechtergleichstellung leider für sich.[8]

Gleichberechtigung in Österreich?

Auch wenn sich seit dem schwer erkämpften aktiven und passiven Frauenwahlrecht im Jahr 1918 viel getan hat, wir sind auch heute

---

[8] Brigitte Bierlein, die erste Bundeskanzlerin, wurde nach der Ibiza-Affäre und der Auflösung der ÖVP-FPÖ-Regierung 2019 von Bundespräsident Van der Bellen zur Bundeskanzlerin bestellt.

PRESSESPLITTER

aus deutschen und österreichischen Medien

10. Oktober 2020:

„Frauenpower gegen giftige Männlichkeit"

23. November 2020:

„Gegner positionieren sich"

„Weiter Diskussionen nach Koalitionseinigung zur Frauenquote"

„Ende vergangener Woche einigte sich die Koalition auf eine Frauenquote in Vorständen – Tage später reißen die Diskussionen darum nicht ab."

20. Jänner 2018:

„Frauenpower gegen den Präsidenten – Frauengruppen machen gegen Trump mobil."

Es gehört zu den Herrschaftsinstrumenten dieser Männer, die mit der Inszenierung ihrer scheinbar unverwundbaren Männlichkeit ihre Gegnerinnen beeindrucken und einschüchtern wollen.

Anscheinend haben so manche immer noch das anachronistische Bild im Kopf von einer Frau, die keinen Regenschirm braucht, weil es zwischen dem Schlafzimmer und der Küche nicht regnet.

Unzählige mehr oder weniger sachlich aufbereitete Beispiele in den Medien zeigen, dass der Themenbereich Frauen und deren Rechte auch im 21. Jahrhundert noch polarisiert. Gleichzeitig lassen die Vereinten Nationen zum Internationalen Frauentag 2021 mit folgendem Leitgedanken aufhorchen: „Frauen in Führungspositionen: für eine gleichberechtigte Zukunft in einer COVID-19-Welt".

noch von einer völligen Gleichberechtigung von Frau und Mann in Österreich ein ganzes Stück entfernt.

In Österreich sind Frauen in Familien nach wie vor diejenigen, die sich vor allem um die unbezahlte Versorgungsarbeit kümmern und so oft nur schlechter bezahlte Teilzeitjobs übernehmen können. Auch Mädchen, die am Beginn ihrer Berufsausbildung stehen, tendieren heute noch immer sehr stark zu traditionell schlechter bezahlten Arbeitsbereichen. Hier hat sich zwar schon einiges getan, zufrieden können wir mit der Situation aber noch lange nicht sein.

Mit dem jährlichen „Equal Pay Day", dem internationalen Aktionstag zur Entgeltgleichheit von Frauen und Männern, wird in den teilnehmenden Staaten verdeutlicht, ab wann im Jahr Frauen, im Gegensatz zu Männern, gratis arbeiten. 2020 fand der „Equal Pay Day" in Österreich am 22. Oktober statt. Die Arbeit der Frauen für den Rest des Jahres war unbezahlt. Und noch ein wichtiger Wert, der die bestehende Ungleichheit verdeutlicht: 2019 verdienten Frauen in Österreich noch immer 19,9 % weniger als Männer. Damit liegt Österreich laut Statistik Austria ein deutliches Stück über dem EU-Gender-Page-Gap-Durchschnitt von 14,1 %.[9] Auch die Pensionen der Frauen sind folglich entsprechend niedriger. Altersarmut ist für Frauen, die alleinstehend sind, in Österreich oft leider kein Fremdwort.

Unsere Gesellschaft bildet seit rund 20 Jahren eine deutliche Schere, wenn es um das befreite Leben von Frauen geht: Zum einen sehen sich junge Frauen heute einem konservativeren Frauenbild gegenüber, als es etwa meine Generation in den 1990er Jahren tat. Zum anderen gab es für junge Frauen noch nie so viele Möglichkeiten der unterschiedlichsten Arbeitsfelder und beruflichen Selbstverwirklichung. Doch trotz aller gegebenen Möglichkeiten, Chancengleichheit

[9] Quelle: Gender-Statistik/Einkommen: www.statistikaustria.at http://www.statistik.at/web_de/statistiken/menschen_und_gesellschaft/soziales/gender-statistik/einkommen/index.html – zuletzt abgerufen: 9. April 2021

gibt es noch immer nicht und zu viele Frauen sehen sich in ihrer Karriere noch immer mit gläsernen Decken konfrontiert und auch mit der Frage, wie sie Karriere und Kinder unter einen Hut bringen können. Durch die nach wie vor verinnerlichten traditionellen Rollenbilder wird bis heute diese Frage nie an einen Mann gerichtet, sehr wohl aber noch immer an Frauen, da sie eben nach wie vor für die Versorgungsarbeit in den Familien als hauptverantwortlich angesehen werden. Eine faire Aufteilung dieser familiären Versorgungsarbeit in unserer Gesellschaft hat sich auch 2021 noch immer nicht durchgesetzt. Dass Frauen, die Karriere machen wollen, deshalb nicht selten auf Nachwuchs bewusst verzichten, ist eine leidige Folge dieser noch immer bestehenden ungleichen Arbeitsaufteilung. Dass unsere Gesellschaft dafür sorgen muss, dass Kinder und Karriere für Frauen keine Entweder-oder-Entscheidung sein dürfen, steht meines Erachtens außer Frage.

Geht es um Frauenkarrieren wird nach wie vor darüber diskutiert, ob Frauenquoten ein Segen oder ein Fluch sind. Meiner Meinung nach sind Frauenquoten absolut unumgänglich. Wir sind noch immer weit davon entfernt, dass Frauen und Männer bei gleicher Qualifikation die gleichen Chancen haben. Hier spielt natürlich immer die Angst der Arbeitgeber:innen vor einer möglichen Schwangerschaft und der folgenden Teilzeit der jeweiligen Arbeitnehmerin eine Rolle, die wiederum mit den landesweit nicht ausreichenden Kindergartenplätzen in Zusammenhang steht. Am Beginn der 20er Jahre des 21. Jahrhunderts braucht es Quoten.

Frauen schließen in Österreich häufiger Hochschulstudien ab als Männer, landen aber noch immer weitaus seltener in hohen Management-Positionen, es braucht also gesetzliche Vorgaben, um qualifizierte Frauen in Positionen zu bringen, um die ehemalige ÖVP-Politikerin Maria Fekter zu zitieren: „Ohne Quote geht es nicht.“[10]

---

[10] Quelle: Maria Fekter in der NR-Sitzung vom 29. Juni 2017 auf youtube: https://www.youtube.com/watch?v=yS4y6jl9JD0&t=181s – zuletzt abgerufen 10. April 2021

Frauen müssen noch immer auf vielen Ebenen aufholen. Mittlerweile gibt es unter Frauen endlich auch Netzwerke, gerade auch digital, wie sie Männer seit Jahrhunderten pflegen und die ihnen auch ebenso lange dienen. Warum also sollten Frauen auf Seilschaften verzichten?

Frauen sehen sich auch heute noch einer Mehrbelastung ausgesetzt und verlangen oftmals bei allem, was Medien und Gesellschaft von ihnen fordern, von sich selbst Übermenschliches. Ein Lichtblick dabei sind jene, meist jüngere, Frauen, die sich gegen die gängigen Ansprüche wehren und dies nicht alleine im stillen Kämmerchen tun, sondern die Öffentlichkeit – gerade auch auf Social-Media-Kanälen – für ihre Kritik nutzen.

Frauen brauchen solidarische Männer, um zur wirklichen und wahrhaftigen Gleichberechtigung zu gelangen. Denn: Solange Männer nicht ihre über Jahrhunderte tradierten Positionen aufgeben und Frauen in ihren Rollen der Versorgerinnen bei nicht ausreichender Kinderbetreuung verharren, wird sich nichts Maßgebliches in unserer Gesellschaft ändern.

Dazu kommt mir der 24. Oktober 1975 in den Sinn, der Tag, als in Island die Frauen streikten.[11] An diesem einen Tag gingen die isländischen Frauen auf die Straße und ließen jegliche Arbeit – bezahlt und unbezahlt – liegen. Die Aktion wurde von fünf Frauenorganisationen landesweit ausgerufen und blieb nicht folgenlos: Island hat heute weltweit die niedrigste „Gender Pay Gap" der Welt. Druck aufbauen war das ideale Mittel. Offensichtlich ändert sich eine Gesellschaft nicht, solange sie sich auf die un- bzw. unterbezahlte Arbeit der Frauen verlassen kann, und Gleichstellung bleibt für Frauen nur ein Traum, was in Skandinavien und allen voran Island gelebt wird. Katrín Jakobsdóttir ist übrigens Islands aktuelle Regierungschefin.

---

[11] Quelle: Martin Pfaffenzeller: „Als die Roten Socken Island lahmlegten" – Frauenstreik 1975. 8. März 2019: www.spiegel.de – https://www.spiegel.de/geschichte/frauenstreik-in-island-die-revolution-der-roten-struempfe-a-1255589.html – zuletzt abgerufen: 8. April 2021.

Menschen mit Klasse.

Wenn man heutzutage mit Lehrern spricht, kommt immer wieder die Frage auf, wie man Schüler am besten zum Lernen motivieren kann. Viele Lehrer kämpfen – häufig von Erziehungsberechtigten und Behörden alleine gelassen – mit dem Problem, dass Kinder und Jugendliche keinen Sinn darin sehen, am Unterricht teilzunehmen. Zahlreiche Medien unterstreichen mit großen Lettern in reißerischer Aufmachung aus Quotengeilheit, aus falsch verstandener Solidarität mit den Jugendlichen oder einfach aus Unkenntnis diese negative Einstellung dem Unterricht gegenüber. Der gesellschaftliche Stellenwert der Lehrer ist prekär, werden sie doch von vielen unserer Mitbürger ausschließlich an ihren Urlaubszeiten gemessen. Den persönlichen Einsatz, den sie täglich weit über ihre gesetzlich verankerte Unterrichtsverpflichtung hinaus für die Gesellschaft liefern, verblasst und findet keinen medialen Niederschlag. Leider schlägt auch mancher Politiker in diese Kerbe, indem er unter anderem öffentlich die scheinbar geringen Arbeitszeiten der Pädagogen nicht nur kritisiert, sondern sich arrogant und unter medialem Beifall über einen gesamten Berufsstand lächerlich macht. In Wien erst vor einigen Jahren passiert. Warum? Ach ja, mit Lehrerbashing geht immer etwas, speziell in Wahlkampfzeiten!

Es wäre dringend an der Zeit, die Gesellschaft auf die Gewichtigkeit von Bildung/Ausbildung einzuschwören, die Komplexität der Lehrerarbeit dementsprechend anzuerkennen und endlich auch das Wort Leistung im Bildungswesen wieder zu „erlauben". Wir sind in der glücklichen Lage, dass wir in einem Land leben, wo multiplexe Bildungsmöglichkeiten und Chancengleichheit gegeben sind: ein Privileg, das wir uns tagtäglich bewusst machen sollten und das für unsere Vorfahren keine Selbstverständlichkeit war.

Der römische Konsul Marcus Tullius Cicero, bekannt als Politiker, Anwalt, Schriftsteller und Philosoph, wohl auch der berühmteste Redner Roms und einer der vielseitigsten Köpfe der römischen Antike, warnte bereits damals vor diktatorischem Lehrstil, denn „die Autorität des Lehrers schadet oft denen, die lernen wollen".

Aber blicken wir zurück auf die Anfänge des 19. Jahrhunderts der k. k. Monarchie und hören wir, wie der spätere Schulreformer Otto Glöckel die damalige Pädagogik skizziert:[12]

Die Schulpflicht war ungeregelt [...]. Ein wenig Lesen, Schreiben und Rechnen, recht viel Religion von einem völlig ungebildeten Lehrer mit dem Prügel in der Hand eingebläut, das war die pädagogische Arbeitsleistung.

Die Lehrer waren erbarmungswürdige Menschen, von den Launen des Pfarrers völlig abhängig, jeden Augenblick um ihre ohnedies ärmliche Existenz zitternd. Ihre Hauptarbeit bestand im Mesnerdienst. [...] Ein verhungerter Mensch in einem langen schäbigen schwarzen Rock, mit dem Prügel in der Hand seines Amtes waltend – so musste der Lehrer aussehen, der den Kindern auf keinen Fall mehr als das unumgängliche Notwendigste einzudrillen hatte.

Das soldatische Ideal steht im Vordergrund der Erziehung: Unbedingter Gehorsam, hierarchisches Denken sind gottgegeben. Der Lehrer thront auf einem erhöhten Katheder. Die Schulbänke sind nach vorne ausgerichtet. Reden darf nur derjenige, der gefragt wird. Zu einer Wortmeldung muss mit dem „Schwurfinger" aufgezeigt werden. Sonst muss geschwiegen werden. In den Schulbüchern wird das Heldentum gefördert. Die Schlacht gilt als Feld der Ehre, der Heldentod wird angestrebt.

Die Volksschule ist in Dörfern zumeist eine einklassige Schule, in größeren Gemeinden wird eine zweiklassige bzw. vierklassige Volksschule geführt. Lesen, Schreiben und Rechnen ist der Lehrinhalt. Von einem autoritären Lehrer erfolgt auch der Religionsunterricht. Die Religionsnote ist die erste Note im Zeugnis, Schulgebet, Beichte und Gottesdienste sind unter der Aufsicht des Lehrers verpflichtend, Die Lehrer machen nur selten den einjährigen Ausbildungskurs mit. Die Klerikalen können aufrechte, selbstbewusste Menschen nicht brauchen, sie eignen sich nicht für ihre Politik. Die Kinder lernen in der Schule nichts mehr ...

Den gesamten geschichtlichen Hintergrund zum Thema österreichische Lehrerausbildung hier darzulegen, würde den Rahmen des Buches sprengen und kann in dementsprechenden historischen Quellen nachvollzogen werden. Es soll hier nur abrisshaft die Situation im 19. Jahrhundert vor-

[12] Quelle: Glöckel, Otto: Drillschule, Lernschule, Arbeitsschule, Verlag d. Wiener Volksbuchhandlung, Wien 1928, S. 6, 7.

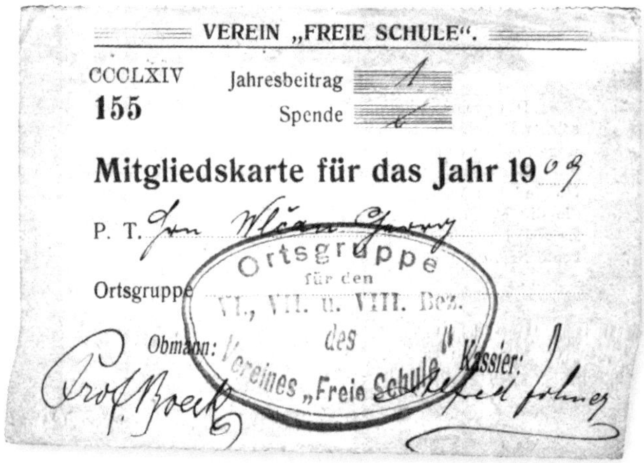

Mitgliedskarte – Freie Schule

gestellt werden, um auch die Gründung des Vereins „Freie Schule" im historischen Kontext zu platzieren, aber auch die schwierige Stellung der Frau als Lehrende dem Leser näherzubringen:

Mit dem sog. „Schulkodex" (der politischen Verfassung der deutschen Schulen) aus dem Jahr 1805 wurde eine Regelung erlassen, die als Begräbnis der Theresianischen Schulreform angesehen werden kann. Unter dem Eindruck der Französischen Revolution wird die „allgemeine Bildung" als gefährlich angesehen. Erziehung zur christlichen Tugend wird wieder Hauptaufgabe der Pflichtschule. Der Schulkodex sah vor, dass der Schul- und Mesnerdienst überall, wo es nur möglich war, mit dem Lehrdienst verbunden sein musste. Dazu kam noch, dass die Oberaufsicht über das Schulwesen nach dem Konkordat der Bischof ausübte und der Ortspfarrer Aufseher und Vorgesetzter der Volksschule seines Sprengels war (vgl. Schnell, Hermann: Bildungspolitik in der Zweiten Republik, 1993, S. 14 ff.).

Unter dem Druck der Revolution von 1848 kommt es aber zur erstmaligen Gründung eines „Unterrichtsministeriums". Franz Seraphim Exner und Hermann Bonitz wurden zu Universitätsprofessoren berufen und mit der Ausarbeitung eines Schulplans beauftragt. Nach der Niederschlagung der Revolution kamen die Reformen jedoch nur teilweise zur Geltung: Die Volksschulreformen wurden nicht verwirklicht, die Gymnasialreform fand aber Anwendung. Das Vorbild des Jesuitengymnasiums verlor seine Gültigkeit. Das zweijährige „Propädeutikum" wird von der Universität an das Gymnasium verlegt (Entwurf der

Turnsaal – Freie Schule, 1910

Organisation der Gymnasien und Realschulen). Das Gymnasium wird von 6 auf 8 Jahre erweitert, die Unterteilung in Unter- und Oberstufe und die Reifeprüfung werden eingeführt.

Mit dem Staatsgrundgesetz von 1867, das auch heute noch Teil unserer jetzigen Verfassung ist, wurden erstmals staatsbürgerliche Grundrechte und -freiheiten festgeschrieben. In diesem Zusammenhang fand der erste österreichische Lehrertag in Wien statt. Das „Staat-Kirche-Gesetz" (1868) schuf eine klare Kompetenztrennung zwischen Staat und Kirche. Der Staat hatte nun die oberste Leitung und Aufsicht über das gesamte Schulwesen.

Mit dem folgenden Reichsvolksschulgesetz (1869) wird gleiche Bildung für alle Realität. Einheitsvolksschulen entstehen, die alle Kinder ohne Unterschied des Standes und des Geschlechts zu besuchen hatten. Neu sind die „Bürgerschulen", aus denen sich später die Hauptschulen entwickeln. Mit dem Reichsvolksschulgesetz vom 14. Mai 1869 ersetzte man die Präparandenkurse durch 4-jährige Lehrerbildungsanstalten für Pflichtschullehrer, getrennt nach Geschlechtern.

Die Beschlussfassung des Reichsvolksschulgesetzes wurde von schweren kulturpolitischen Auseinandersetzungen begleitet. Es ging dabei um den Einflussbereich der Kirche auf das Schulwesen sowie um die universitäre Lehrerbildung im Pflichtschulbereich.

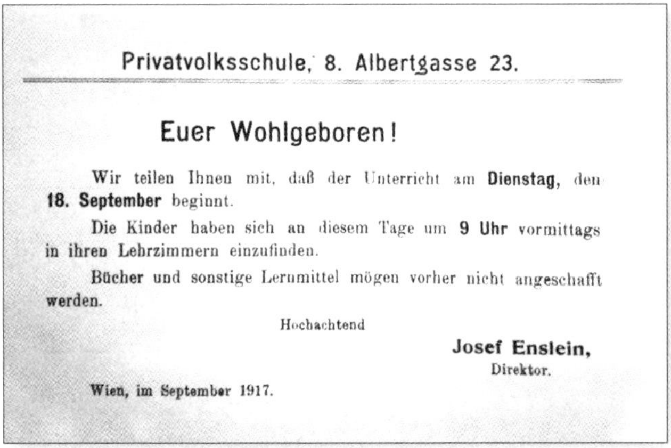

Privatvolksschule, 8. Albertgasse 23.

Euer Wohlgeboren!

Wir teilen Ihnen mit, daß der Unterricht am **Dienstag**, den **18. September** beginnt.

Die Kinder haben sich an diesem Tage um **9 Uhr** vormittags in ihren Lehrzimmern einzufinden.

Bücher und sonstige Lernmittel mögen vorher nicht angeschafft **werden.**

Hochachtend

Josef Enslein,
Direktor.

Wien, im September 1917.

Mitteilung der Direktion, 1917

1869: Reichsvolksschulgesetz
4-jährige höhere Ausbildung von PflichtschullehrerInnen in einer Lehrerbildungsanstalt – nach Geschlechtern getrennt; besondere Lehrerkurse (pädagogische Seminare) an den Universitäten oder Technischen Hochschulen,

Ausbildung der LehrerInnen an höheren Schulen an Universitäten,

Selbständige berufsbildende höhere Schulen – Matura mit Lehrbefähigungsprüfung.

Die Kommission für den Bericht des österreichischen Unterrichtsministeriums anlässlich der Weltausstellung im Jahr 1873 stellt nicht ohne Stolz fest: „Die heutigen Lehrer-Bildungsanstalten sind selbständige Berufsschulen, die sich nach dem Geschlechte ihrer Zöglinge in Bildungsanstalten für Lehrerinnen und in solche von Lehrern scheiden. Die Errichtung von Lehrerinnen-Bildungsanstalten in Österreich ist der erste von Staats wegen unternommene Versuch im Großen, durch Heranbildung von Lehrerinnen, sowohl dem Mangel an Lehrkräften abzuhelfen, als auch dem weiblichen Geschlechte eine ehrenvolle und seiner Begabung angemessene Bahn zu unabhängiger Existenz zu eröffnen.“

Die erste Fassung des Reichsvolksschulgesetzes bestimmte u. a., dass „zum Zwecke einer umfassenden Ausbildung für den Lehrberuf besondere Kurse (pädagogische Seminarien) an den Universitäten oder Technischen Hochschulen eingerichtet werden“ sollen. Diese erstmalige Einbeziehung der Universitäten in die Ausbildung der Pflichtschullehrer war in der Novelle dieses Gesetzes vom 2. Mai 1883 nicht mehr enthalten.

Unterrichts-Anstalten
im Hause der FREIEN SCHULE
VIII., Albertgasse 23.

Musterschulhaus mit hygienisch einwandfreien Lehrzimmern mit eigenen Garderoberäumen, Spiel- und Erholungsterasse auf dem Dache, Physiksaal, Zeichensaal, modern eingerichtetem Turnsaal, Schulwerkstätten, Schulbad, modernsten Lüftungs- und Heizungsanlagen.
Bequeme Straßenbahn- und Stadtbahnverbindung (Straßenbahnlinien 3, 5, 8, J, J2, 46, Stadtbahnstation Josefstädterstraße).

5 klassige Privat-Volksschule für Knaben und Mädchen.
Direktion: JOSEF ENSLEIN.
Individualisierender Unterricht, höchstens 20 Schüler in einer Klasse, Koëdukation, obligater Handfertigkeitsunterricht, nur Vormittagsunterricht. Schüleraufnahme an Wochentagen von 12 bis 1 Uhr und von 5 bis 7 Uhr.

Reform-Mittelschule der Elternvereinigung (Koëdukation).
Höchstens 24 Schüler in einer Klasse, individualisierender Unterricht, nur Vormittagsunterricht (von 9 bis 1 Uhr). Einschreibungen für die 1., 2., 3. und 4. Klasse an Wochentagen von 9 bis 1 Uhr.

Turnschule für Knaben und Mädchen.
In Riegen von höchstens zwölf Schülern. Staatlich geprüfte Turnlehrkräfte. Zwei Stunden wöchentlich. Vom 8. Lebensjahre an Knaben und Mädchen getrennt. Beginn 1. Oktober. Einschreibung von 12 bis 1 Uhr und von 5 bis 7 Uhr.

Schulwerkstätte (Handfertigkeitskurse).
In Gruppen mit geringer Schülerzahl. Arbeiten in Ton, Papier, Pappe und Holz. Wöchentlich zweimal je $1\frac{1}{2}$ Stunden. Beginn 1. Oktober. Einschreibungen von 12 bis 1 Uhr und von 5 bis 7 Uhr.

Wegen der beschränkten Schülerzahl baldige Anmeldung geboten.
Prospekte für alle Anstalten beim Portier der Freien Schule, VIII., Albertgasse 23.

Bildungsangebot

Mit dem Reichsvolksschulgesetz wurde die Voraussetzung für den Eintritt der Frauen in den öffentlichen Schuldienst geschaffen. Noch im selben Jahr wurde die erste staatliche Lehrerinnen-Bildungsanstalt in Wien eröffnet. Die Zahl der Lehrerinnen im öffentlichen Schuldienst stieg ab 1869 kontinuierlich an, wobei 90 % der weiblichen Lehrkräfte an Volksschulen eingesetzt wurden. 1871 betrug der Frauenanteil 8 %, 1913 war er bereits 35 %.

Die Lehrerin war in dieser Zeit eine „Ordensfrau im weltlichen Gewand" mit einer „sittlich hohen Lebensaufgabe, der sie freiwillig ungeteilt und mit Selbstentsagung nachkommt, mit Treue, Fleiß, Aufopferung und innerlicher Befriedigung". Lehrerinnen sollten „tolle Mode und läppischen Putz verachten und Kleider tragen, die weder im Schnitt noch in Farbe aus dem Rahmen fallen" (zitiert in: Gahlings 1961, S. 73 f.). Der Beruf der Lehrerin war eine Alternative zur Ehe, denn eine berufstätige Ehefrau erschien im 19. Jahrhundert unvorstellbar. Entsprechend dieser Ideologie waren „Zölibatsklauseln" für Lehrerinnen durchaus üblich. Die „freiwillige Dienstentsagung bei Verehelichung" war allerdings nicht durchgängig, denn es war Sache der Landesschulräte als deren Dienstgeber, eine Eheerlaubnis zu erteilen (Wingert, Ortwin: Eine historische Spurensuche zum Endbericht „Lehrerbildung neu: Die Zukunft der pädagogischen Berufe, 1998, S. 48 ff.).

1897 wurden Frauen als ordentliche Hörerinnen zum akademischen Studium an der philosophischen Fakultät der Universität in Wien, ab 1900 auch an der medizinischen, ab 1919 auch an der juridischen Fakultät zugelassen.

Der Erlass einer „Schul- und Unterrichtsordnung für allgemeine Volksschulen und für Bürgerschulen" (1905) spiegelt die damalige politische Stärke der christlich-sozialen Partei. Die Auseinandersetzung um die Form der Pflichtschullehrerbildung ging weiter.

Quelle: Die „Bildungspolitische Arbeitsgemeinschaft" e. V. (BPAG)

Doch wie gestaltet sich in dieser Zeit der Berufseinstieg für Junglehrer? Mit welchen Hürden und Schwierigkeiten muss man als Absolvent des Lehrerseminars rechnen? Wie sieht die Realität des Schulalltags für die Neulinge aus? Welchen ungeahnten Herausforderungen müssen sie sich stellen?

Der spätere Wiener Vizebürgermeister Paul Speiser hat im Jahr 1897 als provisorischer Unterlehrer im Umland von St. Pölten seinen Dienst angetreten:

Ein Lehrer auf dem Lande:
So begann Paul Speiser seine Laufbahn

Nach vier Jahren Landes-Lehrer-Seminar in St. Pölten, das auch von Karl Seitz, der im Waisenhaus aufgewachsen war, besucht wurde, erhielt Paul Speiser in Obergrafendorf im Bezirk St. Pölten eine Anstellung als Unterlehrer.

Was war ein Unterlehrer?

Der wurde meist zuerst als sein Dienst begann gefragt, welche Instrumente er beherrschte. Und bekam dann sofort den Sing- und Geigenunterricht

Sammlung

der das Volksschulwesen betreffenden

Gesetze, Verordnungen und Erlässe

mit

besonderer Rücksicht auf Wien.

Nach dem neuesten Stande auf Veranlassung des Wiener Bezirksschulrathes

zusammengestellt von

Franz Landsteiner.

I. Band.

Reichs- und Landesgesetze und Durchführungs-Verordnungen zu denselben.

Wien, 1899.
Selbstverlag des Wiener Gemeinderathes.

zugeteilt. Weiters wurde ihm ein Pack Noten zum Abschreiben übergeben, was seine Freizeit erheblich einschränkte. Und letztlich erhielt er noch meist den Kirchenschlüssel ausgehändigt, denn sowohl das Glockenläuten als auch die Begleitung des Gottesdienstes wurde von ihm erwartet. Und alles für ein dürftiges Salär von monatlich 33 Gulden.

Kein Wunder, dass Speiser, wie sein Sohn[13] später vermerkt, verhungert aussah, aber er war zu stolz, irgendwelche Almosen von seinem Quartiergeber anzunehmen. Dabei waren ein paar Eier und einige Scheiben Brot oft seine einzige Mahlzeit.

Aber zu den weiteren Pflichten des Junglehrers:

Täglich musste das Schulgebet gesprochen werden und an Sonntagen mussten die Kinder zum Gottesdienst geführt werden. Selbstverständlich musste der Lehrer bei den Oster- und Fronleichnamsprozessionen mitwirken.

So war der Konflikt mit der Kirche unvermeidlich. Paul Speiser wehrte sich gegen den Zwang zu den religiösen Übungen für die Lehrer durch passive Resistenz, wobei sein Humor die beste Waffe war. Als Speiser seinen Dienst begann, waren es in Wien Bürgermeister Dr. Karl Lueger und in Niederösterreich der Schulreferent Dr. Albert Geßmann, der eigentliche Begründer der christlich-sozialen Partei, die Politik und insbesondere die Schulpolitik bestimmten.

Nach kurzer Zeit geriet Speiser mit Dr. Geßmann in einen Konflikt.[14] *Anlässlich einer Schulinspektion Geßmanns, zu dessen Empfang sich die Schulkinder in Begleitung ihrer Lehrpersonen einzufinden hatten, erschien Paul Speiser nicht. Er wurde daraufhin sofort zum Bezirksschulinspektor nach St. Pölten vorgeladen und gab dort bei der protokollarischen Einvernahme an, es sei an diesem Tag sehr heiß gewesen und er sei für Sonnenstich sehr anfällig. Er habe sich aber von seinem Monatseinkommen von 33 Gulden keinen Sonnenschirm kaufen können. Daraufhin wurde er strafweise*

---

[13] Quelle: Speiser, Wolfgang: Paul Speiser und das Rote Wien, Jugend und Volk, Wien – München 1979.
[14] Quelle: Ebda.

Was will der Verein Freie Schule?

40.—50. Tausend.

Einzelpreis 10 h, 50 Stück K 4·—, 100 Stück K 7·—.

Wien, 1909.
Verlag des Vereines Freie Schule
I., Babenbergerstraße 9.

Neue Adresse des Vereines: **Wien, VIII., Albertgasse 23.**

Infobroschüre

in das kleine Dorf Perschling versetzt. In diesem Dorf waren die Existenzbedingungen des jungen Lehrers noch schlimmer. Er war noch mehr von seiner Familie in St. Pölten isoliert. Im Winter langte das Geld nicht, sein Zimmer zu heizen. Wollte er sich am Morgen waschen, musste er erst das Eis in dem altmodischen Waschtisch aufhacken.

Außerdem ist kaum bekannt, dass der Verein „Freie Schule" ein pädagogisches Pilotprojekt bereits vor Erbauung des Schulgebäudes in der Albertgasse durchführte. Acht Volksschulklassen waren sowohl in einem Teil eines Privathauses in der Babenbergerstraße 9/Ecke Getreidemarkt als auch im Gebäude des Volksheims Ottakring (= heute Volkshochschule Ottakring) einquartiert. Im Gegensatz zu den restlichen Schulen saßen nur maximal 20 Mädchen und Buben – obwohl Koedukation in dieser Zeit noch verpönt war – in einem Klassenraum. Die Lehrerin, von den Kindern auch liebevoll „Fräulein" genannt, oder der Lehrer vereinten Vertraute/-r und beste/-r Freund/-in in einer Person.

Man könnte beinahe meinen, Albert Einstein hätte schon damals für diese Klassen folgende Leitlinie ausgegeben: *„Es ist die wichtigste Kunst des Lehrers, die Freude am Schaffen und am Erkennen zu erwecken."*

Mehr Licht!

Mon... ...ift d... Vereines „Freie Schule“

...ich 12 Kronen — Einzelne Hefte 1 Krone

Wien, 8., Albertgasse 23 — Fernruf 23-2-35

Heft 2 Wien, Februar 1921 2. Jahrgang

Inhalt. Der Weg zur Freiheit. Von Angelo Carraro. — Kulturbilder. — Vom Verein „Freie Schule“. — Vereinsabende.

Vertrauensmänner!

Werbet neue Mitglieder!

Wir brauchen 1000 Mitglieder mit einem Jahresbeitrag von 100 Kronen

Man kann, was man will!

Der Weg zur Freiheit.

Von Angelo Carraro.

Daß der Weg zu besserem Menschentum nur durch eine freie das ganze Kind erfassende Schule gehen muß, ist wohl allen Freiheitsliebenden klar; wie aber und unter welchen Umständen eine solche Schule zur allgemeinen Geltung im Staate kommen soll und kann, darüber herrscht noch manche Unklarheit und Unausgesprochenheit. Da unsere Republik bald vor diese entscheidendste aller Fragen gestellt werden dürfte, so mag es wohl nötig sein, auf zwei Grundvoraussetzungen zur Verweltlichung der Schule kurz hinzuweisen.

Wir irren zunächst sehr, wenn wir annehmen, daß mit der vollzogenen Trennung des Staates von der Kirche die Macht des Klerikalismus gebrochen und damit die Jugend von der klerikalen Erziehungs- und Unterrichtsmethode befreit wäre.

Auch der große Jaurès irrte mit seiner Meinung: „Die religiöse Frage ist bloß eine Geldfrage; streicht das Parlament den jährlichen Zuschuß von 40 Millionen Franken und bleibt der Klerus auf die freiwilligen Beiträge der Gläubigen angewiesen, so werden . . . die Kirchen in sechs Monaten zusperren müssen.“

Vereinszeitung

Max Winter: Momentbilder.

Bekanntlich begann der spätere Wiener Vizebürgermeister Max Winter seine Karriere 1895 bei der „Arbeiter-Zeitung", die von Victor Adler geleitet wurde. Er war als Gerichtsreporter tätig und diese Tätigkeit prägte ihn nachhaltig, denn die Überprüfung von Fakten und die Stichhaltigkeit von Beweisen bzw. der Beweisführung waren für Winter auch persönlich von großer Bedeutung. Besonders bekannt wurde er aufgrund seiner Undercover-Recherchen: Er verkleidete sich zum Beispiel als Obdachloser und ließ sich ins Gefängnis werfen oder er „arbeitete" als Kulissenschieber im Burgtheater. Seine daraufhin erschienenen Sozialreportagen waren geprägt von Detailschilderungen, korrekt für den Leser aufbereitet.

Er beschränkte aber seine journalistischen Tätigkeiten nicht auf Wien. Winter stellte seine Nachforschungen quer durch die gesamte Monarchie an, wie in den Industriegebieten der Steiermark oder bei den böhmischen Fabrikarbeitern bis zu den mährisch-schlesischen Webern. Seine so entstandenen 1.500 Reportagen untermauerte er mit wissenschaftlichen Fazits und diversen Statistiken sowie mit dazugehörigem Archivmaterial und Aktennotizen.

Wen wundert es dann, dass sich Max Winter auch mit der neuen Schule und deren revolutionärer Pädagogik auseinandersetzte. Seine „Momentbilder aus der Freien Schule Teil 1 und Teil 2" sind in der „Arbeiterinnen-Zeitung" Nr. 13 vom 23. Juni 1908 und Nr. 14 vom 7. Juli 1908 erschienen. Er hat seine Ausführungen nicht nur dem neuartigen Erziehungsstil gewidmet. Eindrucksvoll versuchte er mit großem schriftstellerischem Geschick und unter Vorlage diverser „Dokumente" emotionale Momentaufnahmen des Unterrichtsgeschehens und seiner Probanden aufzuzeigen. Der Leser hat dabei das Gefühl, mit Max Winter im Klassenzimmer zu sitzen und dem „erfrischenden" Unterricht hautnah beiwohnen zu dürfen.

Hier ein Auszug aus diesen „Momentbildern". Winter vertritt auch die Meinung, man (= Verein „Freie Schule", Anm. des Autors) solle die moderne Pädagogik nicht nur theoretisch darstellen und darüber diskutieren, sondern moderne Pädagogik müsse auch gelebt werden. Er engagiert sich als Journalist für das erziehungswissenschaftliche Projekt und führt dazu Folgendes aus:

[...] mit dem gesprochenen und geschriebenen Wort allein konnte aber diese Organisation nicht ihr Auslangen finden. Die Tat allein ist Leben. So mußte denn die „Freie Schule" bedacht sein, auch an einem lebendigen Beispiel zu zeigen, wie die Schule sein soll, die dem Volke dienen kann. Der Verein mußte selbst eine Schule gründen als Vorbild für andere, als Muster, als ein Beispiel. Das erschien im Anfang vielen als Experiment, sogar als gefährliches Experiment, denn ein ordentlicher Schulbetrieb erfordert viel Geld und konnte also alles in Frage stellen, wenn er über die Werbekraft der Vereinsidee hinauswuchs, aber schließlich wurden die Bedenken überwunden und heute schon kann man sagen: Der Versuch, eine freie Schule als Muster herzustellen, ist geglückt. Keine öffentliche oder private Schule Wiens ist von so edel freiem Geiste getragen wie die beiden Schulen des Vereines „Freie Schule", deren vorläufig acht Klassen im „Volksheim" in Ottakring und in einem Privathause, Babenbergerstrasse 9, eingemietet sind. Aber schon sind fleißige Handwerker daran, den Bau der „Freien Schule" zu erstellen, und ehe der Winter ins Land gezogen sein wird, wird Wien um eine Sehenswürdigkeit reicher sein, um den nach durchwegs allermodernsten Grundsätzen errichteten Schulbau der „Freien Schule", in dem zum Ausdruck kommt, was schon die alten Römer erkannt haben, daß nur in einem gesunden Körper auch ein gesunder Geist wohnen kann. Keine dumpfen Stuben, Sonnenschein und die Freude des Lichts in allen Räumen, dazu eine geregelte Ueberwachung der Kinder durch einen Schularzt, Berücksichtigung aller schulhygienischen Notwendigkeiten, keine Klassenüberfüllung, Schulbäder, keine Ueberbürdung der Jugend, die Freude am Lernen an Stelle des Zwangs zum Lernen – das soll die „Freie Schule" bieten und wer die beiden Versuchsschulen des Vereines kennt, weiß, daß im neuen Heim erst recht dieses Ziel erreicht werden wird.

Max Winter kommt aber nach einem theoretischen Vorspann sehr rasch zum eigentlichen Punkt seines Artikels: die facettenreiche und anschauliche Schilderung des Unterrichtsalltags. Er will den Geist, der in diesen Klassen Schüler und Lehrer beseelt, für den Leser spürbar machen.

Es war im März des heurigen Jahres, als mir Gelegenheit wurde, dem Unterricht in den beiden Schulen des Vereines beizuwohnen. Was ich damals zu

Max Winter

beobachten Gelegenheit hatte, berechtigt mich zu dieser günstigen Voraussage. Mochte draußen auch der März hinter Wolken und Nebeln der Sonne den Weg zu den Menschen wehren, hier in den Schulstuben des Vereines „Freie Schule" war Sonnenschein, hier glühten die Kindergesichtchen vor Freude und dieselbe Freude beschwingt die Lehrer, die, fort und fort von den Kleinen lernend, sie um so besser lehren können, je tiefer die Blicke sind, die sie in die Kinderseelen tun. Nirgends – nicht bei den Lehrern und nicht bei den Kindern – Abspannung. Der Geist der Fröhlichkeit und Offenherzigkeit, der in der ersten Minute des Unterrichts um 10 Uhr vormittags Kinder und Lehrer vereint, derselbe Geist beseelt sie alle noch, wenn sie um 12 Uhr mittags, manchmal um 1 Uhr, voneinander gehen und im munteren Schwätzen der Kinder klingt es nach, wie schön es heute wieder war. […]

Einige Momente aus diesen genußreichen Stunden festzuhalten, halte ich darum für sehr nützlich. Sie werden uns helfen in den Geist zu dringen, der diese Schule beseelt.

Wie Sprache gelehrt wird.

Die Schule in der Babenbergerstrasse. Sprachunterricht in der zweiten Klasse. Eine Lehrerin führt hier das milde Regiment. In der zweiten halben Stunde wird Schönschreiben geübt. Wir halten gerade beim G, beim „großen" G. In drei Reihen stehen die Bänke, die immer für zwei Schüler bestimmt sind. Buben und Mädeln beisammen, wie sie die Freundschaft und Sympathie zusammenbringt. Das Fräulein geht eben durch den einen Quergang, um die Künste der Kleinen zu prüfen. Da entdeckt sie in einem Heft ein G, dessen zweite Hauptschlinge bedenklich nach rechts abweicht und dadurch aus der Schriftlage springt. Kein

Wort des Tadels, keines der Beschämung, aber eine Tat des guten Beispiels folgt dieser Entdeckung. Die Lehrerin geht zur Tafel und malt neben ihr tadelloses G das andere, das sie eben entdeckt hat. Vorher ruft sie die Aufmerksamkeit der Kinder wach: „Jetzt werde ich euch aber etwas zeigen. In einem Heft habe ich ein G gesehen – ich nenne keinen Namen – das hat – nun paßt genau auf! – so ausgesehen." Und schon hat sie das im zweiten Teil aus der Lage geratene G hingemalt. Riesengelächter der ganzen Klasse lohnt sie und im Lachen haben die Kinder gelernt, daß man darauf achten muß, daß die einzelnen Glieder eines Buchstabens, eines Wortes, einer Zeile in derselben Lage sein müssen, wenn die Schrift als schön gelten soll.

Eine Kleine beugt sich schief über das Heft, da sie schreibt. „Du wirst einen schiefen Hals bekommen", mahnt das Fräulein und einen Jungen heißt sie gleich darauf die Feder niederlegen, weil er ihre wiederholte Mahnung, die Augen nicht so nahe an das Papier zu halten, nicht berücksichtigt hat. Es ist ihm später eine Gunst, daß er wieder weiterschreiben darf.

„Ich bitte, Fräulein, meine Feder ist mir gebrochen."

„Stecke dir eine andere an."

„Ich habe keine."

Sofort rasseln etliche Penale auf die Bänke und ehe noch die Lehrerin die fragende Bitte ausgesprochen: „Wer wird der Rosa aushelfen?" strecken sich der Kleinen schon einige Hände hin. Gegenseitige Hilfsbereitschaft und Duldsamkeit wird die Kinder vom ersten Tag an gelehrt.

„Nun sagt mir ein Hauptwort, das mit G beginnt." Fünf Händchen strecken sich. „Nun, Fritz?" – „Gebrauchsanweisung." Ein leichtes Lächeln huscht über das Antlitz der Lehrerin. „Kein zusammengesetztes .... Was weißt du für eines?" ... „Geselcht."

Die Lehrerin lacht und einige Kinder lachen und bald lacht die ganze Klasse mit, auch der kleine Gourmand, dem die leiblichen Genüsse mehr zu gelten scheinen als die Wissenschaft. „Ist ‚geselcht' ein Hauptwort?" – „Nein", tönt es im Chorus. „Also, nun sagt mir ein Hauptwort, das wir auf die Tafel schreiben sollen." – „Gitter." – „Schreiben wir also Gitter." Dann wird noch das Wort Gasse geübt. Aber schon winkt die Belohnung. „Wenn ihr sehr schön geschrieben habt, ihr wißt schon, was dann als Belohnung kommt." Sofort ist Aufruhr in der Stube: „Ja, bitte Fräulein, bitte vorlesen ...."

Schulaufsatz

In der ersten Halbstunde hatten die Kinder einen deutschen Aufsatz zu schreiben gehabt. Gegeben war ihnen nichts als das Thema. Es war am Aschermittwoch, was war natürlicher, als die Kleinen von ihren Faschingserlebnissen plaudern zu lassen. Da gab es nun für alle Wunderdinge zu hören.

Die eine war im Zirkus Sarrasani und erklärte, daß das Beste der „Claun" gewesen sei … . „Warum schriebst du denn nicht auch etwas über die Pferde und über die wilden Tiere? Haben dich diese nicht interessiert?" … „O ja, aber das habe ich Ihnen ja schon in meinem Brief geschrieben." Aus Freude, sich mitteilen zu können, schreiben die Kinder der Lehrerin Briefe.

Eine andere schwatzte von dem guten Onkel, der ihr eine Buldogglarve und dem Peterl eine Larve als Wolf gebracht hatte. Jede dieser Geschichten wird mit Jubel aufgenommen. Aber einmal angeregt, können die Kinder nicht genug bekommen. „Auf allgemeines Verlangen" muss das Fräulein auch noch einen Aufsatz aus der letzten Stunde vorlesen: den der kleinen Mizzi; der hatte den Kindern so gut gefallen, daß sie ihn nochmals hören wollen.

Wenn der Glaser komt.

Zeichensaal – Freie Schule

Der Glaser kommt inn das Haus frakt „Was ist zu machen? Die Fenster einsezen ach die Fenstern einsezen da mus ich doch noch ein mal nach Hause gehen und mein Wergzäuge holen. Bite schön haben sie keinen stuhl? Was sie brauchen einen Stuhl ja weil ich die Scheibe drauvlegen muß.

Die Aufsatzstunde, sagt mir beim Scheiden die Lehrerin, ist den Kindern die liebste. Kaum ist so eine Stunde zu Ende, so fragen sie schon: Bitte, wann kommt das wieder? Dieselbe Beobachtung machen die Lehrer der höheren Klassen. Da schrieb eine in der vierten Klasse folgenden Traum nieder:

Mein Traum.

Ich habe heute geträumt das ich mich auf den Kopf gestellt habe. Da ist mein Kopf auf einmal in die Höh' geflogen, dann bin auch ich in die Höh' geflogen, dann ist auf einmal die ganzen Erde in die Höh' geflogen und am Mond hängen geblieben, dann hat der Mond die Erde wieder fallen gelassen und dann ist die Erde ins Wasser gefallen und hat um Hilfe gerufen und die Sonne wollte ihr helfen und verbrannte die Erde und mein Kopf und mein Leib ist gleich ins Wasser gefallen. Jetzt wachte ich auf.

Aus der Schule in Ottakring: ein Aufsatz aus der dritten Klasse. Thema: Die Nikolobescherung. Der kleine K. sendet folgenden Brief an den „Krampus":

Lieber Krampus.

Ich kann nicht beten aber ich will vil lernen und artig sein wenn du zu uns kommst so bringe mir was, wen du mich nicht findest so schau hinter das Bett dort wirdest mich finden.

Und ein zweiter Aufsatz desselben achtjährigen Knirpses:

Was und wie ich am liebsten spiele.

Wenn ich von der Schule nach Hause komme, da nehme ich den Sessel umgekehrt und spann ihn vor dem Schemel. Dann setze ich meine Schwester auf den Schemel, und ich setze mich zu ihr. Dann nehme ich die Peitsche und die Leitseile zur Hand und dann hau ich den Sessel so, daß die Bolitur abspringt und da schimft der Vater immer.

Welche zutrauliche Offenherzigkeit spricht doch aus diesem Aufsatz. Wie muß dieses Kind der Lehrerin vertrauen, daß es so ungeniert von seinen geheimsten Sorgen und Freuden plaudert.

Erziehung zur Offenherzigkeit! Da erzählt der Schulleiter eine herzige Geschichte. Die Kinder wollten sich auf dem Gange des Volksheims, wo die dreiklassige Ottakringer Schule untergebracht ist, während der Pause damit vergnügen, daß sie über den glatten Gang schliffen. Auch hier fruchtete nicht einmalige Mahnung. Das Vergnügen war und ist zu verlockend. Aber völlig entwaffnet war der Schulleiter, als so ein kleiner Knirps aus der „Taferlklasse" – ein Ottakringer Elendskind – einmal auf ihn zutrat und bedauernd sagte: „Heute kann ich nicht schleifen, heute habe ich Galloschen an." Er hatte irgendwo Galloschen zu schenken bekommen, die die Blößen seiner Schuhe verhüllten und entdeckte nun den Nachteil dieser Ueberschuhe, daß die Gummisohle beim Schleifen Widerstand leistet. Diesen Schmerz musste sein Lehrer erfahren.

Etwas vom Zeichnen und von der Handfertigkeit.

Auch die Zeichenstunden dienen dem Zweck, die Phantasie des Kindes gut zu beschäftigen. Auch hier ist dem methodischen Unterricht: Zeichnen und Malen nach der Natur die freie Betätigung der kleinen Zukunftskünstler beigesellt. Wie im Sprachunterricht durch das Wort ein Geschehnis, ein Erlebnis des Kindes illustriert werden soll, so greift die „Freie Schule" auch zum Ausdrucksmittel des Stiftes und Pinsels, um die Kleinen im Bild darstellen zu lassen, wie sich in ihren Köpfen die Welt malt. Da wird zum Beispiel der „Wilhelm Tell" illustriert oder

„Der Fasching" oder das „Märchen vom Wunderkästchen" oder das bekannte Kindergedicht vom Blinden Eifer:

Tier und Menschen schliefen feste,
Selbst der Hausprophete schwieg,
Als ein Schwarm geschwänzter Gäste
Von den nächsten Dächern stieg.

Wie es bei solchen Aufgaben in der Hand des Lehrers liegt, schlummernde Begabungen zu wecken, vorhandene zu fördern, sehen wir staunend aus der Sammelmappe der Lehrer, die uns gegenwärtig in einer Ausstellung zugänglich gemacht wird.

Der Handfertigungsunterricht ist auch eine Beigabe zum Lehrplan, die nicht hoch genug geschätzt werden kann. Auch er wirkt in hohem Maße erzieherisch und es ist bewundernswert, wie viel Kunstfertigkeit, unverdorbenes Sehenkönnen, frische Beobachtungsgabe und handliches Geschick in diesen Kindern steckt, und gibt dem Lehrer reichliche Gelegenheit, die sozialen Zusammenhänge dem Kinde zum Bewußtsein zu bringen. Die Arbeiten der Kleinen sind mannigfacher Art. Lehm, Papier und Holz sind die Stoffe, die sie verarbeiten. Die Handfertigkeitskästen der „Freien Schule" sind schon ganz voll gestopft mit den Arbeiten der Kleinen und manch eine oder einer hatte auch schon den Eltern ein kleines Kunstwerk nach Hause gebracht, das nun die Nippes vermehrt.

Die Modellierarbeiten erlauben den Kindern die größten Freiheiten. Was gibt es da nicht alles zu schauen und nachzubilden! Was die Kinder sehen und was ihre Phantasie gefangen genommen hat, wird hier versucht, wiederzugeben. Hunde und Katzen, ein Vogelnest mit einem Jungen und drei Eiern, ein Fuchsbau und dann das ganze Getier, das sie gelegentlich in Schönbrunn geschaut haben: die jungen Löwen, die Kamele, die Bären; alles wird hinterdrein aus dem Ton geformt. Alles das ohne eigentliches Werkzeug, nur mit ihren geschickten Fingerchen geformt.

Nicht geringes Lob verdienen die Holzarbeiten. Aus trockenen Holzspänen bauen sie die Holztreppen, Leitern, Staffeleien, Brücken, Tragbahren, Tische, Bänke, Futterkrippen und auch an schwierigere Arbeiten wagen sie sich. Da hat einer oder eine ein Stück des Turnsaales festgehalten, das Kletterstangengerüst, ein anderer hat eine ganze Mühle gebaut, wieder andere haben Häuser zusammengezimmert und einer hat sich als Brunnenmacher versucht. Jeder hat seinen Hammer, jeder seine Nägel, jeder seine Zange und dazu sein Arbeitsbrett auf der Schulbank und da hämmern sie und schnitzeln sie drauf los, daß einem warm ums Herz wird, wenn man diese kleinen Meister an der Arbeit sieht. Auch zwei Hobelbänke sind zur Benützung für die Kinder da.

Endlich die Papierklebearbeiten. Darin bekunden manche Kinder so reiche Erfindungsgabe, so hohe Kunstfertigkeit und solches Geschick, daß man beim Durchblättern der Zeichenhefte, in die sie alle diese buntfärbigen Gebilde kleben, versucht ist zu glauben, daß sehr stark nachgeholfen wurde. Dann wohne ich aber einer solchen Stunde bei und sehe die Störche, Lokomotiven, die Kirchen und die Silhouette einer mittelalterlichen Stadt vor mir erstehen und ich kann da eine Kleine bewundern, die eben zu dem von ihr aus schwarzem Papier geklebten Kirschenzweig, schwer behangen mit Früchten, ein Gegenstück macht, eine Traube mit in Ueberschneidung gesehenen Weinblättern, und der anfängliche Verdacht kehrt sich in rückhaltslose Bewunderung. Und dort der kleine Schnipfer. Er hat sich den Eisenbahnzug als Klebearbeit gewählt, aber er läßt nicht die auf die einfachsten Formen zurückgeführte Lokomotive gelten. Er hat sich seine Lokomotiven besser angesehen und klebt also zu den auf der Tafel gezeigten Grundformen noch den Führerstand hinzu und auch die Puffer. Natürlich läßt er auch Rauch aus dem Rauchfangtrichter steigen. Die verwendeten Vorlagen sind ebenso mannigfach als reizend. Da gibt es stilisierte Störche, Schiffe, Städte und Kirchen, Bäume, eine Mausfalle und daneben die Mäuse, allerlei Werkzeug, Spaten und Hammer, Gießkannen und Geräte von Haus und Küche; Kaffeekannen und Schalen und dazu moderne Rahmenleisten, Bordüren, moderne Kacheln, Stickereimuster, alles färbig und gut abgestimmt, alles gedacht, die einfachen Grundformen in ihrer vielfältigen Verwendung zu zeigen: eine Schule der Geschmacksbildung. So ergänzt der Handfertigkeitsunterricht wirksam die Aufgabe dieser Schule, er eröffnet dem Lehrer die Kinderseelen und hilft wirksam mit, den Kindern die Schule als etwas Schönes, Herrliches erscheinen zu lassen.

In der Geschichtsstunde.

In der Volksschule ist das Lesebuch der Behelf für fast alles Wissen, so auch für den Geschichtsunterricht. Und was sind das für Lesebücher? Was soll sich wohl ein achtjähriges Kind denken, wenn unter den Tugenden eines Kaisers aufge-

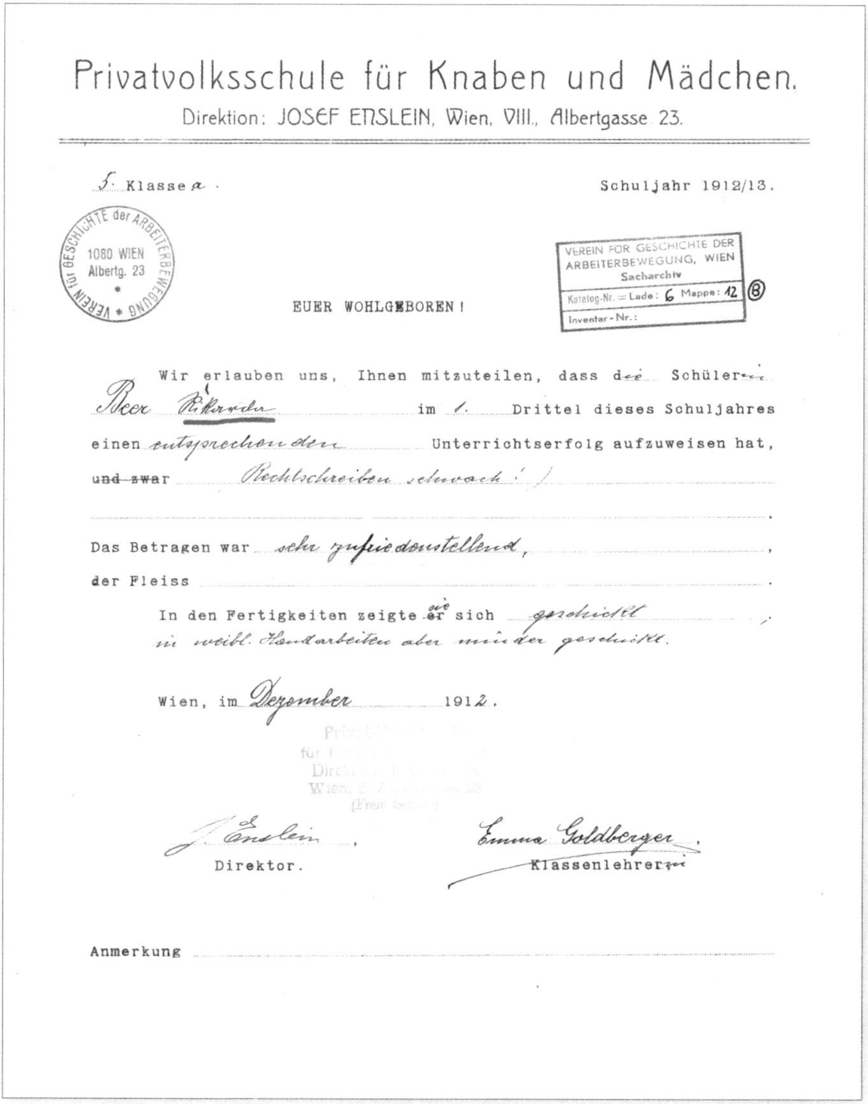

Privatvolksschule für Knaben und Mädchen.

Direktion: JOSEF ENSLEIN, Wien, VIII., Albertgasse 23.

5. Klasse a. Schuljahr 1912/13.

VEREIN für GESCHICHTE der ARBEITERBEWEGUNG * 1080 WIEN Albertg. 23 *

VEREIN FÜR GESCHICHTE DER ARBEITERBEWEGUNG, WIEN
Sacharchiv
Katalog-Nr. = Lade: 6 Mappe: 12 (B)
Inventar-Nr.:

EUER WOHLGEBOREN!

Wir erlauben uns, Ihnen mitzuteilen, dass die Schülerin Beer Rikarda im 1. Drittel dieses Schuljahres einen entsprechenden Unterrichtserfolg aufzuweisen hat, ~~und zwar~~ (Rechtschreiben schwach!)

Das Betragen war sehr zufriedenstellend,

der Fleiss

In den Fertigkeiten zeigte ~~er~~ sie sich geschickt, in weibl. Handarbeiten aber minder geschickt.

Wien, im Dezember 1912.

Privat... für ... Direktion ... Wien, 8. Albertgasse 23 (Franz Schm...)

J. Enslein, Direktor. Emma Goldberger, Klassenlehrerin

Anmerkung

Schulnachricht, 1912

zählt wird, er „hob den Bürgerstand". Jeder Satz fast dieser Lesestücke enthält Wörter, die der politischen Phraseologie entlehnt, in dem Kinde keine Vorstellungen erwecken können, wenn da der Lehrer nicht sehr tüchtig dahinter ist. Da ist vom Prinzen Eugen die Rede. Er war kein Oesterreicher.

„Was ist denn das, ein Oesterreicher?" Die ganze vierte Klasse lacht. So eine Frage! Das weiß doch jeder. Man kann es von den altklugen Mienen der Kleinen ablesen und aus ihrem Lachen hören, wie erhaben sie sich dieser Frage gegenüber fühlen. Die erste Antwort gibt ein vorlauter Spaßmacher: „Ein Oesterreicher ist in Oesterreich. Er ist ein Mensch, war ein Kind und wird ein alter Mann." „Setz' dich, Schwätzer." Ein Mädchen gibt eine ernst zu nehmende Definition: „Ein Oesterreicher ist ein Mensch, der in Oesterreich geboren ist und hier lebt."

„Gut. Aber eines fehlt noch, damit er ein Oesterreicher genannt werden könne. Wir kommen gleich dahin. Sein Vaterland war Frankreich. Wer kann mir sagen, was das Vaterland ist?"

„Wo der Mensch geboren ist ...".

Der Lehrer macht nur eine etwas unbefriedigte Miene und sofort meldet sich eine Schülerin.

„Es kann einer in England geboren sein und doch sein Vaterland in Oesterreich haben."

„Wie denn das?"

„Sein Vater muß ein Oesterreicher sein."

„Sehr gut. Nun werden wir auch gleich wissen, was ein Oesterreicher ist. Der ist ein Oesterreicher, der hier seine Kraft verbraucht, der hier seine Arbeit gemacht hat oder macht und dadurch zum allgemeinen Wohl sein Teil beiträgt. Es muß dann Oesterreich als seine Heimat erklärt werden, auch wenn er anderswo geboren worden ist. Ist der aber ein Oesterreicher, der in England zur Welt kam, obgleich er österreichische Eltern hat und der nun dort bleibt, bis er groß genug ist, um arbeiten zu können und nun in England weiterarbeitet?"

„Nein, der wird dann ein Engländer."

„Er war für den geistlichen Stand bestimmt. Was für ein Stand ist denn das?" „Bitte!" – Wieder zeigt der vorlaute Junge auf. – „Nun?" ... „Ein solcher, bei dem man sich nicht sehr anstrengen muß." – „Wie kommst du zu dieser Meinung?" ... Ein Augenblick der Verlegenheit. Dann aber sagt der Junge offen: „Man würde *doch sonst nicht den kleinen schwächlichen Prinzen dazu bestimmt haben." Vor solcher scharfer Logik muss der Lehrer die Waffen strecken. „Damit wissen wir aber noch nicht, wer geistlichen Standes ist?" Diese einfachere Fragestellung löst viele Antworten aus: „Der Pfarrer! ... Der Rabbiner! ... Der Pastor! ... Der Papst! ... Der Bischof! ..." so schwirrt es durcheinander.*

„Na also! Aber sind alle diese schwächlich? Gewiß nicht. Wir können auch sehr gesunde, kräftige Leute unter ihnen sehen ..."

In Ottakring wohne ich einer Geschichtsstunde in der III. Klasse bei. Die Lehrerin nimmt gerade die Geschichte des Hauses „zum Heidenschuß" durch. Das Lesestück dient als Grundlage; dieses Lesestück, dessen starke Romantik der Lesebuchstilist nicht auszulösen verstand. Umso besser versteht es die Lehrerin, denn „dieselbe" „guckt demselben" möglichst wenig ab. Sie läßt ihm sein ledernes Deutsch und übersetzt diese steife Sprache in lebendige Worte, denen die Kinder mit großen Augen, manche auch mit offenen Mäulchen folgen. Dabei ist sie mitten unter den Kindern. Sie sitzt auf der ersten Bank und erzählt den Kleinen von der großen Gefahr, in die Wien durch den hinterlistigen Feind anno 1529 bald gekommen wäre, wie die Türken, die Heiden, unterirdische Gänge gruben, um durch sie in die Stadt zu gelangen und diese dann in die Luft zu sprengen.

Nun wissen die Kinder, was eine Mine ist und sie hören mit wachsendem Interesse, wie der Bäcker um Mitternacht plötzlich unter sich dumpfes, undeutliches Geräusch hört, wie er dann erkennt, daß es menschliche Stimmen sind und wie ihn das einzige Wort „Allah", das er versteht, darauf führt, daß es Türken sein müssen, die da unten zu nächtlicher Stunde weilen. Lebendig stehen beide Gruppen vor den Kindern. Unten die Türken, die sich in finsterer Erde einen Weg bahnen und oben der Bäcker mit seinen Gesellen, wie sie Kriegsrat halten, was zu tun sei. Da die Kleinen nun hören, wie der kluge Bäcker Wasser herbeischleppen läßt, und wie er ein ihm bekanntes Loch öffnet und durch dieses erst Kübel um Kübel entleert, dann aber mit Hilfe seiner Freunde die Wassermenge einer nahen Quelle zuleitet und durch das Loch abfließen läßt, so daß die Türken nicht rasch genug fliehen können, da glühen die kleinen Gesichtchen vor Erregung.

Sehr berührend schildert Max Winter die um die Jahrhundertwende nicht gängige Vertrautheit der Kinder mit ihrer Lehrerin oder ihrem Lehrer:

Ist die Geschichtsstunde zu Ende, dann ist es den Kleinen, als hätten sie eine Märchenstunde voller Wunder durchlebt und mit allen Ausdrucksmitteln suchen sie die Eindrücke festzuhalten: Mit dem Zeichenstift der eine, in einem Aufsatz der andere. Jeder, wie er es besser zu können glaubt, aber jeder in dem Bestreben, der Lehrerin eine Freude zu machen. Darin wetteifern sie überhaupt. Verläßt die Lehrerin nach beendetem Unterricht das Volksheim, da stehen die kleinen galanten Ottakringer schon im Flur Spalier und zwei haben die Spieltüren weit geöffnet, damit sich die Lehrerin nicht zu bemühen brauche. Das herzliche Verhältnis zwischen Kindern und Lehrern kommt überhaupt oft und gar herzig zum Ausdruck.

Der Ottakringer Lehrerin ist kürzlich folgendes begegnet: Ein Kind hatte seine Mutter durch den Tod verloren. Nach einigen Tagen scheint dem Kind seine Verlassenheit erst so recht lebendig geworden zu sein. Plötzlich mitten während einer Stunde zeigte es auf:

„Was willst du denn?“

„Bitte, Fräulein, darf ich zu Ihnen Mutter sagen?“

Und schon bestürmten alle Kinder die Lehrerin, daß sie allen gestatten möge, daß sie ihr Mutter sagen. Das Fräulein hatte Mühe, den Kindern begreiflich zu machen, daß sie auf diesen Titel nicht Anspruch erheben könne, weil sie nie in die Lage komme, den Kindern solche Dienste zu leisten, mit denen sie die Mutter täglich und stündlich umgibt.

Wahrscheinlich hätte Max Winter noch gerne weitere Beispiele als Fakten für das gelungene Pilotprojekt gegeben, aber er ist sich der Endlichkeit einer Zeitung bewusst. Darum schließt er seine Ausführungen, nicht ohne einen gesellschaftskritischen Aspekt dem Leser als Denkanstoß mitzugeben:

Genug der Momentbilder aus der „Freien Schule“. Die wenigen hier vorgeführten Bilder zeigen schon den großen Unterschied im Geist, der in den kommunalen und der in dieser wahrhaft freien Schule waltet. Das Geheimnis liegt am wenigen. Wenig Kinder in der Klasse, darum wenig Schulstunden und dennoch ist hier möglich, was in den wahnwitzig überfüllten Stadtschulen nicht möglich ist: Individualisierung im Unterricht. Zwischen dem Lehrer und jedem seiner 15 bis 20 Schüler, die in einer Klasse sind, spinnt sich ein persönliches Verhältnis; der Lehrer kennt wirklich alle seine Kinder in ihren Fähigkeiten und

Schwächen, in ihren Tugenden und Fehlern und da es eine kleine Schar ist, die ihn umgibt, kann er jeden und jede dieser Schar so behandeln, wie es die Individualität des Kindes erfordert.

Wir Erwachsenen sündigen ja so viel am Kind, wir rauben ihm mit unseren sogenannten Erziehungshandlungen ja so viel von seiner Ursprünglichkeit, daß man freudig bewegt werden muß, wenn man hier ein Beispiel wenigstens sieht, wie die zarten Pflänzchen unserer Jugend gehegt und gepflegt werden sollen. Drum lob' ich mir den Gärtner, der dies kann.

Kreativität hat einen Namen.

Voll Neugier, wer an der „Freien Schule" Albertgasse 23 als Lehrerin oder Lehrer tätig war, wurde versucht, diese Namen ausfindig zu machen. Aber aufgrund größtenteils fehlender Quellen war eine exakte Recherche nicht durchführbar. Somit können im Folgenden nur wenige Personen des damaligen Lehrkörpers genannt werden. Dank Dr. Oskar Achs, dem Leiter des Wiener Schulmuseums, stand ein Personal-Standesausweis der niederösterreichischen Lehrerschaft aus dem Jahr 1910 zur Verfügung, der manche Namen und deren Daten preisgab.

Für die koedukativ geführte Privatschule Albertgasse 23 werden folgende Lehrerinnen und Lehrer angeführt:

Josef Enslein

- **Josef ENSLEIN** – Direktor
  Leitung von „Die freie Lehrerstimme"
  Mitbegründer des Vereins „Freie Schule"
  und des Zentralvereins
  der Wiener Lehrerschaft
  Schulreformer
  Mitglied des Wiener Stadtschulrates
  Nach 1945 als Unterstaatssekretär in der
  Regierung Renner mit der
  Reorganisation des Wiener Pflichtschulwesens betraut

- **Hedwig „Hedda" ALTSCHUL** (geb. FISCHEL) – Lehrerin
  1941 Deportation nach Łódź
  Ermordung
- **Emma GOLDBERGER** – Lehrerin, Schulreformerin
  Unterrichtete u. a. ab 1908 Karl Popper:
  „Meine Lehrerin für 5 Jahre war Emma Goldberger, [...], und ich verdanke ihr unendlich viel. [...] und für den Rest der fünf Jahre war ich glücklich."
  (Karl R. Popper – „Frühe Schriften")
  Schuldirektorin

Demo seinerzeit

Juli 1942: Deportation von Wien nach Theresienstadt
Mai 1944: Deportation von Theresienstadt nach Auschwitz, Ermordung
(Quelle: https://www.holocaust.cz/de/opferdatenbank/)

- **Leopoldine GLÖCKEL** – Lehrerin/Handarbeitslehrerin
  Absolventin der Lehrerinnenbildungsanstalt
  Seit 1897 mit Otto Glöckel verheiratet
  Tritt überparteilich vehement für die Rechte der Frauen ein
  Wendet sich erst spät der SDAP zu
  1919–1934 Wiener Gemeinderätin
- **Rudolf GUNERT** – Lehrer
  Musiker, Komponist
- **Josef SELESKOWITSCH** – Lehrer
  Mitglied bei „Die Jungen" (= Gruppe sozialdemokratischer Lehrer unter der Führung von Karl Seitz und Otto Glöckel)
  1919–1934: Bezirksvorsteher von Döbling
  In seiner Amtszeit entstanden die Döblinger Gemeindebauten des „Roten Wien", wie zum Beispiel der Karl-Marx-Hof. Aber auch das Krapfenwaldlbad sowie zahlreiche Sozialeinrichtungen fallen unter seine Ägide.

Bücherei des sozialdemokratischen Schulvereines „Freie Schule“
Heft 2.

Wie und was sollen wir lesen?

Von

Philipp Frankowski.

Inhaltsangabe:

1. Der Zweck des Lesens — 2. Das gute Buch. — 3. Schundroman, Kino, Operette. — 4. Wie soll man lesen? — 5. Die Zeitung. — 6. Das wissenschaftliche Buch. — 7. Jugendschriften. — 8. Die Sendung der Kunst. — 9. Kunst und Sozialismus. — 10. Bücherverzeichnis.

1922

Verlag der Wiener Volksbuchhandlung, VI, Gumpendorferstraße 18

Lesen: Unterrichtsbehelf

- **Alfred ZOHNER** – Lehrer

Nach 1910:

- **Klementine ENSLEIN** – Lehrerin
  (Ehefrau von Josef Enslein)
  Publikationen – Didaktik:
  „Praktische Arbeit im Sprachunterricht“
  „Praktische Arbeit im Rechenunterricht“
  Publikation – allgemeine Schulreform:
  Artikel „Schulreform und Schülerzahl“, erschienen in der sozialdemokratischen Monatszeitschrift „Der Kampf“, 1929

Klementine Enslein spricht sich hier vehement für Aktivität und Selbsttätigkeit des Kindes, beispielsweise bei der Erarbeitung von Teilbereichen des Lehrstoffes, aus. Ferner fordert sie die Umbildung der Klasse in eine Arbeits- und Lebensgemeinschaft, in der somit jedes Kind fester Bestandteil einer bereichernden Klassengemeinschaft wird. Um dieses hohe Ziel einer funktionierenden Gemeinschaft erreichen zu können, tritt Enslein nicht nur für einen freundlichen Umgangston, Wertschätzung der Arbeit anderer und Anteilnahme am fremden Erleben ein, sondern stellt Selbstbeherrschung, Gerechtigkeit und Verantwortlichkeitsgefühl in den Fokus der Gemeinschaftserziehung.

Dass Klementine Enslein persönlich von ihrem modernen Erziehungsstil überzeugt ist, ihn unermüdlich in die Praxis einfließen lässt und er daher für ihre Schüler „spürbar“ wird, wird deutlich, wenn sich Wolfgang Speiser, der Sohn von Paul Speiser, in seinem Buch „Paul Speiser und das Rote Wien“ an seine Lehrerin erinnert (s. S. 33):

Von 1915 bis 1919 war ich selbst Schüler in der Albertgasse und habe alle Vorteile der neuen Institution genossen. Meine Mutter, zur selben Zeit Lehrerin in einer städtischen Bürgerschule, konnte sich nicht genug über die Freie

Schule wundern. Sie war aus der autoritären Linzer Lehrerbildungsanstalt hervorgegangen und eingeschworen auf eine, wenn auch mit leichter Hand erzielte, strikte Disziplin. Erst als sie die Erfolge meiner Klassenlehrerin Klementine Enslein sah, überzeugte sie sich vom Wert der modernen Schule.

Bei Frau Enslein, der Frau des Direktors Enslein, machte uns das Lernen Freude; wir verehrten sie, sie wieder schätzte uns als ihre große Familie. Als ich im September 1916 erkrankte, malte sie mir selbst ein Wettrenn-Spiel und ließ es mir mit einem Brief meiner Klassenkollegen ins Spital bringen.

In dem Personal-Standesausweis der niederösterreichischen Lehrerschaft aus dem Jahr 1910 findet sich zusätzlich ein Vermerk, der folgendermaßen lautet:

Verein „Freie Schule" – Einjähriger Lehrkurs für Absolventen der Bürgerschule.

Auch hier wird Josef Enslein als Direktor genannt.

In diesem Lehrgang kamen anscheinend keine weiblichen Lehrkräfte zum Einsatz, wie die nachfolgende Namensliste zeigt:

- Josef Deisinger
- Josef Feder
- Dr. Emmerich Kohn
- Karl Milla
- Karl Müller
- Henri Raimbault (Geburtsort: Paris!)
- Leopold Scheuch
- Franz Straschak

Zu Zweck und Inhalt des genannten Lehrkurses konnten keine brauchbaren Hinweise gefunden werden.

Prof. Mag. Elfriede Gombocz
Pädagogische Hochschule Wien

Lehrer sein im 21. Jahrhundert – Traumberuf oder Alptraum?

In den letzten Jahrzehnten hat sich das Berufsbild LEHRER grundlegend verändert. Waren Lehrpersonen seit gefühlt ewigen Zeiten Wissensvermittler, die einerseits über möglichst umfassendes Wissen zu verfügen hatten und andererseits möglichst viel von diesem Wissen (mitunter flapsig „Stoff" genannt) an die ihnen anvertrauten Kinder und Jugendlichen weiterzugeben hatten, so ist man mittlerweile von diesem Rollenbild meilenweit entfernt.

Der herkömmliche, oft abschätzig beurteilte Frontalunterricht (Motto: „Alles schweigt, nur einer spricht!" – nämlich der Lehrer) ist offensichtlich nicht mehr zeitgemäß.

Lehrer können und müssen hauptsächlich Anregungen bieten, um den Erwerb von Wissen und vielfältigen Fähigkeiten zu ermöglichen, allerdings geht das weit über das Einführen in den Umgang mit den immer wichtiger werdenden elektronischen Medien hinaus. Dabei steht nicht nur der kognitive Bereich im Vordergrund. Die Fähigkeiten zum Entwickeln und Umsetzen kreativer Prozesse sowie deren Verwirklichung, beispielsweise im Rahmen einer erfolgreichen Teamarbeit samt geglückter Zeitplanung, rückten und rücken mehr und mehr in den Fokus des Interesses.

Auch Kompetenzen wie Kommunikationsfähigkeit, Einarbeiten von konstruktiven Kritikvorschlägen und das „Dranbleiben" an Lösungen sind in allen Berufsbereichen gefragt. Dabei wird selbstverständlich immer auch Engagement und Empathie vorausgesetzt.

Lehrer sollen, nein, müssen per definitionem Kinder und Jugendliche „auf das Leben vorbereiten".

Doch was heißt das, und wie soll das funktionieren?

Ist kreatives, innovatives Arbeiten im derzeitigen Schulsystem überhaupt möglich?

Tatsächlich gibt es mittlerweile viele Schulen, die sich von starrer Einteilung nach Unterrichtseinheiten von 50 Minuten und fixen Stundenplanbezeichnungen wie Mathematik, Deutsch oder Geografie verabschiedet haben. Mehr und mehr wird in offenen Lernformen gearbeitet, nach einem Input seitens des Lehrers teilen sich die Kinder und Jugendlichen ihre Zeit in Eigenverantwortung ein, kontrollieren selbstständig die Arbeitsergebnisse bzw. nützen die Lehrperson als Coach, der Anleitung zur Weiterarbeit gibt.

Immer wichtiger wird auch, jungen Menschen gesellschaftliche oder wirtschaftliche Zusammenhänge aufzuzeigen, deren Auswirkungen letztendlich fast immer für mehrere Generationen von Bedeutung sind.

In den letzten zwei Jahrzehnten haben viele im Schulbereich Tätige auch erkannt, dass junge Menschen als eigenständige Persönlichkeiten mit unterschiedlichen Talenten und Begabungen, aber auch unterschiedlichen physischen, psychischen und soziokulturellen Voraussetzungen zu betrachten sind. Daher werden Kinder und Jugendliche mit besonderen Bedürfnissen im heutigen Unterricht entsprechend berücksichtigt und gefördert.

War zunächst von „Integration von behinderten Kindern" die Rede, so spricht man mittlerweile von Inklusion, dem selbstverständlichen Einbeziehen in alle schulischen Bereiche. Alle Kinder einer Altersstufe, die miteinander aufwachsen, besuchen auch gemeinsam eine Klasse, lernen gemeinsam miteinander und voneinander.

Viele zusätzliche Arbeitsmaterialien, vor allem aber enormes Engagement der Lehrpersonen, machen diesen inklusiven Unterricht möglich.

Zwar ist eine hundertprozentige Inklusion manchmal schon aus rein physischen Gründen nicht möglich, jedoch ist der selbstverständliche Umgang miteinander zweifellos für alle bereichernd und im Hinblick auf die Zukunft auch gesellschaftlich von großer Relevanz.

Allerdings hat sich das Lehrerbild in der breiten Öffentlichkeit trotz vieler Neuerungen kaum weiterentwickelt. Der Beruf wird vielfach noch immer gesellschaftlich kaum anerkannt und ist quasi „das Richtige für Frauen": ein medial fast ausschließlich negativ besetzter „Halbtagsjob" ohne Aufstiegschancen ...

Dass dieser Beruf für sehr viele Lehrer allerdings nicht nur ein Beruf, sondern tatsächlich Berufung ist, kommt in keiner Berichterstattung vor.

Viele Vorurteile der vergangenen Jahrzehnte sind noch immer fest verankert, so sehr, dass leider nur mehr wenige junge Männer diesen Beruf ergreifen wollen – ein schlechtes Image, eine für engagierte Lehrpersonen vergleichsweise nur mittelmäßige Entlohnung und als einzige vage Aufstiegsmöglichkeit die Chance auf einen Schreibtischposten als Schulleiter, fernab vom pädagogischen Geschehen in der Klasse.

Andererseits wird der Schule und somit den Lehrern vieles, ja immer mehr abverlangt: Es sollen nicht nur die Grundtechniken wie das Lesen, Schreiben und Rechnen sowie umfassendes Wissen in vielfältigsten Bereichen („Allgemeinbildung" genannt) vermittelt werden, die Schule ist auch zuständig für Politische Bildung, Verkehrserziehung, Gesundheits- und Sexualerziehung ebenso wie für den Aufbau grundlegender Prinzipien wie Demokratieverständnis, verantwortungsvoller Umgang mit der Umwelt und deren Ressourcen, Eigenverantwortung und, und, und ... Besonders hervorzuheben sind selbstverständlich auch die elektronischen Medien, die mehr und mehr das Lehren und Lernen unterstützen und begleiten (bzw. mitunter sogar das Lehren und Lernen ausmachen, wie zur Zeit der Pandemie erkennbar wurde).

Dabei wird oftmals auf die unterschiedlichen Eingangsbedingungen vergessen. So ist z. B. Deutschunterricht in einer Klasse mit 70 % Kindern mit nichtdeutscher Muttersprache eine echte Herausforderung – dabei sollten doch auch Fremdsprachen oder naturwissenschaftliche Bereiche keinesfalls zu kurz kommen!

Dass unter solchen Bedingungen der Unterricht nicht immer den von der Gesellschaft geforderten Ergebnissen genügen kann, liegt auf der Hand. Oft ist in vielen Bereichen eine sinnvolle individuelle Förderung kaum möglich, obwohl gerade das ein wesentliches Ziel jedes Unterrichts sein sollte. – Bessere Ausstattung der Schulen bzw. der Schüler wäre für viele zweifellos eine große Hilfe. Auch der Ausbau der Ressourcen in Form von Förderstunden oder psychologischer Betreuung wäre ein Schritt in die richtige Richtung.

Ob es in 30 oder 40 Jahren gar keine Lehrer mehr geben wird, darf zu Recht bezweifelt werden. Allerdings sollte die Bedeutung des Lernens insgesamt mehr gewürdigt werden.

Die Mitarbeit des Elternhauses ist heutzutage mehr denn je gefragt und stellt einen wesentlichen Faktor auf dem Weg zum Erfolg dar. Vor allem jene jungen Menschen, denen die Wichtigkeit des lebenslangen Lernens schon in der Schulzeit klar wird, werden erfolgreich ihre Zukunft meistern.

Insgesamt brauchen junge Menschen damals wie heute Empathie und Bestärkung bei all ihren Aufgaben, seitens der Familie, aber auch und vor allem seitens der Schule. Ein positives Selbstkonzept ist Teil des Erfolges.

Schon vor mehr als 50 Jahren schrieb ein Dichter: „Man kann viel, wenn man sich nur recht viel zutraut.“

In diesem Sinn geht wohl auch die Jugend des 21. Jahrhunderts mit Hilfe ihrer Lehrer in eine erfolgreiche Zukunft.

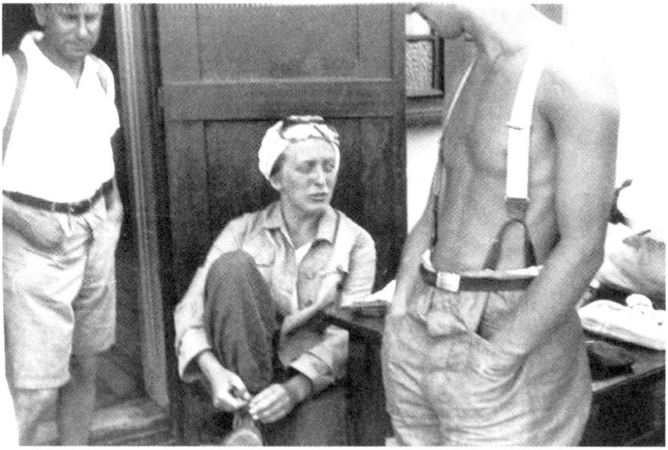

Karl Popper, links, Mitte Hilde Böhmer, Kinderfreunde-Seminar Bisamberg, 1931

Klementine und Josef Enslein: zwischen den Welten.

Josef, möchtest du eine Tasse Tee oder doch lieber einen kleinen Mocca mit einem Tupfer Schlagobers?

Klementine ist unvermittelt ins Studierzimmer ihres Mannes eingetreten und reißt diesen etwas abrupt aus seinen Tagträumen. Fast behutsam und mit einem leisen Lächeln legt er das abgegriffene Fotoalbum zur Seite und blickt seine Frau liebevoll an. Wie schön sie doch noch immer ist! Einige Augenfältchen zieren ihr hübsches Gesicht, der mittlerweile modische Kurzhaarschnitt unterstreicht ihre faszinierende Persönlichkeit. Was hatte er doch für ein Glück, der großen Liebe seines Lebens zu begegnen. Sie war nicht nur die vollkommene Ehefrau, sondern sie war auch die perfekte Lebenspartnerin für ihn. Sie hatte ihn sowie seine pädagogisch und politisch gewagten Schritte immer vollinhaltlich unterstützt. Unzählige Diskussionen und knallharte Kritik waren im Hause Enslein an der Tagesordnung. Klementine war ihrem Josef auch aufgrund ihrer Lehrerausbildung ebenbürtig und als selbstbewusste Frau artikulierte sie somit unverblümt ihre Meinung. Und das in einer Zeit, in der

**Schulklasse, Josef und Klementine Enslein,
1. Reihe, 4. und 5. von links, Erna Löw 3. von rechts**

Frauen zahlreichen Anfeindungen und Verboten, die beispielsweise eine universitäre Ausbildung unmöglich machten, ausgesetzt waren. Wie hatte sich doch 1895 Eduard Albert, Universitätsprofessor für Chirurgie in Wien, zum Thema „Die Frauen und das Studium der Medicin" geäußert: Die künstlerischen und wissenschaftlichen Leistungen der Frauen seien mit denen des männlichen Geschlechts nicht zu vergleichen, weil „die Frauen doch nur viel kleinere Köpfe" besäßen. In seiner Petition formulierte der „Allgemeine österreichische Frauenverein" (AÖFV) bereits Ende 1893 die soziale Problematik des Studiumverbots: „Die Zahl der Frauen ist groß, welche den aufrichtigen und ernsten Willen zu geistiger Arbeit haben, aber aus Mangel an passenden Berufsarten zur Untätigkeit verurteilt sind."

Klementine hatte als engagierte Lehrerin und glühende Verfechterin der modernen Pädagogik unzählige von Josefs erziehungswissenschaftlichen Neuerungen erfolgreich in der Praxis umgesetzt, unter schwierigsten Bedingungen evaluiert und oftmals auch zum Wohle der Schüler verbessert.

Der fragende Blick seiner Ehefrau trifft Josef Enslein.

Ach, entschuldige meine Liebe, ich war in Gedanken ein wenig in der Vergangenheit. Schau doch mal auf das heutige Datum! Es ist der 18. September.

Klementine stutzt – tatsächlich, der Tag der Schuleröffnung in der Albertgasse vor sehr, sehr langer Zeit! Ihr Blick schweift rasch zu dem Album – das rote Leder wirkt abgegriffen, vereinzelt zeigen sich sogar schon kahle Stellen. Bevor Josef noch seinen Wunsch nach einer Tasse Tee und einem Stück Gugelhupf äußern kann, hat Klementine ihre randlose Brille zurechtgerückt, den Sessel neben Josef okkupiert und die „rote Sensation" – wie sie beide heimlich ihr Werk voll Stolz nennen – geöffnet. Lustige Mädchen und Buben lächeln und grinsen aus den Fotos.

Josef rückt sein Lieblingsfauteuil näher an Klementines Sessel. Vergessen ist die Jause. Herr und Frau Direktor Enslein – wie sie von den Schülern damals ehrfurchtsvoll genannt wurden – schwelgen gemeinsam in Lebensgeschichten.

Erinnerst du dich noch an den kleinen Karl, der sooo unglücklich war, weil er in der 3. Klasse einen Schultisch mit einem Mädchen teilen musste? Josef Enslein lächelt spitzbübisch.

Selbstverständlich, er war doch der Sohn vom Rechtsanwalt Simon Popper und es dauerte einige Wochen, bis er anfing, die Mädchen in seiner Klasse zu akzeptieren. Die Emmi nahm es mit Humor und es gelang ihr ziemlich rasch, mit viel Einfühlungsvermögen und pädagogischem Geschick den Karli für die Klassenkameradinnen zu begeistern.

Klementine Enslein ist in ihrem Redeschwall kaum zu bremsen.

Hast du gewusst, dass Karli seine Klassenlehrerin Emma Goldberger beinahe abgöttisch verehrte? Er war ziemlich verzweifelt, als er nach der fünften Klasse in eine andere Schule wechseln musste.

Josef nickt wissend, war er doch der Direktor der Schule gewesen. Selbstverständlich kannte er jedes Kind namentlich und wusste über dessen Stärken und Schwächen Bescheid. Sein Direktionszimmer stand meistens offen und die Lehrer trafen sich in Freistunden gerne dort zum Gedankenaustausch. Mehrfach holte man sich pädagogischen Rat bei ihm oder legte zwischendurch Zeugnis über gelungene Unterrichtseinheiten ab. Enslein fühlte sich nicht als strenger Vorgesetzter, sondern als Berater und Stütze im gemeinsamen Streben nach gelungenen Reformen. Durch sein hohes Niveau an sozialer Intelligenz konnte er zum Beispiel am Gesichtsausdruck seines Gegenübers erkennen, in welchem emotionalen

Stella Hershan

Der nackte Engel

Zustand sich diese Person gerade befand. Wir sprechen hier aber nicht von Empathie. In diesem Fall geht es nicht um die emotionale Verbindung mit dem anderen Menschen, sondern um die Fähigkeit, nachvollziehen zu können, wie ein Individuum auf die Welt blickt. Josef Enslein konnte sozusagen Mitmenschen lesen. Und er wirkte als Teamplayer geradezu wie ein Leistungsbooster für sein Schulteam!

Der Karli Popper hat doch schon als Kind die Dinge des Lebens zu hinterfragen versucht und war immens wissbegierig. Emmi hat ihn sehr gefördert und ihn ermutigt, seine Gedanken auch der Klasse gegenüber kundzutun. Die Kinder lauschten ihm gespannt, diskutierten anschließend zwar frei von der Leber weg, aber respektvoll und erlebten dabei sich und ihre Mitschüler als eine gemeinschaftliche Bereicherung.

Klementine legt das Album auf ihren Schoß und dreht den Kopf. Sie blickt Josef an, wobei ihre Augen lächeln.

Der Karli Popper war schon damals ein wenig wie ein zerstreuter Professor, denn ich glaube, er hat nie richtig gewusst, ob du ein Oberlehrer oder der Direktor der Schule bist. Kein Wunder, denn was ein richtiger Philosoph ist, der kümmert sich nicht um solche Nebensächlichkeiten wie Titel.

Doch, kontert Josef. *Na, ganz so ist das nicht. Karl hat doch eine Lehrerausbildung gemacht und gleichzeitig auch eine Tischlerlehre absolviert. Er hat als Hauptschullehrer gearbeitet, war Horterzieher bei den Kinderfreunden, engagierte sich in der sozialistischen Jugendbewegung und verschrieb sich der Wiener Schulreformbewegung. Er hat an der Universität studiert und arbeitete beispielsweise gleichzeitig an Alfred Adlers individualpsychologischen Beratungsstellen in den Wiener Arbeitervierteln. Er hat schlussendlich sein Studium mit einem Doktortitel beendet.*

Josef Enslein hält kurz inne, schließt für einige Sekunden seine Augen, und atmet tief durch. Voll Stolz fährt er fort:

Rückblickend ist der international anerkannte Philosoph Sir Karl Popper, der den kritischen Rationalismus begründete, unser berühmtester Schüler gewesen, denn er wurde sogar von Königin Elisabeth II. für sein Lebenswerk zum Ritter geschlagen.

Just als Klementine ihrem Mann zustimmen will, rutscht eine vergilbte Ansichtskarte aus dem Album und fällt zu Boden. Die New Yorker Freiheitsstatue ist darauf gut erkennbar. Josef bückt sich, dreht die bunte Postkarte um und beginnt zu lesen. Klementine blickt ihm neugierig über die Schulter. Ein freudiger Gruß mit dem Symbol der Freiheit von Stella Kreidl verheiratete Hershan. Wie viele der jüdischen Mitbürger war sie gemeinsam mit ihrem Mann und der kleinen Tochter 1938 in die USA emigriert. Dort konnte sie endlich auch ihren Kindheitstraum, Schriftstellerin zu werden, verwirklichen.

Die neue US-Staatsbürgerin Stella Hershan beschäftigte sich fortan in ihren Romanen und Sachbüchern hauptsächlich mit historischen Frauengestalten. Dafür recherchierte sie akribisch und erwarb dadurch umfassendes Wissen. Jahre später hielt sie weltweit Vorlesungen über Frauen und deren geschichtliche Bedeutung. Ihr Roman „The Naked Angel“ – der Roman handelt von der russischen Fürstin Katharina Bagration-Skawronskaya, die eine Vorliebe für tief dekolletierte Kleider hatte und 1801 in Dresden eine Liebesbeziehung mit Metternich einging – avancierte zum Bestseller. Das Buch wurde in mehrere Sprachen übersetzt.

In ihren Sachbüchern stellte Hershan die charismatische Persönlichkeit von Eleanor Roosevelt, Menschenrechtsaktivistin, Diplomatin und

Paul Schärf (r.) und der Autor, 1980

Ehefrau des 32. US-Präsidenten Franklin D. Roosevelt in den Mittelpunkt ihrer umfangreichen Recherchearbeit. Dabei konnte sie die Protagonistin persönlich kennen und schätzen lernen.

Die kleine Stella war auf Bitten ihrer gebildeten Eltern – besonders ihre feinsinnige Mutter Lucy hatte die Wissbegierde ihrer Tochter früh erkannt – schon vor ihrem fünften Geburtstag in unserer Schule aufgenommen worden. Sie war ein sehr aufgewecktes und intelligentes Kind, das sich ohne Mühe in unseren Schulbetrieb eingliederte.

Josef Enslein blättert energisch in der „roten Sensation" und wird rasch fündig. Neben einem signierten Foto von Stella K. Hershan findet sich die Beschreibung ihres Schuleinstiegs an der „Freien Schule" Albertgasse. Sie formuliert ihre Erinnerung so:

Meine Einführung in das Schulwesen begann in der „Freien Schule" an der Albertgasse. Diese Schule hatte einen ganz großen Eindruck auf mein Leben gemacht. Es war eine ganz fortschrittliche und liberale Schule, in der man lernte, für sich selbst zu denken. Es gab keine Bänke, sondern

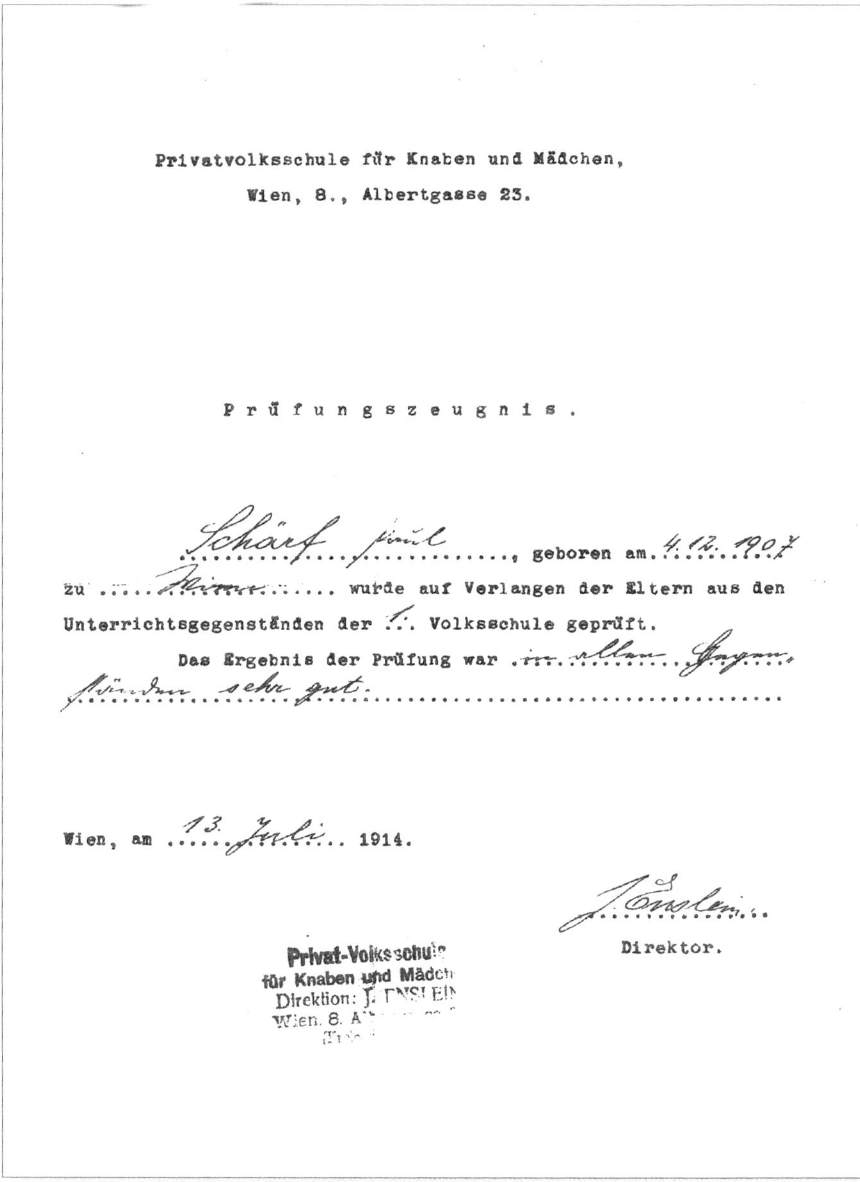
Privatvolksschule für Knaben und Mädchen,

Wien, 8., Albertgasse 23.

Prüfungszeugnis.

Schärf Paul ...., geboren am 4.12.1907

zu Wien .... wurde auf Verlangen der Eltern aus den Unterrichtsgegenständen der 1. Volksschule geprüft.

Das Ergebnis der Prüfung war in allen Gegenständen sehr gut.

Wien, am 13. Juli 1914.

J. Enslein

Direktor.

Privat-Volksschule
für Knaben und Mädch
Direktion: J. ENSLEIN
Wien, 8. A

Zeugnis Paul Schärf

kleine runde Tische und man wählte, was man in der nächsten Stunde lernen möchte. Hausaufgaben gab es nicht und man lernte auch, dass man Anordnungen, mit denen man nicht einverstanden war, nicht absolut befolgen musste.

Sag, warst du die Klassenlehrerin von Stella? Josef Enslein hebt den Kopf und blickt seine Frau fragend an. Diese entgegnet ihm lapidar:

Das weißt du nicht mehr, Herr Direktor? Na, dann lies doch die Mail, die Stella an Heinz Weiss geschrieben hat.

Bevor ihr Mann den Computerausdruck noch in die Hand nehmen kann, beginnt Klementine laut vorzulesen:

Es ist wirklich sehr lange her aber ich erinnere mich noch ganz genau an diese Schule und sogar noch an die Lehrerin. Ich denke Frau Enslein oder so ungefähr. Aber diese Schule hat eigentlich mein ganzes Leben geformt. ... Aufgaben und Zeugnisse gab es nicht. Man konnte wählen was man lernen wollte und man hat uns gesagt, dass man selbst denken muss. Wenn es Regeln gab mit denen man nicht einverstanden war, musste man sie nicht absolut befolgen. Das ist wenigstens meine Erinnerung und das ist mir mein ganzes Leben lang geblieben ... Bis heute, und ich habe gerade in Wien meinen 90ten Geburtstag gefeiert, mache ich sofort das Gegenteil wenn mir gesagt wie ich MUSS etwas tun. Ich glaube in Wien als die Nazis kamen hat mir das sogar das Leben gerettet. Vielleicht. Ich habe durch die Jahre viel über diese Schule gesprochen.

Schade, dass Stella nur kurz bei uns war – aber die Schule „Freie Schule" gab es ja bald darauf auch nicht mehr.

Josef Enslein seufzte tief. Schweren Herzens hatte man das Schulreformprojekt aus finanzieller, aber auch aus schulpolitischer Hinsicht für beendet erklärt und das Gebäude an die Gemeinde Wien verkauft.

Hör auf, daran zu denken, und sei nicht traurig.

Klementine Enslein schlägt einen energischen Ton an.

Denk doch an unsere Schülerinnen und Schüler! Wie war das mit Stella Hershan? Sie hatte guten Kontakt zu einer Präsidentengattin. Aber an unserer Anstalt durften wir sogar den Neffen eines österreichischen Bundespräsidenten unterrichten – weißt du noch? Erinnerst du dich denn nicht mehr an Pauli Schärf?

Josef nestelt nervös an den Seiten des Albums und siehe da, ein leicht abgegriffenes „Prüfungszeugnis", datiert mit 13. Juli 1914 und von Josef in seiner Funktion als Direktor unterschrieben, kommt zum Vorschein. Erklärend fügt er hinzu:

Ja, wir mussten auf Ersuchen seiner Eltern Pauli einer Prüfung in allen Gegenständen unterziehen. Normalerweise war das ja nicht vorgesehen, aber dem ausdrücklichen Wunsch der Eltern sind wir gerne nachgekommen. Außerdem waren beide Elternteile Rechtsanwälte und wollten sichergehen, dass ihr Sohn bereits in der 1. Klasse Volksschule die optimale Förderung an unserer Anstalt erhält; und Pauli hat ja tatsächlich später auch Jus studiert, promoviert und ist somit in die Fußstapfen seiner Eltern getreten.

Aber nicht nur das, er stand später viele Jahre als Generaldirektor der Wiener Städtischen Versicherung vor, war Gründungsmitglied des Dokumentationsarchivs des österreichischen Widerstandes (kurz DÖW genannt) und war ab 1959 Mitglied des Vereins für Geschichte der Arbeiterbewegung. Viele Jahre engagierte er sich in dessen Kuratorium und Vorstand. Paul solidarisierte sich unter dem Hitler-Regime mit der Widerstandsgruppe „Österreichisches Nationalkomitee" und hielt engen Kontakt mit anderen Vertretern der Sozialdemokratie, speziell mit Theodor Körner. Daraus erklärt sich auch seine 1963 erschienene Publikation „Otto Haas. Ein revolutionärer Sozialist gegen das Dritte Reich". Pauls Verbundenheit zu vielen sozialdemokratischen Organisationen, wie beispielsweise den Kinderfreunden, war legendär.

Klementine Enslein atmet hörbar aus und unterbricht die Ausführungen ihres Mannes:

Na ja, deshalb hast du auch eine Kopie dieses Volksschulzeugnisses erhalten, da Pauli das Originalzeugnis in den 80er Jahren Heinz Weiss geschenkt hat. Dieser hat das Zeitdokument zur Aufbewahrung an den Verein für Geschichte der Arbeiterbewegung weitergegeben.

Sie hält kurz inne, um danach mit untypisch leiser Stimme fortzufahren.

Weißt Josef, ich bin schon sehr stolz auf unsere Schüler. Irgendwie haben wir es geschafft, sie zu moralisch hochstehenden Menschen auszubilden. Was ehrt uns als deren ehemalige Lehrer mehr, als wenn man sieht, dass unsere pädagogische Saat voll aufgegangen ist. Sie sind zu Vorbildern für Generationen geworden.

Der Direktor im Ruhestand erhebt sich, um eine bestimmte Zeitschrift aus dem Bücherregal zu fischen. Die Seiten sind ziemlich vergilbt und teilweise etwas zerfleddert. „Mehr Licht“ prangt es in großen Lettern auf der Frontseite – es ist das Monatsjournal des Vereins „Freie Schule“. Diese Ausgabe ist für Josef besonders wichtig, da seine Frau darin einen viel beachteten und damals in Pädagogenkreisen heiß diskutierten Artikel veröffentlicht hatte.

Moralische Gesinnung in der Schule.
Von Klementine Enslein.

Aus „Mehr Licht", Nummer 4/5, April/Mai 1920, 1. Jahrgang.

In der Märznummer dieser Zeitschrift habe ich meiner Überzeugung Ausdruck gegeben, dass der Religionsunterricht, aber auch Moralunterricht den erwarteten Erfolg der Versittlichung nicht haben kann. Ich begründete diese Ansicht kurz zusammengefasst damit, dass eben beide mit Kindern das theoretisch behandeln, was durch praktische Betätigung in Fleisch und Blut übergehen, was geübt und angewöhnt werden muss, und zwar mit Hilfe aller, die mit den Kindern in irgendeiner Beziehung leben. Zu diesen allen gehört neben Elternhaus, Bekanntenkreis und Öffentlichkeit auch die Schule.

Wie es in der Schule möglich ist, an der moralischen Gewöhnung mitzuarbeiten, habe ich seit den ersten Tagen meiner Berufstätigkeit verfolgt und es freut mich, hier einmal darüber zu berichten.

In der Schule verleben die Kinder ein Drittel des Wochentages, da wird gearbeitet, gelacht, da gibt es Freude und Enttäuschung, Anstrengung und Erholung, Kinderlust und Schmerz. In der Schule ergibt sich aus den Arbeiten, aus dem Zusammenleben mit mehr Mitmenschen als im häuslichen Kreis eine Reihe von moralischen Forderungen, die das Kind unter Anleitung erfüllen lernen kann. Indem ich nun jedes kleine Erlebnis aufgreife und je nach seiner Art behandle, folgt daraus entweder durch fortgesetzt verlangte Betätigung eine gute Gewohnheit oder eine Denkungsart, eine moralische Gesinnung; beides zusammen nenne ich moralische Gewöhnung.

Welches sind denn diese fruchtbringenden Erlebnisse, die man nicht ungenützt vorübergehen lassen soll? Es sind die alltäglichsten Vorkommnisse, die jeder aus seinem eigenen Schulleben kennt, die sich in jeder neu zusammentretenden Klasse immer wiederholen.

Eben im Alltäglichsten lehre man die Kinder, anständige Menschen zu werden. (Im Sonntagskleid ist das Bravsein leichter, ebenso die Heldentat in außerordentlichen Lebenslagen.)

Ohne System, wie das Leben uns seine Stückchen spielt, will ich hier einige dieser Erlebnisse und ihre Behandlung vorführen. Eines setze ich aber bewusst an erste Stelle. Die größte Leistung an moralischer Gewöhnung in der Schule liegt in der guten Arbeitsmethode des Lehrers im Unterricht. Wenn es mir immer gelingt, in den Kindern Arbeitsfreude zu wecken, dann gewöhnen sie sich an Liebe und Wertschätzung der Arbeit und damit stählt sich in ihnen die Triebfeder künftiger Leistungsfähigkeit und Tüchtigkeit. Darin liegt neben dem praktischen Wert der hohe moralische Wert des Arbeitsunterrichts, der Hauptforderung der Schulreform. Nun die Behandlung einiger Schulepisoden.

Schadenfreude und Mitgefühl. Ich gebe die Aufsätze zurück, die wir gemeinsam beurteilen, einige werden vorgelesen, entweder weil sie gut sind oder weil in gemeinsamer Arbeit die Mängel gefunden und verbessert werden sollen. Plötzlich meldet sich ein Schüler und bringt die Frage: „Wer hat den schlechtesten Aufsatz?" Ich verrate weder Erstaunen noch Missbilligung dieser Frage, sondern richte mich an die Klasse: „Kinder, wollt ihr, dass ich diese Frage beantworte? Überlegt, dann sagt mir eure Meinung." Diese paar Augenblicke genügen, um in den meisten der Kinder das Mitgefühl mit dem Schüler keimen zu lassen, der da jetzt unbarmherzig bloßgestellt werden soll. Das „Nein!" ist allgemein, folgt die Verurteilung des Fragers. „Das war herzlos von ihm, das zu fragen!" sagt ein Kind. Ich aber nehme mich nun aber auch des Fragers an, der mir schon leid tut unter der Last von allzu viel sittlicher Entrüstung und sage nun: „Für herzlos halte ich ihn nicht, aber es war unüberlegt, das zu fragen. Denk' nach, Kind, was du vor deiner Frage hättest überlegen können." Er sagt mir darauf: „Das sich der kränken wird." „Das hast du nicht gewollt und das will auch ich nicht, Kinder! Einmal könnte es aber doch vorkommen, dass ich selbst sage, wer den schlechtesten Aufsatz hat, denkt, wann könnte das sein? Wenn sich ein Kind gar nicht bemüht hat und aus Faulheit schlecht gearbeitet hat, dann würde ich ein Kind beschämen." – Das ist schließlich die Zusammenfassung der verschiedenen Antworten auf diese Frage. Um dagegen die Mitfreude an den Leistungen anderer großzuziehen, berichte ich oft von Erfolgen der Mitschüler, zeige besser gewordene Schriften; es dauert nicht lange, kommen die Kameraden selber und machen mich ganz vergnügt darauf aufmerksam, wie schön einer heute geschrieben, was ein anderer gezeichnet u.s.w.

Beim Verklagen: „Fritz hat das Lesebuch vergessen." Ich darauf: „Warum sagst du mir das?" – „Was willst du, dass ich mit Fritz tue ?" – „Hat er dich geschickt, es zu sagen?" – „Warum bist du so eifrig, ihn bei mir anzuklagen?" – Hast du Fritz nicht lieb?" – Dergleichen Fragen bringen die kleinen Ankläger ganz aus der Fassung, in der sie eben waren, dafür aber zur Besinnung auf sich selbst und das wollte ich. Meine Unterredung mit dem Sünder Fritz fällt dann auch ganz anders aus, als sich der sensationslüsterne Ankläger gedacht hat. Doch vom „Vergessen" später. Es dauert gar nicht lange und ich habe einer Klasse diese Angeberei abgewöhnt und bei den Größeren beobachte ich mit stiller Freude, wie sie einander aushelfen wollen und sehr bemüht sind, lieber ganz zu verhüten, daß ich von einem Versäumnis etwas erfahre, wenn es ihnen möglich ist, es gutzumachen.

Vom Vergessen: Dieser erwähnten Kameradschaftlichkeit spreche ich immer die vollste Anerkennung aus, doch gebe ich den Kindern dabei eines zu bedenken: „Ihr müsst auch so kameradschaftlich sein, euren Mitschülern im Kampf gegen die Vergesslichkeit beizustehen; wie könnt ihr denn einander helfen, nichts zu vergessen?" Dabei gebe ich ihnen Fälle zu bedenken, wo der Mensch auf sich allein angewiesen ist und durch seine Vergesslichkeit zu Schaden kommt. Gegenseitiges Erinnern führt schließlich zur Selbstprüfung. Und noch eines. Ich helfe selbst mit. Wir denken gemeinsam nach über ein Mittel gegen das Vergessen.

Es ist ganz leicht, die Kinder auf den Gedanken zu bringen, daß wir mit öfterem Aushelfen einem vergesslichen Mitschüler zur Bekämpfung seiner Schwäche gar nichts geholfen haben. Ich erlaube also das gutgemeinte Aushelfen nicht; wer zum Beispiel den Bleistift nicht mithat, kann nicht mitzeichnen, langweilt sich also, während die anderen vergnügt arbeiten, ein schrecklicher Zustand, der ein Merkzeichen im Gedächtnis zurücklässt: Daß mir das nur nicht wieder zustößt! Dann erzählen wir einander einmal Geschichten, wie kleine Vergesslichkeiten schwere Folgen mit sich gezogen haben. Schließlich schlage ich vor, ein Heftchen anzulegen, in das wir jeden Vergesslichen mit Datum eintragen. Von Zeit zu Zeit wollen wir nachschauen und uns freuen, wie die Namen immer weniger und seltener werden, und eines Tages werden wir sagen, man kann das Heftchen schon verbrennen. Das Heftchen ist da ein halb ernstes, halb heiteres Mittel zur Selbstbeobachtung und trägt außen das Mahnwort:

Vergessen:
Böses Wort! wo man dich hört,
Ist ein gutes Werk gestöret.
Willst bei allen Kleinigkeiten
Dich mit leichtem Sinn verbreiten,
Bis du, ehe man es merkt,
Zur Gewohnheit dich gestärkt.
Übermächtig lachst du höhnend
Dann, wenn einer reuestöhnend
Doch zu spät: „Vergessen!“ saget,
Jammernd eine Schuld beklaget,
Die durch keine Macht auf Erden
Wieder gut gemacht kann werden.

Das Heftchen kommt jetzt schon sehr selten in Verwendung. Kein Mensch denkt daran, es mit dem „Zeugnis“ in Verbindung zu bringen, an Nachtragen, Fleißnoten und dergleichen Schreckgespenster; und doch ist es wirksamer als diese. Die ganze Behandlung des Vergessens muss Freude an der Selbstbeobachtung wecken, die Willenskraft und das Verantwortlichkeitsgefühl stärken. Zur Entwicklung des letzteren geben aber auch die kleinen Ämter Gelegenheit, die man in der Schule den Kindern überlässt.

Wolfgang Speiser

Fremdes Eigentum: Bei den neu eintretenden Kleinen beobachtet man in der Regel eine geradezu ängstliche Besorgnis um ihre eigenen Sachen, Kleider und Schulzeug neben sehr hervorstechender Rücksichtslosigkeit gegen fremdes Eigentum. Die eigenen Sachen ans Herz drückend, steigen sie oft über fremde hinweg und erklären noch strahlend, wenn man darauf hinweist: „Das gehört nicht mir." Bei dieser Fürsorge für das Eigentum stellt sich glücklicherweise durch das Zusammenleben bald genug der Wunsch ein, das Eigene auch von den anderen geachtet und geschont zu wissen, die günstige Vorbedingung für die Einsicht: Was ich nicht will, daß man mir tu, das füg' ich auch nicht andern zu. Daher ist eine Einwirkung in dieser Hinsicht leicht und es kommt auch keine mutwillige Beschädigung vor. Doch müssen in der Eigentumsfrage andere Fälle zur Einsicht und steten Beobachtung gebracht werden: zum Beispiel das Ausleihen von Dingen, die abgenützt werden, Radiergummi, Bleistift. Folgerung: Das Ausleihen von Büchern. Vom Verkehr mit Büchern überhaupt, wie wir diese als Freunde behandeln wollen.

Elternliebe: Manche Kinder sind schnell damit fertig, die Schuld wegen eines Versäumnisses, eines vergessenen Federstiels auf die Eltern zu schieben. Mit einer kühnen Bestimmtheit rechnen sie damit, daß es doch die Lehrerin nicht wagen wird, einen Vorwurf gegen die Eltern zu erheben, und selbst, ziehen sie sich aus der Klemme. Mit dem einen haben sie ja recht, einen Vorwurf gegen die Eltern erhebe ich nicht, aber mit der Klemme verrechnen sich diese Kinder bei mir gründlich; in diese geraten sie nun erst recht: „Bist du so schnell bereit, deine liebe Mutter anzuklagen? Wenn sie jetzt zu uns hereinkäme und zuhörte, würdest du deine Klage vor ihr wiederholen? Aber gehen wir zur Gerichtsverhandlung über die arme angeklagte Mutter. Wessen Pflicht ist es, vor dem Schulgang die Schultasche in Ordnung zu bringen? – Wer hat von mir genau die Weisung erhalten, was in der Federnschachtel eines Schulkindes sein muß? Die Mutter oder du? Wie kommt dann überhaupt die Mutter in die ganze Sache hinein? Kind, wie lieblos war das jetzt von dir. Da schickt dich die Mutter zur Schule, gibt dir noch ein gutes Gabelfrühstück mit und ahnt gar nicht, daß ihr eigenes Kind sie heute unschuldig verklagen wird. Trage selbst die Folgen deiner Handlungen!" – Der Aufsatz würde zu umfangreich, wollte ich die praktische Behandlung jedes Falles hier ausführen. Nur um einen Einblick in die Fülle des Stoffes zu geben, zähle ich noch auf, was sich im Schulleben zur derartigen Behandlung oft ergibt.

Immer ist ein tatsächliches Vorkommnis der Anlaß. Auffinden der Hilfsmittel gegen das Zuspätkommen. Über den Mut, die Wahrheit zu sagen. Gleichberechtigung unter den Schülern. Vom Auslachen. Sprechen über Abwesende. Benehmen gegenüber dem Schulwart. Behandlung des Schwächeren. Fürsorge für die jüngeren Schüler. Rücksichtnahme bei der Arbeit. Tierliebe, Sammeln der Eßreste für Vögel und Hunde. Selbstbeherrschung, Ausdauer. Grobheiten. Willensstärke gegenüber Verlockungen. Eigenes Urteil.

Ich spreche gewiß nicht gegen die Wirksamkeit literarisch wertvoller moralischer Geschichten oder geschickt ersonnener Beispiele aus dem Leben, die zum Zwecke der Vertiefung moralischer Einsicht im Unterricht vorgebracht werden. Die stehen mir ja auch immer zur Verfügung und ich werde sie nebenbei heranziehen. Aber das wirkungsvolle Besinnen auf sich selbst, das zur Tat veranlaßt, folgt nur dem Erlebnis. Die Tat ist erst die Moral. Das Erlebnis ist immer da, wir brauchen es nur zu nutzen.

Du hast ja viele kleine Fans unter deinen Schülern gehabt! Mit diesen Worten schließt Josef Enslein vorsichtig das ramponierte Fachmagazin und legt es zurück in das Regal. Klementine nickt.

Besonders zugetan war mir auch der kleine Wolfi Speiser. Er war ein aufgewecktes und sehr intelligentes Bürschchen, aber mit zwei linken Händen. Sein handwerkliches Geschick ließ zu wünschen übrig und er tat sich beim kreativen Gestalten und im Zeichenunterricht eher schwer.

Aber dafür trat er gerne vor die Klasse, um in seiner Kindlichkeit flammende Reden zu allfälligen Themen zu halten. Somit war es für mich nicht verwunderlich, dass er später an der Wiener Universität zum Doktor der Rechte promovierte, um dann als Rechtsanwalt durchzustarten.

Die ehemalige Klassenlehrerin von Wolfgang Speiser setzt nach einer kurzen Pause ihre Ausführungen fort:

Hast du gewusst, dass er in der Zeit des Austrofaschismus zwischen 1934 und 1938 vielen Sozialdemokraten als Anwalt zur Seite stand, so auch Bruno Kreisky? Wolfgang war ja ein brillanter Redner.

Doch nach der Annexion Österreichs durch Hitler-Deutschland fasste er den Entschluss, seine Heimat zu verlassen. Er hatte mittlerweile geheiratet und emigrierte gemeinsam mit seiner Frau Lilly nach Frankreich und von dort nach Australien. Es standen den beiden jungen Menschen sehr harte Zeiten bevor. Lilly war Absolventin der Musikakademie und verdiente etwas Geld mit Klavierstunden, während Wolfgang aus mangelnden Sprachkenntnissen nur Gelegenheitsjobs fand.

Klementine Enslein überblättert einige Seiten des Albums, zückt eine abgegriffene Kopie und liest laut vor:[15]

So versuchte ich es mit manueller Arbeit.Meine Ungeschicklichkeit ließ mich überall scheitern. lch putzte zwei Tage die Spiegelscheiben einer Cafeteria. lch war zu langsam in einer Wäschebügelei. ln einer Konservenfabrik schleppte ich 50-Kilo-Säcke mit Kartoffeln und Rüben. Dann sollte ich die fertigen Kisten mit je 48 Dosen im Stock stapeln. Das Fließband brachte sie zu mir herauf. Es entstand bald eine Situation wie in Charlie Chaplins Film „Moderne Zeiten". lch hatte die ersten Kisten zu weit vorne gestapelt und mußte daher rund um sie herumlaufen. Das Fließband mußte abgestellt werden und ich wurde entlassen.

Schallendes Gelächter! Klementine und Josef Enslein wischen sich einige Tränen aus den Augen, doch dann wird es ganz ruhig. Klementine erinnert sich an die Torturen, die ihr geliebter Wolferl noch in Australien durch-

---

[15] Quelle: Stifter, Christian: Kurzcharakteristik der Quellenlage zu Leben und Werk von Wolfgang Speiser. In: Otto, Volker, Schlutz, Erhard (Hrsg.): Erwachsenenbildung und Emigration. Biographien und Wirkungen von Emigrantinnen und Emigranten, Deutscher Volkshochschul-Verband, Bonn 1999, S. 117–132.

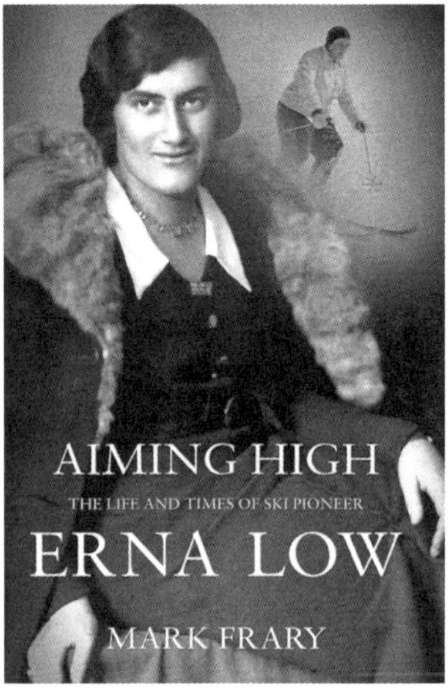

Aiming High

machen musste. Obwohl Rechtsanwalt, wurde er in einem 2.000 Kilometer von seiner Frau entfernten Steinbruch zur Arbeit verdonnert.

Wieder rezitiert Klementine ihren ehemaligen Schüler:[16]

In diesem Steinbruch verrichtete ich verschiedene Arbeiten.Als Hilfe für den Sprengmeister lief ich zu früh vor der Zündung zurück, einen Preßlufthammer wollte ich gar nicht übernehmen. Selbst zum Teekochen war ich ungeeignet. Ich hatte zu grünes Holz gemacht, und der Kessel kam nicht zum Kochen. So blieb es dann beim Steinauflesen, zumeist in Nachtschicht, später beim Teeren der Straße. Eine australische Zeitung, die die Behandlung der Fremden missbilligte, brachte die Karikatur des Wiener Rechtsanwalts, der mit Sträflingen zusammen im Steinbruch arbeiten mußte.

Erklärend fügt Klementine noch hinzu:

Das war eine schreckliche Zeit für das junge Ehepaar. Lilly hatte eine Tochter geboren und musste sich vielfach alleine durchbringen. Trotzdem erhielten sie alle später die australische Staatsbürgerschaft und konnten schlussendlich mit Hilfe des Vaters, Paul Speiser, nach Ende des Krieges wieder nach Wien zurückkehren.

Josef Enslein schließt die Augen. Niemals hätte er gedacht, dass einer seiner Schüler so ein schweres Schicksal erleiden müsste. Klementine räuspert sich und weckt ihren Mann aus seinen Tagträumen.

Wir können froh und stolz sein, dass unsere Schüler sich selbst treu geblieben sind und letztlich wertvolle Persönlichkeiten unserer Heimat wurden. Nach Wolfgangs Rückkehr 1946 wurde er 1947 Direktor der Urania. Von 1947

[16] Quelle: Stifter, Christian: Kurzcharakteristik der Quellenlage zu Leben und Werk von Wolfgang Speiser. In: Otto, Volker, Schlutz, Erhard (Hrsg.): Erwachsenenbildung und Emigration. Biographien und Wirkungen von Emigrantinnen und Emigranten, Deutscher Volkshochschul-Verband, Bonn 1999, S. 117–132.

RG Albertgasse, 1080 Wien, Erna Löw 4. Reihe, mit Zopf

bis 1975 war er Zentralsekretär des Verbandes Wiener Volksbildung, von 1950 bis 1974 Generalsekretär des Verbands Österreichischer Volkshochschulen und ab 1964 Vizepräsident des Europäischen Büros für Erwachsenenbildung.

Frau Enslein nimmt ihrem Ehemann das Album liebevoll aus der Hand, klappt es zu und fordert ihn auf, die Zeit nicht zu vergessen. Der Abend war bereits angebrochen und sie beide hatten doch am nächsten Morgen eine interessante Verabredung, die sie unbedingt wahrnehmen wollten: Besuch aus dem Ausland – ein gewisser Mark Frary aus Großbritannien hatte sich kurzfristig angekündigt.

Es war einer dieser Märztage an denen die Sonne glüht und der Wind kalt weht: an denen Sommer in der Sonne ist und Winter im Schatten.

It was one of those March days when the sun shines hot and the wind blows cold: when it is summer in the light, and winter in the shade.

Dem Journalisten, Autor und ehemaligen Atomphysiker Mark Frary fallen diese Worte von Charles Dickens ein, als er schnellen Schrittes die Wiener Kärntner Straße entlangeilt. Er will auf keinen Fall zu spät zu seiner Verabredung kommen. Mit aufgestelltem Mantelkragen, die sportliche Tweedkappe tief in sein Gesicht gezogen und ein Exemplar seines

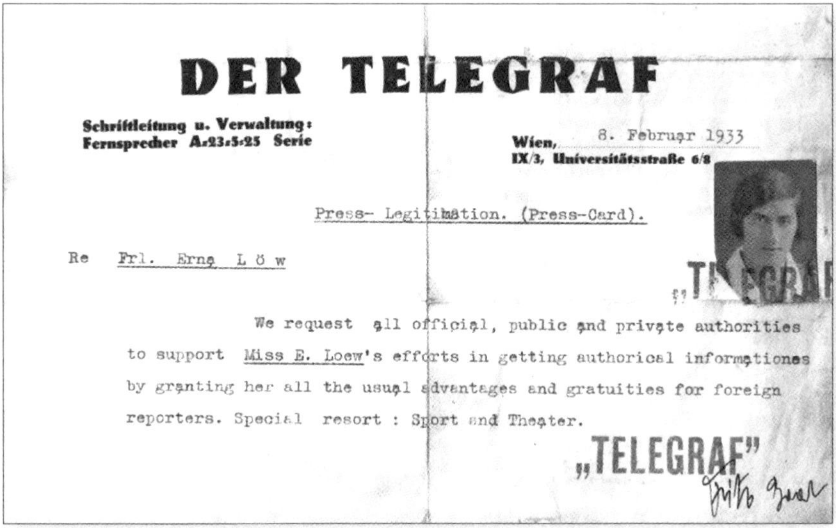

DER TELEGRAF

Schriftleitung u. Verwaltung:
Fernsprecher A-23-5-25 Serie

Wien, 8. Februar 1933
IX/3, Universitätsstraße 6/8

Press- Legitimation. (Press-Card).

Re Frl. Erna L ö w

We request all official, public and private authorities to support Miss E. Loew's efforts in getting authorical informationes by granting her all the usual advantages and gratuities for foreign reporters. Special resort : Sport and Theater.

„TELEGRAF"

Presseausweis Erna Löw

neuesten Buches „Aiming High" lässig unter den Arm geklemmt betritt der Brite schwungvoll das Café Sacher.

Klementine registriert ihn sofort und winkt mit einem ihrer braunen Lederhandschuhe. Man hatte sich ja noch nie getroffen, aber irgendwie schien trotzdem die Chemie auf Anhieb zu stimmen. Die Begrüßung fällt herzlich aus und nach kurzen Small-Talk-Floskeln über den Unterschied zwischen Wiener und britischen Wetterkapriolen entspinnt sich ein lockerer Meinungsaustausch. Hauptthema: Erna Löw respektive später Erna Low! Währenddessen serviert der Oberkellner den Ensleins einen Verlängerten sowie einen Mocca, heiß, schwarz und duftend; der angelsächsische Gast genießt – very british – eine Tasse Darjeeling-Tee.

Josef und Klementine kommen aus dem Staunen nicht mehr heraus, als ihnen Mark Frary eindrucksvoll einen kurzen Überblick über das bewegte Leben ihrer ehemaligen Schülerin gibt.

Erna beschloss nach ihrer Schulzeit an der „Freien Schule" bzw. dem Abschluss am Realgymnasium für Mädchen in der Albertgasse 18–22, an der Wiener Universität zu studieren. Sie wollte Mittelschullehrerin (heute: AHS-Lehrerin) für Englisch und Sport werden. Schon während ihrer

Schilift anno dazumal

Gymnasialzeit fiel Erna durch ihre Sportlichkeit auf, denn sie trainierte konstant auch in ihrer Freizeit. Um ihre Englischkenntnisse zu vervollkommnen, nahm sie an einem 4-Monate-Kurs für österreichische Studentinnen in Essex, der von der Universität Wien organisiert wurde, teil. Obwohl es massive Probleme mit dem gewalttätigen Quartiergeber gab, Erna daher von Essex nach London wechseln musste, bewahrte sie sich ihre positive Grundhaltung zu dem Gastland und seinen Bewohnern. Bei den neuen Gasteltern – einem pensionierten General und seiner irischen Gemahlin – verbesserte sie nicht nur ihre Englischkenntnisse, sondern man lehrte sie den Upper-Class-Accent zu verwenden. Die meist adeligen, vornehmen und wohlhabenden Briten tendieren dazu, Vokale in Wörtern am Ende eines Satzes zu dehnen.

Zurück in Wien nahm Erna wieder ihr Studium auf und entdeckte den Speerwurf als neue sportliche Herausforderung. Doch bald zog es sie wieder nach England. Ihren Speer im Gepäck, landete sie diesmal bei einer Architektenfamilie nördlich von London. Deren schmuckes Anwesen grenzte an einen Golfplatz, den Erna für ihr Speerwurftraining missbrauchte. Wen wundert es, dass sie im Juli 1932 bei den Women's

Speerwurf – Trainingseinheit Erna Löw

Amateur Athletic Association Championships (= Vorgänger der Leichtathletik-Weltmeisterschaften) in London bereits als österreichische Staatsmeisterin im Speerwurf teilnahm und dort mit einem phänomenalen Wurf den 2. Platz belegte.

Aber Speerwurf war nicht Ernas einzige Leidenschaft. Sie erzielte beachtliche Leistungen im Diskuswerfen, spielte ausgezeichnet Netball (= ein basketballähnliches Mannschaftsspiel, das hauptsächlich von Mädchen und Frauen im angelsächsischen Raum gespielt wird) und war eine enthusiastische Handball-Spielerin. Ja, und im Winter war ihr als fanatische Schifahrerin keine Abfahrt zu steil, zu gefährlich oder zu anstrengend. Erna konnte mit ihren Schiern jeden Berg bezwingen.

Während sie in England war, dachte sie immer wieder darüber nach, wie sie zu Geld kommen könnte, um einerseits ihre kranke Mutter in Wien öfter besuchen zu können, andererseits wollte sie ihrer Leidenschaft als kühne Schifahrerin nachgehen. Es musste doch eine lukrative Möglichkeit geben, um die Reisen nach Österreich finanzieren zu können, besser, dabei auch noch zu verdienen.

Ernas Geschäftskarriere in der Reisebranche begann 1932, als sie folgende Anzeige in der „Morning Post“ schaltete:

Josefstädter Straße – Wohnhaus Erna Löw

„Wintersport in Österreich, 14 Tage, nur £ 15, einschließlich Bahn und Hotel, arrangiert von einer jungen Wiener Sprachlehrerin, speziell für junge Leute, die unter anderem Weihnachten in den Bergen verbringen wollen.“

Das Echo war groß. Erna leitete die Schitrips in die österreichischen Alpen persönlich und kümmerte sich rührend um jeden Teilnehmer. Es waren hauptsächlich Söhne und Töchter wohlhabender Familien, die sich diesen Spaß gönnten und so den für englische Verhältnisse elitären Schisport erlernten.

Ernas Geschäft boomte und so beschloss sie, ihren Lebensmittelpunkt fix nach Großbritannien zu verlegen. 1940 nahm sie die Staatsbürgerschaft an und änderte ihren Familiennamen von Löw auf Low.

Mit dem Ausbruch des Zweiten Weltkriegs stoppte die Jüdin Erna Low ihre Schitouren nach Österreich. Als Ausweichmöglichkeit bot sich die Schweiz an und somit konnte sie ihr Geschäft retten.

Nach dem Ende des Krieges gründete sie ihre „Erna Low Travel Service Ltd.“.

1950 begann Low, angetrieben durch die eigene Leidenschaft für den Schilauf, sogenannte „Chaletgruppen“ für Schifahrer zu organisieren. Anfangs kochten und putzten die Sportler selbst, aber bald beschäftigte Low Personal, das die Verpflegung der Klientel übernahm, aber auch die Reinigung der Appartements erledigte. Obendrein starteten in dieser Zeit als neuer Tourismuszweig die Charterflüge und somit expandierte Erna und stieg ebenso in den Sommertourismus ein: Sie erweiterte ihr Angebot auf kundenfreundliche und kostengünstige Ferienarrangements auf Korsika, an der Algarve und an der Adria. Lows Firma prosperierte derartig, dass

Mark Frary

sie sich systematisch zum Branchenführer in Großbritannien entwickelte.

Auf dem beruflichen Höhepunkt angekommen, entschied sich Erna 1972, ihr Reiseunternehmen, das 60 Mitarbeiter beschäftigte und einen Umsatz von 1,5 Millionen Pfund einspielte, zu verkaufen.

Doch lange hielt es die Umtriebige als Privatière nicht aus und kaufte bereits drei Jahre später ihr Unternehmen, das in die Pleite geschlittert war, zurück. Mit größtem Einsatz aller Mitarbeiter und Ernas eiserner Disziplin gelang es ihr schon einige Jahre später, wieder die Reisebranche aufzumischen. 1981 warf Low branchenübliche Altlasten über Bord, änderte den Handelsnamen ihres Reiseimperiums in „Erna Low Consultants Ltd." und fokussierte die Firma auf Health-&-Spa-Aufenthalte in und außerhalb Großbritanniens. Sie wurde nicht nur offizielle Vertreterin diverser Resorts in Europa, sondern erhielt mehrere staatliche Auszeichnungen für ihre Verdienste um den Tourismus, beispielsweise von Österreich, Frankreich und Italien.

Dass die erfolgreiche Geschäftsfrau Erna Low das Herz auf dem rechten Fleck trug, zeigte ihre Achtsamkeit gegenüber behinderten Mitmenschen. Obwohl sie sich aufgrund ihres angeschlagenen Gesundheitszustandes – eine Bypass-Operation war unumgänglich geworden – aus dem Tagesgeschäft zurückgezogen hatte, erweiterte sie förmlich vom Krankenbett aus das Angebot ihres Reiseunternehmens um einen damals völlig neuartigen Bereich: Schiferien für Behinderte.

Im Mai 2000 wurde das Unternehmen in die „Hall of Fame" der britischen Reisebranche aufgenommen und es existiert bis zum heutigen Tag.

Mark Frary nimmt einen Schluck Tee, der aber schon fast kalt ist. Er winkt dem Ober und bittet um zusätzliches heißes Wasser.

Seinem Gegenüber scheint es die Sprache verschlagen zu haben. Klementine und Josef Enslein können das soeben Gehörte kaum fassen:

ihre kleine, burschikose Erni eine berühmte und international erfolgreiche Unternehmerin! In Klementine steigt die weibliche Neugier auf, hat doch Mark nur über die Geschäftsfrau Erna Löw gesprochen! Aber, was hat sich im privaten Bereich der toughen Frau abgespielt? Vorsichtig versucht sie, Mark diesbezügliche Informationen zu entlocken. Dieser merkt rasch, worauf Frau Ensleins verklausulierte Fragen abzielen, und ergänzt seine Ausführungen folgendermaßen:

Erna war weit über die Grenzen der Reisebranche hinaus bekannt für ihr energisches Wesen. Sie ging geschäftlich, aber auch privat keiner Konfrontation aus dem Weg. Vielleicht würde man in Wien ihr Verhalten sogar mit „ein Schäuferl nachlegen" bezeichnen. Sie nahm sich auch selten ein Blatt vor den Mund, wie folgendes Beispiel zeigt.

Einmal gewann ein leitender Angestellter eines Konkurrenzunternehmens eine Auszeichnung. Bei der Zeremonie in der Handelskammer hielt er eine kurze Ansprache und wandte sich dabei auch an die anwesende Erna Low. Offensichtlich bitter über einen Rückschlag zu Beginn seiner Karriere sagte er: *„Sie haben sich einmal geweigert, mich einzustellen, und schauen Sie, wo ich jetzt bin."* Die so Angesprochene antwortete prompt und ohne Rücksicht auf das versammelte Publikum: *„Ich würde dich immer noch nicht einstellen."*

Trotz ihrer sehr direkten, manchmal auch verletzenden Art gewann Erna Low aufgrund ihrer Verlässlichkeit, ihres 24-Stunden-Engagements für zufriedene Kunden und ihrer Handschlagqualität viele Freunde. Außerdem verstand sie schon damals ohne Social Media die Kunst des Netzwerkens. Königen, Politikern, Schauspielern und Promis aller Art lehrte sie persönlich das Schilaufen. Sie hatte die Ehre, Patin mehrerer Kinder von berühmten Familien zu sein, darunter auch der Schauspielerin Emily Lloyd.

So stark, kämpferisch und unbeugsam die Unternehmerin Erna Low sich auch präsentierte, so einsam war die Frau in ihr. All ihre Sehnsucht nach partnerschaftlichem Glück und inniger Liebe blieb unerfüllt.

Nach ihrem Tod fand man einige ihrer Aufzeichnungen, die ihr Bedürfnis nach Zuwendung und Zärtlichkeit dokumentierten. Hatte sie doch unter anderem bis knapp vor ihrem Ableben Wolfi (Wolfgang Speiser), einen ihrer Mitschüler aus der Albertgasse, mit schwärmerischen Worten verehrt.

Umso weniger verwunderlich ist es, dass Erna Löw/Low nie verheiratet war und sich schlussendlich entschied, mit ihrem treuen Hund allein in South Kensington zu leben. 2002 starb sie 92-jährig in London.

Josef räuspert sich verlegen und Klementine stehen die Tränen in den Augen. Marks Stimme erstirbt und die Ensleins halten verschämt unter dem Tisch Händchen. Wie einsam musste doch ihre kleine Erna trotz des Reichtums und Ansehens gewesen sein! Welch hohen Preis musste sie für Einfluss und Wohlstand zahlen? War es tatsächlich nur ihre burschikose Art, die die Männer abschreckte? Warum hatte sich nie ein Vertreter des starken Geschlechts die Mühe gemacht, hinter die strenge Fassade der Erna Low zu blicken und die Verletzlichkeit dieser Frau zu ergründen? Dieses Rätsel wird leider nie mehr gelöst.

Mark kramt rasch in seiner Jackentasche. Hat er doch noch ein Geschenk für Klementine mitgebracht. Ach ja, da ist es, das vergilbte Foto ihres Konterfeis. Es stammt aus Ernas Nachlass. Frau Enslein stutzt, doch Mark richtet seine Worte nun direkt an Klementine:

Der Einfluss von dir, liebe Klementine, auf Erna darf nicht unterschätzt werden. Denn sie betonte immer wieder, dass ihr die Sicherheit dieser frühen engen Beziehung, nämlich zu dir als Klassenlehrerin, das ganze Leben lang geholfen hatte. Erna bewahrte dieses Foto von dir neben dem ihrer Mutter in ihrem Schlafzimmer auf. Du fragst nach dem Grund? Die Erklärung gibt dir Erna, denn sie meinte: „Wenn ich ein Problem habe, frage ich mich, wie die beiden es gelöst hätten."

Mark schiebt das Foto vorsichtig über den Tisch und Klementine ergreift es mit zitternden Händen. Die Tränen laufen ihr unentwegt über die Wangen. Es scheint ihr schier das Herz zu zerreißen, die Erinnerung an längst vergangene Zeiten kocht hoch und nimmt sie völlig gefangen. Voll Demut drückt sie das vergilbte Foto an ihre Brust und dankt ihrem Schicksal, dass sie diese wunderbaren Menschen als Kinder unterrichten durfte.

Eine Ära geht auch für die Pädagogin Klementine Enslein zu Ende, doch sie fühlt, dass Mark den Kreis für sie geschlossen hat. Mit seinem Buch „Aiming High" ist es ihm gelungen, Erna ein literarisches Denkmal zu setzen.

Brisant: Kinderarbeit

Die Schülerinnen und Schüler, die die „Freie Schule" in der Albertgasse besuchen dürfen, gehören eindeutig zu den Privilegierten. Ihre Eltern haben vielfach ein Studium absolviert, verdienen eher überdurchschnittlich und/oder kommen aus gut situierten Verhältnissen – zusammenfassend, sie können es sich erfahrungsgemäß leicht leisten, das geforderte Schulgeld für ihre Kinder zu bezahlen.

Bevor wir uns die zu dieser Zeit durchaus übliche, aber wenig erfreuliche Situation der Kinder im Allgemeinen und deren familiäre Verpflichtungen im Besonderen ansehen, lassen wir eingangs Dr. Julius Tandler, Anatom und Universitätsprofessor an der Universität Wien, zu Wort kommen. Er hält regelmäßig Vorträge und mithilfe anschaulicher, manchmal auch drastischer Wortwahl sollen die Erwachsenen aufgerüttelt werden, nicht die Augen zu verschließen und sich verstärkt dem Kindeswohl anzunehmen. Im Folgenden ein Auszug aus seinem Werk „Das Kind im Wachsen und Werden".[17]

Kein Mensch hat Montag den Körper, den er Sonntag abends zu Bette gelegt hat, darüber ist kein Zweifel. Es hat sich immer etwas daran geändert, wenn auch diese Veränderungen so gering sind, daß wir sie durchschnittlich nicht merken. Im kindlichen Organismus aber ist es anders. Da sehen wir, daß diese Veränderungen zu einer bestimmten Zeit langsam, zu einer anderen schnell vor sich gehen.

Um Ihnen zu zeigen, welche Folgen solche Veränderungen unter Umständen zeitigen können, möchte ich Ihnen ein Beispiel anführen. Sie wissen, es gibt ein Zeitalter im menschlichen Leben, welches wir als die Flegeljahre bezeichnen. Ich meine natürlich nicht die geistigen Flegeljahre, sondern die somatischen, die körperlichen Flegeljahre. Das ist die Zeit, wo die Menschen […] sich mit dem vollkommenen Verlust aller Grazie durchs Leben bewegen, jene Menschen, deren Füße zu lang sind, denen die Schuhe zu klein, die Handschuhe zu klein sind, kurz und gut, Menschen, wie Sie alle sie kennen. Diese Flegeljahre kennzeichnen sich aber vor allem andern durch den vollkommenen Mangel an Grazie. Die Arten der Bewegungsmechanismen sind direkt anstoßerregend, sie

[17] Quelle: Tandler, Dr. Julius: Das Kind im Wachsen und Werden, Verlag der Freien Schule, Wien 1912.

sind unangenehm für jeden Beschauer. Das ist natürlich die Zeit, in welcher die besorgten Mütter ihre Töchter in die Tanzschule schicken (Heiterkeit), weil nämlich in dieser Zeit die Individuen sicher nicht tanzen lernen können. (Erneute Heiterkeit.)

Dieser Mangel an Bewegungsmechanismen läßt sich durch ein sehr merkwürdiges Phänomen erklären. Wollen Sie unser Skelett als das Instrument betrachten und unsere Muskulatur als das Individuum, welches auf diesem Instrumente sozusagen spielt. Und nun denken Sie sich einen Musikanten, dem man tagtäglich sein Instrument austauscht und verlangen Sie von einem solchen Manne, er soll präzise spielen. So geht es dem Menschen zur Zeit seiner somatischen Flegeljahre. Seine Muskulatur lernt kaum mit einer bestimmten Dimension der einzelnen Skelettanteile rechnen und schon sind die Skelettanteile wieder andere geworden. So hastet, so jagt sozusagen die Muskulatur immer dem weiter vorauseilenden Skelett nach und diese Differenz zwischen großer Wachstumsschnelligkeit des Skeletts auf der einen Seite und Unmöglichkeit des Erlernens der neuen Bewegungskomplexe auf der anderen Seite kennzeichnet das Individuum in seinen somatischen körperlichen Flegeljahren, mit seinem vollkommenen Mangel an Grazie.

Die Sorge um die in seinen Augen fehlgeleitete geistige Entwicklungsphase der jungen Leute artikuliert Tandler folgendermaßen:

Die Zahl der Menschen, die sich selbst entwickeln, schrumpft eigentlich immer mehr und mehr ein. Die Kinder heutzutage – sie werden nicht glücklich, sie werden glücklich gemacht, die Schüler, sie werden nicht klug, sondern sie werden klug gemacht. […] was ebenso fluchwürdig ist, das Bestreben nach Uniformierung des Menschen.

Kritisch verweist Tandler auf die geistige Uniformität, die er als Negativbeispiel […] – *sie* (= die Pubertierenden; Anm. des Autors) *werden zu Individualitäten* (= Individuen; Anm. des Autors) *gemacht* (…) – plakativ beschreibt. In seiner Funktion als Anatom skizziert er anschaulich die immensen Gefahren, denen die Mädchen und Buben bei ihren *„Beschäftigungen"* (= Kinderarbeit; Anm. des Autors) ausgesetzt sind: nämlich, dass deren körperliche Entwicklung niemals den Strapazen ihrer Tätigkeiten gewachsen ist. Es fällt zwar nicht der Begriff der Ausbeutung, doch Tandler lässt in seinen Ausführungen keinen Zweifel daran, dass die seelische

Kinderarbeit

und die körperliche Entwicklung des Kindes demgemäß großen Schaden nehmen. Zusätzlich werden die Kinder wegen der Arbeit oftmals vom Schulbesuch abgehalten oder sie können aufgrund von Übermüdung und wenig Essen dem Unterricht nicht folgen. Sie schlafen sogar während des Unterrichts ein. Er kommentiert lapidar: *„Bezüglich der Ausbildung des Geistes will ich schweigen."*

„Kinderrechte sind das, was Kinder brauchen, damit es ihnen gut geht."

So formulierte es ein 8-jähriges Kind anlässlich eines Kinderrechte-Workshops vor einigen Jahren. Doch das war nicht immer so. Am 20. November 1989 wurde die „Konvention über die Rechte des Kindes" von der Generalversammlung der Vereinten Nationen angenommen und bis heute von mehr als 190 Staaten weltweit unterzeichnet und ratifiziert. Dadurch haben sich diese Staaten verpflichtet, die Kinderrechtskonvention in ihrer nationalen Gesetzgebung umzusetzen sowie ihre Einhaltung zu garantieren. So auch Österreich.

Am 5. September 1992 ist die Kinderrechtskonvention in Österreich formal in Kraft getreten. Das bedeutet, dass die Gesetze, die vom Nationalrat und den Landtagen beschlossen werden, der Kinderrechtskonvention entsprechen müssen. Und vor zehn Jahren, am 16. Februar 2011, ist das „Bundesverfassungsgesetz über die Rechte von Kindern" in Kraft getreten.

Doch zurück zur „Freien Schule". Das Thema Kinderarbeit brennt auch damals den Verantwortlichen unter den Nägeln. Eine am 20. Oktober 1913 im Wiener Konzerthaus abgehaltene Veranstaltung steht unter diesem Motto. Reichsratsabgeordneter Otto Glöckel stimmt die Zuhörer ein, indem er seine Erfahrungen als Lehrer an einer Wiener Schule – auf der Schmelz – drastisch schildert. Ein gedeihlicher Unterricht wäre unmöglich gewesen, da viele der Kinder im Unterricht immer wieder eingeschlafen seien. Sie hätten die gesamte Nacht durcharbeiten müssen und seien vielfach ohne Nahrungsaufnahme direkt nach der Nachtarbeit in die Schule gekommen.

Außerdem wird ein kurzes Schreiben eines Lehrers aus Favoriten vorgelesen. Er weist darauf hin, welch große Strapazen die Kinder bei der Nahrungsbeschaffung für die Familie auf sich nehmen müssen. Da die Lebensmittel knapp sind, müssen sich die Kleinen beispielsweise für Brot stundenlang anstellen:[18]

Ich bin in der letzten Zeit schon gewöhnt, daß Kinder zu spät zur Schule kommen oder ganz fehlten mit der Begründung, sie müßten sich anstellen. Vor einigen Tagen kam ein Kind zu spät und brachte dieselbe Entschuldigung vor. Als ich das Kind näher ansah, bemerkte ich, daß es ganz übernächtig sei. Auf Befragen erzählte es, daß es sich um 2 Uhr früh beim Kaufmann angestellt habe und bis 1/2 8 Uhr früh dort stehen mußte.

Es wäre da dringende Abhilfe nötig, denn solche Kinder zu unterrichten ist ein Ding der Unmöglichkeit.

Vereinsobmann Paul Freiherr von Hock wird in seiner Wortwahl sehr deutlich:[19]

---

[18] Quelle: Monatskalender des Vereines Freie Schule, Jänner 1917.

[19] Quelle: Märtyrer! Sieben Reden zur Frage der Kinderarbeit gehalten in der Versammlung des Vereines „Freie Schule" im Beethoven-Saale in Wien am 20. Oktober 1913, Verlag des Vereines „Freie Schule", Wien VIII., Albertgasse 23.

Meine sehr geehrten Damen und Herren; Freunde und Gönner der „Freien Schule“, Mitglieder vor allem! Der Verein hat sich zur Aufgabe gemacht, auch in der immer aktuellen und durch den Kinderschutzkongreß, der im Sommer dieses Jahres in Salzburg getagt hat, besonders in den Vordergrund gerückten Frage des Kinderschutzes, der Erwerbsarbeit des Kindes seine Stimme in die Waagschale zu werfen. Es ist selbstverständlich, daß ein Verein, wie der unsrige, der sich für die Erziehung des Kindes zu einem freien, kräftigen, gesunden Staatsbürger zur Aufgabe gestellt hat, in dieser Frage nur eine Stellung einnehmen kann, die Stellung nämlich, daß eine Erwerbarbeit von Kindern, welche der Entwicklung, Erziehung und dem Unterrichte im Wege steht, sie hemmt und häufig unmöglich macht, daß eine solche Ausnützung von Kindern, daß eine solche Kinderarbeit in einem Kulturstaate nicht mehr geduldet werden soll. Es ist in der Tat eine beschämende Inkonsequenz, daß in einem Staatswesen der allgemeinen Schulpflicht Zustände geduldet werden, welche dem Zwecke der Schulpflicht, dem Zwecke des Unterrichtes diametral entgegengesetzt sind und die Erreichung dieses Zweckes unmöglich machen. Zu diesen Zuständen gehören das Elend, die Not des Kindes, welche eine erwerbende Tätigkeit des Kindes, eine Ausnützung der schwachen kindlichen Kräfte zur Erwerbsarbeit herbeiführen; zu diesen Zuständen gehört die Indolenz, gehört der Eigennutz, die Rücksichtslosigkeit von Eltern und der öffentlichen Gewalten und zu diesen Zuständen gehört jede Richtung, jede Arbeit, die darauf gerichtet ist, solche Zustände fortdauern zu lassen.

Anschließend legt Reichsratsabgeordneter Dr. Julius Ofner nach:

[...] Aber eine Klasse kann sich nicht selbst befreien, dazu ist sie zu schwach und sie erhebt deshalb ihre blassen Gesichtlein und ihre abgemagerten Händchen zu uns um Hilfe, um Befreiung von der Zwangsarbeit, in welche man sie einpfercht. Das sind die Kinder unseres Volkes, das sind jene Kinder, welche nach 10, 15 und 20 Jahren unsere neue Generation bilden, das neue Volk, welche nach dieser Zeit die Männer und Frauen unseres Volkes sind. [...]

[...] Deshalb brauchen wir nicht für die Industrie und für die Landwirtschaft zu fürchten, wenn wir unseren Kindern geben, was ihnen gebührt: das Recht der Kindheit, das Recht auf Jugend, das Recht auf Freude. [...]

Ofner schildert die Entwicklung in Deutschland, als *[...] die Lehrer in Deutschland [...] welche aus ihrer Erfahrung mit den Schulkindern, daß die Schulkinder ihnen einschliefen, daß sie ihnen Antworten gaben, die sie anfangs*

Kinderalltag

nicht verstanden und welche sie erst begreifen konnten, als sie wußten, welche Arbeit und Mühsal die Kinder schon hinter sich hatten, anfingen, das Volk aufzurütteln [...]

Als Folge verabschiedete man bereits am 30. März 1903 *[...] das erste allgemein gehaltene Schutzgesetz für die arbeitenden Kinder. Allerdings hatte dieses Gesetz einen schweren Mangel: die Landwirtschaft fiel nicht darunter.*

Ofner verweist anschließend auf die ungeklärte Situation in Österreich und darauf, dass er als Reichsratsabgeordneter seit 1903 regelmäßig Anträge in dieser Causa entriert habe:

Der Antrag wurde einem Unterausschuß überliefert, in welchem die Vertreter aller Klassen der Bevölkerung, insbesondere auch Vertreter der Landwirtschaft saßen. Ich will Ihnen bloß die Ergebnisse seiner Beschlüsse kurz mitteilen, damit Sie wissen, welcher Antrag dem Abgeordnetenhause jetzt vorliegt, damit Sie erkennen, wie wenig verlangt wird, wie wenig radikal dieser Antrag ist.

Es wird als Mindestalter für reguläre Arbeit des Kindes zu Erwerbszwecken im allgemeinen das 12. Lebensjahr festgesetzt so wie in der Gewerbeordnung verlangt. In der Landwirtschaft aber wird schon vom 10. Lebensjahre an erlaubt das Kind zu leichteren Arbeiten zu verwenden. Die Nachtarbeit ist verboten. [...]

Etwas wehmütig wendet sich Ofner abschließend an das Auditorium und hofft inständig auf eine komplexere Form der Denkumkehr in der Bevölkerung – einzig und allein zum Wohl des Kindes:

Das ist ungefähr der Inhalt des Gesetzes. Sie werden erkennen, daß es nicht verdient, ein Gesetz genannt zu werden, welches die Kinderarbeit verhindert. [...]

[...] Ich habe mich aber deshalb einem Kompromiß gebeugt, weil ich von der Ueberzeugung getragen bin, daß, wenn dieses Gesetz nur durchkommt, die Logik des gesunden Menschenverstandes, die Logik des Gefühles, die Logik der Tatsachen dann dazu führen werden, daß die Kinderarbeit [...] allmählich vollständig verboten wird.

Es gäbe noch unzählige Beispiele, die den grausamen Alltag dieser armen Kinder dokumentieren. Sie fristen ihr junges Leben zwischen Hunger, Arbeit, Schule, Gewalt und Krankheit. Max Winter bringt bereits 1901 in der „Arbeiter-Zeitung" seine Beobachtungen zu Papier:[20]

Ein Tag in Ottakring – wie das Volk lebt

Vor der Tabakfabrik, unserem nächsten Ziele, beginnt das lebhafte Treiben später. Erst um halb 8 Uhr muß alles an der Arbeit sein. Bis dahin ist es Zeit, sich noch sonst wo in der Nähe umzuthun. In der Huttengasse ist ein rothhaariger Junge eifrig an der Arbeit. Er kehrt das Trottoir ab, um seiner Mutter eine Arbeit abzunehmen. Vielleicht geht der Hausmeisterjunge auch noch einkaufen und dann erst in die Schule – mit dem Reißbrett, den Dreiecken und dem Lineal, wie es sich für einen aus der „zweiten Bürger" schickt. Die Thaliastraße herauf kommen Kinder mit Einkaufskörben oder den schwarzen Wichsledertaschen am Arme vom Einkaufen zurück. Meist sind es Mädeln, junge Hausmütterchen, die ihren Müttern auch noch behilflich sind, ehe sie die Schultasche zur Hand nehmen. Die Proletarierfrau hat ja daheim so viel zu thun. Auch kann sie die Kleinen nicht gut allein zu Hause lassen, noch weniger mitnehmen – darum muß die „Große" einkaufen gehen. Freilich schlafen die Kleinen noch, aber man weiß es ja: plötzlich wachen sie auf, reiben sich den Schlaf aus den Augen, weinen, wenn sie sich allein sehen, und dann treibt sie der Selbsterhaltungs- oder der Spieltrieb aus dem Bett.

---

[20] Quelle: Arbeiter-Zeitung Nr. 284 vom 16. 10. 1901, S. 4.

In der Panikengasse, gerade neben der Schule, sah ich eine Stunde später so einen kleinen „Hemadlenzl“ in einem Fenster des ersten Stockwerkes stehen. Erst spielte er mit dem inneren Fensterflügel, dann machte er sich an dem Riegel zu schaffen, drückte sich dabei an die Scheiben und setzte sich erst nieder, bis er die warnenden Zeichen von unten verstand. Er kaute dann seine Zehen, als ob nichts gewesen wäre. Und wie viel Unheil drohte ihm doch! Sein Brüderchen spielte indessen vielleicht mit Zündhölzchen oder löschte seinen Durst an Laugenessenz, die in der Küche auf dem „Wasserbankl“ stehen geblieben war, weil in der Proletarierwohnung alles so eng und für gar nichts ein rechter Platz ist. So eine Proletariermutter muß immer in Angst sein. Wo es also geht, müssen die älteren Geschwister vom Greisler, von der Kräutlerin und vom Selcher oder vom Roßfleischhacker zusammentragen, was die Mutter für den Mittagstisch braucht.

Erklärungen

Trottoir:	Gehsteig
Reißbrett:	Zeichenbrett
„zweite Bürger“:	2 .Klasse Bürgerschule (= Hauptschule)
Wichsledertasche:	derbe Ledertasche, leicht glänzend, eingelassen mit wachsartigem Putzmittel (z. B. Schuhcreme)
„Hemadlenzl“:	Kleinkind, nur mit längerem Kinderhemd bekleidet
„Wasserbankl“:	einfache kleine Bank meist unter einem Fenster, darauf steht ein blecherner Kübel/eine blecherne Kanne/ein blechernes Schaff, gefüllt mit Trink-/Kochwasser, zusätzlich oftmals noch ein Schaff zum Händewaschen
Greisler (= Greißler):	Gemischtwarenhändler
Kräutlerin:	Gemüsehändlerin
Selcher:	Fleischhauer

Verein „Freie Schule“.

Zur Gündung von Ortsgruppen beruft der Verein „Freie Schule“ in **Bregenz, Bludenz** und **Feldkirch** allgemein zugängliche

Versammlungen

ein, in denen Professor **Hörtnagl** über das Wesen und die Ziele der „Freien Schule“ sprechen wird. Die Versammlungen finden statt: in **Bregenz** am **Samstag** den **28. Dezember** abends 8 Uhr; in **Bludenz** am **Sonntag** den **29. Dezember** im „Arlberger Hof“; in **Feldkirch** am **Montag** den **30. Dezember.** Bürger und Arbeiter, die ihr ein Interesse einer freien Volksschule habt, erscheint zahlreich!

Freie Schule ...
zur Hölle mit dem Rest.

15 Fakten zum Verein – chronologisch geordnet.

1. Neuer Geschäftsführer.

Exlehrer Paul Speiser wird im November 1906 zum neuen Sekretär (= Geschäftsführer) bestellt. Obwohl sein Hauptjob bei der Eisenbahner-Versicherung ist, versucht er, dieser Funktion mit viel persönlichem Einsatz gerecht zu werden.

2. Ungleiches Match – 100 Ortgruppen stehen 80.000 Mitgliedern des katholischen Schulvereins gegenüber.

Der Verein hat zu dieser Zeit in Österreich und in den Böhmisch-Mährischen Ländern ca. 100 Ortsgruppen. Die Redner, die der Verein zu den Gründungsversammlungen der Ortsgruppen entsendet, sind Liberale, wie Ofner und Hock, aber auch Sozialdemokraten, wie Seitz und Glöckel.

Die Mitgliederwerbung wird verstärkt auf alle deutschsprachigen Teile der Monarchie ausgedehnt und in kurzer Zeit freut man sich über die 185. Ortsgruppe. Man motiviert jedes einzelne Mitglied, als Werbe-Multiplikator zu fungieren.

3. Für die Vereinszeitung ist doch immer Zeit.

Kaum als Geschäftsführer in Amt und Würden, zeigt Paul Speiser sein umfassendes Talent. Nicht nur organisatorisch schmeißt er den Laden perfekt, sondern er legt auch sein besonderes Augenmerk auf die monatlich erscheinende Vereinszeitung „Freie Schule". Seine journalistische Ader lässt ihn zur Höchstform auflaufen: Er schreibt alle Notizen und Kommentare zu kulturpolitischen Fragen mit Ausnahme jener Leitartikel, die etwa juristische Spitzfindigkeiten enthalten. Diese Abhandlungen über-

nehmen dann Ofner respektive Hock. Verbalattacken in den vorrangig klerikalen Medien werden von Speiser gekonnt pariert. Ferner bearbeitet er die regelmäßig eintreffenden Protokolle zum Thema Vereinsleben in den österreichischen Ländern, in Böhmen, Mähren und Dalmatien. Die Korrespondenz umfasst in einem Jahr mehr als 40.000 Poststücke.

4. Wo ein Wille ist, ist auch eine Spende.

Als die Pläne, ein eigenes Schulhaus zu errichten, in ein konkretes Stadium treten, werden Spendenkampagnen gestartet. Je nach monetärer Möglichkeit kann man „Bausteine" im Wert von zwei bis 100 Kronen erwerben. Quer durch alle Gesellschaftsschichten beteiligen sich Arm und Reich. Man brennt für die Sache und PR-wirksam – exakt wie heutzutage – werden die Namen der Spender in der Vereinszeitschrift plakativ hervorgehoben; gleichzeitig wird den Wohltätern würdig gedankt.

Die Spendenbereitschaft ist sensationell und in kurzer Zeit kommen mehrere 100.000 Kronen für den Erwerb des Grundstücks, das Bauvorhaben und die Einrichtung zusammen. Abgesehen von den vielen Geldspenden der Arbeiterschaft sind es das „Liberale Österreich", Industrielle, Freidenker und auch Politiker diverser Couleurs, die für diesen Zweck gerne ihren Geldbeutel öffnen. Zusätzlich werden dafür auch Legate gewidmet.

5. Der Schulhaus-Mann.

Speiser entwickelt immer neue Ideen, um die Spendenfreudigkeit am Kochen zu halten. Sein Einfall, bunte Ansichtskarten drucken zu lassen und diese dann spendenmäßig zu veräußern, ist uns auch heutzutage bestens bekannt. Viele NGOs beschreiten noch immer diesen Weg, um Spenden zu rekrutieren.

Ernst Kutzer, ein damals bekannter Illustrator und Künstler, wird 1908 von Speiser beauftragt, diese kleinen Bildwerke zu entwerfen. Und sie finden reißenden Absatz. Dadurch werden nicht nur die Finanzen aufgebessert, auch die Werbewirksamkeit ist nicht zu unterschätzen.

6. Sprechen wir über Ansichtskarten.

Folgende Motive gibt es zur Auswahl:

- Sokrates zum Schierlingsbecher verurteilt
- Hexenverbrennung im Mittelalter
- Peinliches Verhör durch die Inquisition
- Der Gang Heinrichs IV. nach Canossa
- Die Blendung und Austreibung der Albingenser
- Die Bartholomäusnacht in Paris
- Das Blutgericht von Frankenburg
- Die Plünderung des protestantischen Magdeburg durch Graf Tilly
- Der Widerruf Galileis: Und sie bewegt sich doch!
- Die Austreibung der Salzburger Protestanten

Später erklärt Wolfgang Speiser die Motive dieser Aktion:[21]

Wenn man heute diese Dokumente eines vergangenen Kulturkampfes betrachtet, erkennt man, wie sehr die durch Verfolgung der Behörden, der kirchlichen Stellen und der klerikalen Politiker unterdrückten Mitglieder der „Freien Schule" sich verfolgt fühlten, daß sie glaubten, in ihrem Kampf auf die Brutalität der Kirche vergangener Jahrhunderte hinweisen zu müssen. Heute ist eine Erwähnung solcher Gewalttaten „Im Zeichen des Kreuzes" und ihre Verurteilung eine Angelegenheit christlicher Publizisten und der katholischen Kirche selbst geworden.

[21] Quelle: Speiser, Wolfgang: Paul Speiser und das Rote Wien, Jugend und Volk, Wien – München 1979, S. 27.

Religion und Klerikalismus.

Rede, gehalten bei der Gründung der Ortsgruppe Innsbruck des Vereines „Freie Schule"

von

Dr. Ludwig Wahrmund

o. ö. Universitätsprofessor.

Preis 10 h.
Bei Abnahme von 50 Stück K 4.—, 100 Stück K 7.—

III. Auflage. 11.–15. Tausend.

(Sonderabdruck aus dem „Tiroler Tagblatt".)

Druck von A. Edlinger, Innsbruck.
Verlag der Ortsgruppe Innsbruck des Vereines „Freie Schule".

Univ.-Prof. Dr. Ludwig Wahrmund: Streitschrift

7. Professor Wahrmund ... nicht himmlisch.

Der Innsbrucker Kirchenrechtsexperte Universitätsprofessor Dr. Ludwig Wahrmund hält im Jänner 1908 einen für die Allgemeinheit zugänglichen Vortrag mit dem Thema „Katholische Weltanschauung und freie Wissenschaft". Hierbei wirft er den Kirchenvertretern mangelnde Toleranz gegenüber der Wissenschaft vor. Sein Referat wird als Drucklegung publiziert und sehr rasch danach behördlich konfisziert.

Nachdem Passagen daraus im Reichsrat – wie das Parlament damals hieß – von sympathisierenden Abgeordneten vorgelesen werden, muss die Beschlagnahmung revidiert werden (= damalige Rechtslage). Nichtsdestotrotz muss Wahrmund die Konsequenzen tragen und er verliert seinen Lehrstuhl an der Universität Innsbruck.

Der Verein „Freie Schule" fühlt sich mit Wahrmund solidarisch und initiiert viele Protestkundgebungen. Unzählige Anfragen werden diesbezüglich an den Reichsrat gestellt. Der Abgeordnete Tomáš Masaryk, der spätere Präsident der Tschechoslowakei, hält ebenfalls zu diesem Thema eine kämpferische Rede im Reichsrat.

Später erhält Wahrmund eine Professur an der deutschen Universität in Prag.

8. Flugzettel, wenn's aufs Ergebnis ankommt.

Im September 1912 wird der 23. Eucharistische Kongress der katholischen Kirche in Wien abgehalten; den Ehrenschutz hat Kaiser Franz Joseph inne. In einem offiziellen Schreiben beschwört das Kaiserhaus alle ländlichen Patronatsherren, dass sie *„[...] durch ihren großen Einfluss auf ihrem Herrensitz eine entsprechende Teilnahme der Landbevölkerung an dem Kongress ermöglichen".* (S. Speiser, Wolfgang: Paul Speiser und das Rote Wien, S. 29.)

Die Verantwortlichen des Vereins „Freie Schule" fühlen sich auf den Plan gerufen und halten in ganz Österreich Aufklärungsveranstaltungen ab. Von Städten in Vorarlberg über Donawitz, Selzthal, Schladming, Ischl, Goisern, Gosau und Ebensee bis zu Steyr, aber auch in Meran, Innsbruck, Klagenfurt und in vielen böhmischen und mährischen Städten versucht man, die eigenen Ideen zu dem klerikalen Großereignis zu positionieren. In Möllersdorf bei Baden, wo Speiser und Glöckel sprechen sollen, wird

Protestkundgebung

die Versammlung plötzlich verboten. Die beiden Redner legen umgehend beim niederösterreichischen Statthalter Protest ein und die Veranstaltung wird dann doch noch genehmigt.

Doch als absolutes Highlight gegen den Eucharistischen Kongress kann die Verteilung der „Josephsblätter“ bezeichnet werden. Speiser, der Spindoctor des Vereins, hat die Idee dazu: Den Kirchenbesuchern sollen mithilfe dieser broschierten Flugblätter die Augen geöffnet werden. Der Untertitel „Eine gedruckte Staatsbürgerkunde“ lässt aufhorchen und vermittelt die Wichtigkeit der Information.

Auf der ersten Seite prangt das Bild der „Tempelreinigung“ (= Jesus vertrieb die Händler und Geldwechsler aus dem Jerusalemer Tempel mit den Worten „Macht meines Vaters Haus nicht zum Kaufhaus!“, Joh. 2,16), ferner wird Kaiser Joseph II. auszugsweise (An den k. k. Minister in Rom, Oktober 1781) zitiert:

Wenn ich meinen Plan vollbracht, so werden die Völker meines Reiches genauer die Pflichten kennen, die sie Gott, dem Vaterland und ihren Mitmenschen schuldig sind, so werden uns auch die Enkel segnen, daß wir sie von dem übermächtigen Rom befreit, die Priester in die Grenzen ihrer Pflichten zurückgewiesen und ihr Dortsein dem Herrn, ihr Dasein aber dem Vaterland allein unterworfen haben.

In kurzen Worten erläutert Ludo Hartmann den Einfluss der Kirche auf den einzelnen Staatsbürger, Hock kritisiert die Kinderkommunion und die davor verpflichtende Beichte für 6- und 7-Jährige als Indoktrination, Ofner weist auf die Lage der konfessionslosen Kinder hin (Toleranzedikt von Joseph II.) und betont die Notwendigkeit eines „konfessionslosen Moralunterrichts" an weltlichen Schulen. Glöckel fordert zum wiederholten Mal eine moderne Schule, wo u. a. Eltern ein gewisses Maß an Mitspracherecht eingeräumt wird und wo es mehr staatliche Förderung gibt. Danach findet man noch Kurzbeiträge, beispielsweise zur Eherechtsreform von Ernst Viktor Zenker, und die von Franz Schuhmeier in eindringlichen Worten verfasste Skizzierung des demütigen Arbeiters. Das Nachwort teilen sich Max Winter und Paul Speiser.

Mehr als eine halbe Million Exemplare werden während des Eucharistischen Kongresses von 4.000 freiwilligen Anhängern des Vereins in mehr als 200 Orten der Monarchie verteilt, zumeist anlässlich des sonntäglichen Kirchganges.

In Wien werden Sympathisanten, die diese Flugblätter verteilen, von der Polizei angehalten und viele davon auch verhaftet. So ereilt dieses Schicksal auch Paul Speiser, der vor dem Stephansdom aktiv ist. Bei der Verhaftung stützt man sich auf den Paragraphen 23 des Pressegesetzes, der aber nur nach Gutdünken angewendet wird. In der Gerichtsverhandlung, die großes Aufsehen hervorruft, deckt Speiser auf:

Ich selbst war am 8. September auf dem Stephansplatz und verteilte dort durch ca. eine Stunde die Josephsblätter, bevor ich verhaftet wurde. Ich sah, wie vor der Stephanskirche unter den Augen der Polizei ‚Bonifatiusblätter' verteilt wurden. Als ich nach meiner Verhaftung über den Petersplatz zu der dortigen Wachstube geführt wurde, sah ich dort abermals einen Mann, welcher Eucharistenblätter verteilte. Ich ersuchte den Wachmann, diesen Mann, der doch auch den Paragraph 23 übertrete, mitzunehmen, der Wachmann weigerte sich jedoch.

Ich habe den Paragraph 23 wohl genau gekannt, mußte aber angesichts aller dieser Vorgänge eigentlich annehmen, daß derselbe nicht gehandhabt werde.

Wegen dieser offensichtlichen Ungleichbehandlung und divergierenden Auslegung des Paragraphen 23 kommt es folglich zu einem milden Urteil – Speiser muss nur zwei Kronen Strafe zahlen. Als Folge dieses Erkenntnisses wird eine Änderung des Paragraphen 23 des Pressegesetzes eingeleitet.

9. Locker, flockig, Lipowaner.

Im November 1916 entscheidet der Verwaltungsgerichtshof, dass auch konfessionslose Kinder am Unterricht einer gesetzlich anerkannten Religionsgemeinschaft teilnehmen müssen. Wie Eltern auch zu dieser Entscheidung stehen, sie sind verpflichtet, ihre Kinder zum Religionsunterricht zu schicken. Dies löste große Empörung und Ablehnung bei den Eltern aus. Nun ist guter Rat teuer, wie man diesen Pflichtunterricht umgehen könnte. Aber es wäre nicht Paul Speiser, wenn er dafür nicht auch eine Lösung parat hätte.

Welches Problem er und wie er dieses Problem lösen wollte, beschreibt sein Sohn Wolfgang später in einem Buch über seinen Vater:[22]

So schrieb Paul Speiser nach Czernowitz, wo es eine christliche Sekte der „Lipowaner" gab, welche in der Monarchie als gesetzlich anerkanntes Religionsbekenntnis in der galizischen Provinz galt. Einige Dutzend Eltern, so schrieb er, wollten dieser Religion beitreten, wodurch auch ihre unmündigen Kinder dieser Religion angehören würden. In Wien gab es KEINEN lipowanischen Religionslehrer, und Speisers Gedanke war, dass daher die Kinder dann doch nicht zum Religionsunterricht gezwungen werden konnten.

Die Reaktion war unerwartet. Der lipowanische Metropolit schrieb einen begeisterten Begrüßungsbrief und bot Paul Speiser die Würde eines Bischofs der Lipowaner für Wien an. So wäre der Freidenker beinahe zu kirchlichen Würden gekommen! Er lehnte natürlich ab, und jene die bereit gewesen wären, Lipowaner zu werden, mussten andere Möglichkeiten suchen, ihre Kinder dem katholischen Religionsunterricht und dem Zwang zur Beichte und zu den religiösen Übungen zu entziehen.

---

[22] Quelle: Speiser, Wolfgang: Paul Speiser und das Rote Wien, Jugend und Volk, Wien – München 1979.

Ankündigung des Vortrags von Dr. Ludo Hartmann

10. Adler. Weil so viel auf dem Spiel steht.

Schon in den Anfängen des Vereins fällt ein Mitglied durch sein außerordentliches Engagement für die neuen Ideen auf. Es handelt sich dabei um den bekannten Wiener Arzt und späteren Begründer der Individualpsychologie Dr. Alfred Adler. Er tritt vehement für die „Befreiung der Schule von ideologischen und religiösen Zwängen" ein. Aufgrund seiner 1907 veröffentlichten Studie kommt es zu einer Abkehr von der Lehre des Sigmund Freud. 1911 wird der Bruch zwischen Adler und Freud vollzogen – der Weg ist frei für Adlers eigenständige wissenschaftlich fundierte Theorien. Diese bilden speziell nach dem Ersten Weltkrieg maßgeblich das Fundament für ein modernes Wiener Erziehungswesen.

Für die „Freie Schule" gestaltet Adler vermehrt Vortragszyklen, wie eine spätere Pressemitteilung zeigt:[23]

Verein „Freie Schule" Gruppe Wieden und Margareten, 7 Uhr, im Volksbildungshause, 5. Bezirk, Stöbergasse Nr. 13-15, Vortragsakademie. – Vortragszyklus, Dr. Alfred Adler: Kindertypen in individualpsychologischer Beleuchtung. Ein Versuch, dem Lehrer eine bestimmtere Grundlage für sein erziehliches Eingreifen zu geben.

Jeden Dienstag auch um ½ 7 Uhr im Cottagelyzeum, 19. Bezirk, Gymnasiumstrasse Nr. 79.

---

[23] Quelle: Neues Wiener Tagblatt (Tagesausgabe) vom 24. 5. 1921, S. 6.

11. Fies, aber Schließung.

Nach einer gesetzeswidrigen Entscheidung des Unterrichtsministeriums und der daraufhin vom Bezirksschulrat angeordneten Schließung der Musterschulen „Freie Schule“ (= Schulversuch an zwei Standorten: Babenberger Straße 9 und in der Volkshochschule Ottakring) am 12. Februar 1909 wird seitens des Vereinsvorstandes heftig protestiert und es kommt bereits am 18. Februar 1909 zur Wiedereröffnung.

Am 17. Februar 1909 wird die behördliche Schließung der Schule „Freie Schule“ offiziell aufgehoben und einen Tag später freuen sich die Schüler mit ihren Lehrern über ein Wiedersehen. Eine kleine Feier an jedem Standort soll der Freude über den errungenen Sieg Ausdruck geben!

Die „Arbeiter-Zeitung“ vom 19. Februar 1909 zeichnet folgendes Stimmungsbild:[24]

Gestern wurden die Musterschulen des Vereines Freie Schule mit einer kleinen Feier eröffnet. In der Schule in der Babenbergerstraße hatten sich schon lange vor der für 1/2 11 Uhr angesetzten Wiedereröffnung viele Kinder mit ihren Angehörigen eingefunden. Die Klassenzimmer und Bureauräumlichkeiten waren mit frischem Tannenreisig geschmückt. An sämtlichen Türen konnte man noch die Spuren der abgenommenen Amtssiegel bemerken. Um 1/2 11 Uhr wurden die Kinder, die im Festgewand erschienen waren, von einem Freunde der Anstalt mit Blumensträußchen beschenkt.

Der Leiter der Freien Schule, Direktor Enslein, hielt an die Kinder eine kurze Ansprache, in der er sie nach mehrtägiger Abwesenheit herzlich begrüßte und zu Fleiß und guten Sitten aneiferte. Selbstverständlich wurde den Kindern über die Ursache der Sperrung nichts gesagt und diese nicht einmal angedeutet. Nach dieser Feierlichkeit, an der unter anderen die Abgeordneten Seitz, Glöckel und Dozent Dr. Hartmann, Sekretär Speiser und eine Anzahl Eltern teilnahmen, kehrten die Kinder jubelnd in die Schulräume zum Unterricht zurück. Die Kinder gingen hierauf, von den Lehrkräften geführt, auf die Babenbergerstraße, wo zur Erinnerung an den Tag eine photographische Gruppenaufnahme gemacht wurde. Ueber dem Haustor war ein mit Reisig umwundenes Schild

---

[24] Arbeiter-Zeitung Nr. 50 vom 19. 2. 1909, S. 9

befestigt, das die Worte: „Hoch die Freie Schule!" und den Wahlspruch des Vereines „Mehr Licht!" zeigte.

In der Schule im Volksheim am Koflerpark[25] in Ottakring war der Unterricht schon am Morgen aufgenommen worden. Die kleine Feier fand nach 11 Uhr statt. Auf dem Gange des ersten Stockes hatten sich die Reichsratsabgeordneten Glöckel und Seitz, Dozent Dr. Hartmann, Sekretär Speiser sowie der Lehrkörper der Schule versammelt. Die Kinder wurden aus den Lehrzimmern gerufen und Direktor Enslein wies – ebenfalls ohne auf die Ursachen einzugehen – in wenigen Worten darauf hin, daß sich Lehrer und Schüler einige Tage nicht gesehen und nun mit neuer Lust und Liebe zum Nutzen der Kinder und zur Freude der Eltern wieder fleißig arbeiten wollten. Zur Erinnerung an den Tag würden Schüler und Lehrer photographiert werden. Die Kinder wurden nun auf die Gasse geführt. Nachdem die photographische Aufnahme vollendet war, wurde ein „Hoch die Freie Schule!" ausgebracht. Damit war die hübsche Feier beendet.

Doch ein halbes Jahr später steht man erneut vor demselben Problem: Diesmal hat der Magistrat die Schule mit ihren beiden Standorten geschlossen.

Es reicht! Man ruft zur Protestversammlung im Ottakringer Arbeiterheim auf. Eine riesige Menschenmenge drängt in das Haus, Saal und Galerien sind rasch überfüllt. Landtagsabgeordnete, Gemeinderäte, Eltern und viele Menschen, die sich solidarisch fühlen, wohnen dieser Veranstaltung bei.

Die „Arbeiter-Zeitung" vom 31. August 1909 berichtet ausführlich:

In der Versammlung kam nicht nur die tiefe Empörung über den Rechtsbruch und Gewaltstreich, sondern auch die feste Entschlossenheit zum Ausdruck, die Freie Schule mit allen Mitteln zu unterstützen, damit sie ihren Kampf um das Recht der Lehr- und Unterrichtsfreiheit mit aller Unbeugsamkeit siegreich zu Ende führen kann.

Diverse Redner machen aus ihrem Herzen keine Mördergrube und verurteilen den Einfluss der katholischen Kirche im Schulwesen. Ebenso Dozent Dr. Ludo Hartmann:

---

[25] Heute Ludo-Hartmann-Platz

Vereinspostkarten

Wie ein Verbrecher, der alle vier Wochen wegen Diebstahls verurteilt wird, steht die Freie Schule immer in der Zeitung. Aber das ist nicht ihre Schuld und sie wird zum Schluß gewöhnlich freigesprochen. Das Mittel, mit welchem man diesen „Verbrecher" zu belangen sucht, ist allerdings nicht der Art, daß es uns stolz machen könnte auf unseren Staat, auf unsere Verwaltung oder auch auf uns selbst als Staatsbürger und es ist ganz bezeichnend, daß man sich auch im Ausland zu wundern anfängt, daß man eine einfache Privatschule, nur weil sie gut und nicht klerikal ist, immer wieder sperrt. Ich bin nicht Jurist und habe mir soweit meinen gesunden Menschenverstand bewahrt, daß ich nicht begreifen kann, wenn behördliche Entscheidungen immer wieder sagen, daß in Gesetzen die Worte immer etwas anderes sagen, als sie bedeuten und daß, wenn im Gesetz „Befähigung" steht, das nicht Befähigung, sondern Missio canonica bedeutet, das heißt Ernennung durch die geistliche Behörde.

Alle Redner gehen scharf mit Karl Graf Stürgkh, dem in ihren Augen unfähigen und der Kirche hörigen Unterrichtsminister, ins Gericht. Hartmann formuliert es so:

Das ist sicher, daß Graf Stürgkh bestrebt ist, die Schule auf den Zustand des Konkordats zurückzuschrauben. Damit begeht er eine Todsünde wider den heiligen Geist. Wir können zwar nicht über das Jenseits verfügen; aber die Geschichte fällt auch ihr Verdikt, das mehr ins Gewicht fällt als die Gunst irgend einer größeren oder kleineren Tagespartei; und wenn die Entscheidung des Unterrichtsministeriums aufrecht bleibt, so werden die kommenden Geschlechter, die in einem freien Geiste aufwachsen, den Unterrichtsminister Stürgkh als denjenigen verfluchen, der dem krassesten Klerikalismus in der Schule die Wege geebnet hat.

Mit negativen Beispielen heizt der sozialdemokratische Reichsratsabgeordnete Ferdinand Skaret die Stimmung an:

Fast kein Tag vergeht, daß nicht den Klerikalen eine neue Tür eröffnet wird. Es ist die Entscheidung über die Freie Schule nicht allein, mit der Graf Stürgkh den Klerikalen dient. Der Triester Gemeinderat wollte den Professor Candotti zum Direktor eines Mädchengymnasiums ernennen, Statthalter Hohenlohe hat ihn befürwortet, das Unterrichtsministerium aber hat ihm die Bestätigung verweigert, weil Candotti zu den wenigen Leuten gehört, die gegen ein weiteres Umsichgreifen des klerikalen Einflusses auf die Schulen mutig auftreten.

Wir hatten weiter den Fall Lapenna. Der Notar Lapenna hatte seine Kinder zu Hause unterrichten lassen und als er sie an der öffentlichen Schule für die Aufnahme in die Bürgerschule prüfen ließ, verweigerte der Katechet im Auftrag des Konsistoriums die Prüfung aus Religion, obgleich er nach dem Gesetz und der Schulordnung dazu verpflichtet war. Lapenna beschwerte sich beim Ministerium, Graf Stürgkh hatte aber nicht den Mut, gegen den Geistlichen zu entscheiden und ihn zur Erfüllung seiner Pflicht zu zwingen.

Auch ein Elternvertreter meldet sich zu Wort und erntet stürmischen Beifall. Wilhelm Schnepf ist Buchdrucker und erklärt sich im Namen aller betroffenen Eltern mit dem Verein sowie dessen Musterschulen solidarisch:

Ich glaube, daß es notwendig ist, daß bei dieser Kundgebung auch von den Eltern jener Kinder, die die Anstalten des Vereines Freie Schule besuchen, gegen die Entscheidung Protest eingelegt werde, weil wir ja selbst neben dem Verein das größte Interesse haben, daß die Schulen unseren Kindern erhalten bleiben. Alle Schikanen und Verfügungen werden nicht imstande sein, unser Vertrauen, das wir nach wie vor der Vereinsleitung und den Schulen des Vereines entgegenbringen, zu erschüttern. Sie werden uns nur anspornen, um so fester und zäher an den freien Schulen festzuhalten und den Kampf mit unbeugsamer Zähigkeit und aller Energie zu führen, bis der Sieg unser ist.

Behörden als Schulstürmer.

Protest gegen die gesetzwidrige Sperrung

der

Freien Schule.

Preis 10 Heller.
100 Stück K 8.—.

Wien 1909.

Verlag des Vereines Freie Schule.

Protestschrift

Etwas weniger emotional, dafür aber lösungsorientiert setzt sich der Wiener Jurist und Gemeinderat Dr. Emil Ritter von Fürth mit dem Problem der Schulschließung auseinander:

Mir sind als Juristen und Politiker schon viele ungesetzliche Entscheidungen vor Augen gekommen, aber so viele ungesetzliche Entscheidungen zusammen wie in dem Akte der Freien Schule habe ich noch nicht gesehen. Graf Stürgkh wird den verlangten Aufschub der Durchführung seiner Entscheidung gewähren müssen. Das Gesetz sagt, daß das Ministerium die Aufschiebung zu bewilligen hat, wenn die Betroffenen nachweisen, daß ihnen sonst ein unwiederbringlicher Schaden erwüchse und wenn keine öffentlichen Interessen dagegen sprechen. Daß wir einen bedeutenden finanziellen und auch moralischen Schaden erlitten, wenn unsere Anstalten auch nur vorübergehend gesperrt würden, ist klar. Und welche öffentlichen Interessen sollten dafür sprechen, daß unsere Musteranstalten gesperrt werden, nachdem sie nun vier Jahre lang so erfolgreich wirkten? Wir bitten den Verwaltungsgerichtshof, die gesetzwidrige Entscheidung aufzuheben, vom Unterrichtsministerium aber fordern wir den Aufschub in der Entscheidungsdurchführung.

Nach zahlreichen weiteren Wortmeldungen beantragt der Landtagsabgeordnete Karl Volkert folgende Resolution:

Die Versammlung brandmarkt auf das schärfste den Versuch des Unterrichtsministers, eine der demütigendsten Bestimmungen des Konkordats auf dem Verwaltungsweg wieder in Geltung zu setzen und, nachdem das öffentliche Schulwesen schon fast gänzlich den Klerikalen ausgeliefert worden ist, auch das Privatschulwesen dem Kommando und Einfluß der Konsistorien und anderer kirchlichen Behörden auszuliefern. Die Versammlung, in deren Mitte sich die große Mehrzahl jener Eltern befindet, die ihre Kinder in eine Schule des Vereines Freie Schule schicken, protestiert energisch gegen die ständigen Schikanen, Behelligungen und Störungen, denen die Musterschulen des Vereines durch amtliche Stellen, welche fälschlich den Namen Schulbehörden führen, fortwährend ausgesetzt sind. Sie erklärt es für dringend notwendig, daß das öffentliche Schulwesen, welches in seiner heutigen Form seiner Aufgabe durchaus nicht entspricht, in den musterhaft geführten Anstalten des Vereines Freie Schule Vorbild und Anregung finde. Die Versammelten erwarten vom Verein Freie Schule, daß er den Kampf für seine Musterschulen und für die großen

Prinzipien, gegen die jetzt der Klerikalismus und seine Helfershelfer anstürmen, ohne jede Nachgiebigkeit zu Ende führen wird und versichern ihn dabei ihrer vollsten Sympathien und ihrer tatkräftigsten Hilfe.

Die Resolution wird unter stürmischem Beifall einstimmig angenommen. Mit einem kämpferischen Apell schließt der Vorsitzende, Landtagsabgeordneter Karl Sever, daraufhin die Versammlung:

„Wir geben Ihnen als Arbeiter das Versprechen, daß Sie uns jederzeit auf Ihrer Seite finden werden, wenn es sich darum handeln wird, für die Freiheit der Schule und gegen die Herrschaft des Klerikalismus zu kämpfen und ich hoffe, daß es auch gelingen wird, zu verhindern, daß auch Österreich auf so tiefe Stufe sinke, wie unter dem erstickenden Einfluß des Klerikalismus Spanien gesunken ist."

12. Das Wunder hat einen Namen: Wiedereröffnung.

Unter anderem als Folge der aufsehenerregenden Ottakringer Protestversammlung wird seitens des Unterrichtsministeriums auch diese Schließung aufgehoben – am 20. September 1909 hört man wieder vergnügtes Kinderlachen an der „Freien Schule".

13. Ja, Nein, Jein? Hermann Bahr.

Am 26. März 1911 findet im Wiener Kolosseum die Jahreshauptversammlung des Vereins „Freie Schule" statt. Neben dem Hauptredner von Hock hat sich Hermann Bahr erbötig gezeigt, grundlegende Worte an das Auditorium zu richten. Bahr ist auch schon zu dieser Zeit eine schillernde Persönlichkeit, die sich beinahe in jedem Metier zuhause fühlt. Ebenso hatte er sich den Freimaurern verschrieben, um sich dann 1907 nach zehn Jahren wieder von ihnen zu trennen. Nichtsdestotrotz scheint es, dass Bahr den Ideen und den der Freimaurerei nahestehenden Vereinigungen verbunden bleibt.

Hermann Bahr ist bekannt als Literatur- und Kulturtheoretiker, aber er findet auch als brillanter Redner großen Anklang. Elegant startet Bahr seinen Vortrag mit einer rhetorischen Frage an das Publikum und erwartet selbstverständlich keine Antwort – die gibt er im nachfolgenden Satz selbst. (S. Arbeiter-Zeitung Nr. 97 vom 29. 3. 1911, S. 7, 8.)

Ist jemand unter Ihnen, der einen erwachsenen, reifen Menschen kennt, der innerlich mit sich selbst zufrieden wäre? Ich meine nicht mit seinen äußeren Umständen, mit seinem Gelde und Vermögen: darauf kommt es nicht so sehr an, sondern innerlich mit sich selber. Ich kenne keinen, sondern ich habe die Erfahrung gemacht, daß alle Menschen, unter vier Augen so befragt, zugeben, daß aus ihnen nicht das geworden ist – innerlich, was aus ihnen hätte werden können, daß sie sich das Beste eigentlich schuldig geblieben sind.

Bahr beginnt sich langsam bei dem Thema „freie Erziehung“ warmzulaufen, denn er holt verbal zum ersten Schlag gegen die staatlichen Bildungseinrichtungen aus:

Woher kommt das?, werden Ihnen alle antworten: Das kommt von der Erziehung, das kommt von unserer Schule. Die Lebenserfahrung, die wir machen, daß unsere Schulen statt uns auszubilden uns hemmen, das Beste in uns zurückdrängen und uns zu geschwächten, halben, lebensunfähigen Menschen machen.

Seiner Meinung nach müsse die oberste Prämisse der Schule sein, aus Kindern brauchbare Erwachsene zu machen. Seine Definition des brauchbaren Menschen liefert Bahr sofort nach:

Ein brauchbarer Mensch ist aber der, welcher erstens irgendetwas kann, zweitens etwas kann, was man in der Welt brauchen kann, drittens, der weiß, was er selber kann ...

Man spricht von den Anlagen der Menschen. Ein richtiges Wort. Die Natur legt den Menschen an, etwas anderes, als was die Natur mit ihm gewollt hat, kann er nicht werden.

Seine multiplexen Aussagen versucht Bahr so zu untermauern, indem er zum Beispiel eine einzelne Verszeile zitiert, die er aus dem Zusammenhang reißt. Er bedient sich dabei Goethes und zitiert aus „Urworte. Orphisch“: *„So mußt du sein, dir kannst du nicht entfliehen.“*

Für Bahr bedeutet es folglich, dass die Lehrer und die Schule nicht *„aus dem Kinde einen anderen fiktiv eingebildeten Menschen machen sollen, sondern wenn sie aus dem Kinde nur herausholen, was die Natur hineingelegt hat. Die Natur ist das oberste Gesetz der Menschen, und die Natur zu erfüllen muß das oberste Gesetz der Schule sein.“*

Seine nächste Attacke reitet Hermann Bahr gegen die Schule als Bildungsinstitution. Er stützt seine Denkansätze auf Walther von der

Wiedereröffnung – Babenbergerstraße

Vogelweide und Friedrich Nietzsche. Wiederum startet er mit einer rhetorischen Frage, nämlich was wohl die Menschen aus der Schule mitbrächten. Die Antwort folgt postwendend:

Ein Buchwissen, ein angelesenes, angeklebtes Wissen, nicht ein Wissen, das erlebt und wie die Frucht am Baume mit ihnen verwachsen ist. Der Durchschnittsdeutsche ist heute ein lebendes Konversationslexikon: er gibt auf alles Antwort, und auf alles die Antwort, die man will und wie er oben am besten durchdringt.

Die heutige deutsche Bildung ist noch immer eine alexandrinische, eine mittelalterliche, eine kirchliche Bildung, oder wie Sie sie nennen wollen. Wirkliche Kenntnisse kommen nur aus dem Innern heraus, kann man nur erleben. Und unsere Schule, anstatt die Jugend Aug' in Aug' dem Leben gegenüberzustellen, bindet ihr die Augen zu. Was haben wir davon: Lebensunfähige, lebensuntüchtige, lebensunfreudige Menschen haben wir und „kein Mensch taugt ohne Freude", sagt schon unser großer Walther von der Vogelweide.

Man hat uns die Freude genommen durch den wirtschaftlichen Druck und durch den Druck in der Schule, die lauter Normalmenschen bilden will, die es, Gott sei Dank, nicht gibt. Es ist unser Glück, daß die Schüler kein anderes Bedürfnis haben, als sich zu rächen und das Gegenteil von dem zu werden, was man aus ihnen machen will. Warum sucht man den Menschen anstatt ihn auszubilden einzufangen, in der Schule zu vernichten, zu beschneiden, zu schwächen, zu unterdrücken und zu einem formlosen Scheinding zu machen? Weil die alte Erziehung ausgegangen ist von einem merkwürdigen Begriff des Menschen, der den Menschen mit Sünden behaftet sieht, von vornherein als etwas Gefährliches, Böses, etwas zu Unterdrückendes, etwas mit Polizei zu Umgebendes, womöglich in Ketten zu Schlagendes behandelt; eine Erziehung, die an den Menschen nicht glaubt, sondern den Menschen fürchtet und wie eine gefährliche Bestie behandeln will.

Vorübergehend scheint Bahr versöhnlicher:

Ja. ich weiß es nicht, ist er gut, ist er böse, ist er mit Sünden belastet? Aber er ist einmal da, und so wie er da ist, so steht er in der Welt, und er ist weit stärker als alle Begriffe, er ist eine Tatsache und zu dieser Tatsache muß man Vertrauen haben. Und diese Tatsache „Mensch" muß leben, muß sich mit anderen vertragen und mit anderen auszukommen suchen. Einen Engel aus ihm zu machen, eine bloß ideale Figur, das können wir nicht.

Jeder Mensch ist – wie Nietzsche gesagt hat – ein Unikum, etwas Einmaliges. Mit jedem Menschen kommt etwas auf die Welt, was noch nicht da war und was so, wie es in ihm da ist, nicht mehr kommen wird. Dieser Mensch will erfüllt, dieses Rätsel muß vollendet werden. Nur die Erziehung des Menschen zu seinem eigenen Dasein, zu seiner eigenen inneren Grundbestimmung ist notwendig, alles andere ist Zwang, alles andere ist Drill, alles andere ist Verbrechen an dem Menschen.

Es folgen unterschiedlichste Zitate von Kant, Lessing, Goethe und Fichte – alle werden von Bahr für seine wortgewaltig formulierten Ideen zu den Themen Freiheit, Erziehung, Religion und schlussendlich zu dem Begriff Deutschtum eingesetzt:

Ihr seid Deutsche, hier im Osten bedrängt; ihr habt einzustehen für das Deutschtum!

Wieder seine obligatorische rhetorische Frage an die Zuhörer, was Deutschsein bedeute. Bahr lässt sofort wissen, was dazu Johann Gottlieb Fichte gesagt hat:

„Deutsch sein" hat Fichte gesagt, „heißt Charakter haben", und „Charakter haben", hat Fichte gesagt, „heißt seinen Geist nicht unterdrücken lassen. „Dazu aber", hat Fichte gesagt, „müssen wir uns vor allem einen Geist anschaffen, denn wir haben noch keinen."

Bahr besinnt sich letztlich doch wieder auf die Adressaten seines Vortrags und kommt schließlich zum eigentlichen Thema zurück:

Und das, meine Herren und Damen, das ist der einzige Programmpunkt der Freien Schule. Sie will Menschen heranbilden, die Charakter haben, das heißt Menschen, die ihren Geist nicht unterdrücken lassen; vor allem, die einen festen und unabhängigen, willensstarken Geist sich angeschafft haben. Dieses und nichts anderes streben wir an; dieses aber mit aller Leidenschaft.

Noch einmal legt Bahr nach, um den Begriff Religion weltmännisch zu erklären:

Was heißt „Religion"? Daß man erlebt hat, wie man mit seiner Vernunft nicht weiter kommt und dann doch die Kraft in sich findet, mit diesem Leben fertig zu werden Diese Religion hat zum Beispiel jeder deutsche Arbeiter, was er auch erleiden mag und trotz des mächtigen Zwanges und der Unterdrückung, die auf ihm lasten.

Und was heißt dann also, Religion haben? Religion haben heißt, innerlich aus sich selbst heraus fest wissen, was man nicht beweisen kann.

Obwohl Hermann Bahr keine Sympathien für Pazifisten hegt, weiß er um die ethische Grundeinstellung seiner Zuhörerschaft und beendet wortgewaltig seine streckenweise bizarre Rede:

Heute kommt es darauf an – ich würde sagen –, daß ein Volk stark ist in der Welt; aber ich glaube nicht, daß ein Volk stark wird in der Welt durch Kanonen und Kriegsschiffe.

Ich glaube, daß dasjenige das stärkste Volk in der Welt sein wird, das die meisten lebenstüchtigen, lebensfähigen und lebensfreudigen Menschen hat. Die sind mit Kanonen und Kriegsschiffen nicht zu schaffen. Die können nur aus der Schule kommen. Und wenn ihr wirklich ein mächtiges Oesterreich haben wollt, ein Oesterreich, auf das man stolz sein kann, dann gebt die Schule frei!

Ad 13. Lebe größer mit Persönlichkeit.

Dr. Michael Hainisch, Jurist, Volksbildner und österreichischer Bundespräsident, hat Hermann Bahr so beschrieben:[26]

Hermann Bahr war ein außerordentlich begabter junger Mensch, dem aber leider der sittliche Ernst und damit die feste Lebensführung fehlte. Hätte er ihn besessen und wäre er nicht so maßlos eitel gewesen, so hätte er wohl zu einem Manne ersten Ranges werden können. Aber die Sucht aufzufallen spielte bei ihm eine hervorragende Rolle.

14. Ende – Herausforderung.

Am Vormittag des 5. April 1914 findet wieder im Wiener Kolosseum eine Generalversammlung des Vereins „Freie Schule" statt. Während Abgeordneter Otto Glöckel seine sich inhaltlich gegen die Regierung gerichtete Rede hält kommt es zur Unterbrechung durch einen Beamten/Regierungsvertreter, der kurzerhand die Zusammenkunft für beendet erklärt bzw. diese auflöst. Die aufgebrachten Mitglieder wollen dies nicht zur Kenntnis nehmen und ein Tumult scheint auszubrechen. Doch da schaltet sich Obmann von Hock ein:

Der Herr Regierungsvertreter hat es für gut befunden, ohne jeden Grund diese Versammlung aufzulösen. Über die rechtliche Seite dieser Maßnahme werden wir noch ein ernstes Wort reden. Jetzt aber müssen wir der Gewalt weichen.

Langsam tritt Ruhe ein und der Saal beginnt sich zu leeren. Trotzdem macht ein Teil der Versammlungsteilnehmer seinem Unmut weiter Luft und verharrt beherzt auf seinen Plätzen. Sehr rasch ist Polizei vor Ort und die Menschen beugen sich zwar einerseits gereizt, aber andererseits besorgt dem Auge des Gesetzes.

15. Nichts außer Krieg.

Nach der österreichisch-ungarischen Kriegserklärung an Serbien ist das Schicksal der Habsburgermonarchie besiegelt und der erste weltumspannende Krieg der Geschichte nimmt seinen unheilbringenden Verlauf.

---

[26] Quelle: Hainisch, Michael: 75 Jahre aus bewegter Zeit. Lebenserinnerungen eines österreichischen Staatsmannes, bearbeitet von Weissensteiner, Friedrich, Wien – Köln 1978, S. 91 f.

Alle öffentlichen Versammlungen des Vereins „Freie Schule" werden mit Verordnung vom 25. Juli 1914 verboten. Das Vereinsleben kommt fast gänzlich zum Stillstand, denn viele Funktionäre werden zum Wehrdienst einberufen. Dessen ungeachtet setzen beherzte Freunde der „Freien Schule" ihre Zusammenkünfte in kleinstem Kreis fort, getarnt als „Kaffeehausabende".

Auch der Spindoctor Paul Speiser wird Soldat mit Einsatzort Wien. Er verliert seinen Job in der Versicherung und kann sich auch nicht mehr für den Verein engagieren. In der letzten Nummer der Monatsschrift „Freie Schule" findet man bereits den Drucker Alfred Ranftl als verantwortlichen Schriftleiter.

Die Schule zieht in den Krieg.

Blicken wir gemeinsam mit dem wissenschaftlichen Leiter des Wiener Schulmuseums, Hofrat Mag. Dr. Oskar Achs, zurück in die Zeit des Ersten Weltkriegs und nehmen wir mit Staunen wahr, welch tragische Rolle der Schule zukommt: den wenigen verbliebenen Lehrern, die nicht an die Front abkommandiert und den Mädchen und Buben, die indoktriniert und mobilisiert wurden.[27]

Der Erste Weltkrieg gilt in der Kriegsgeschichte als die erste militärische Auseinandersetzung, bei der industriell hergestellte Massenvernichtungswaffen auf breiter Front zur Anwendung kamen. Gleichzeitig war er auch der erste Krieg, der sich nicht nur auf den Schlachtfeldern ereignete, sondern ebenso das Hinterland, die Heimat, mit einbezog und bei dem die gesamte Gesellschaft weitgehend militarisiert wurde. Während die „Kampffront" vorwiegend durch Soldaten, also von Männern, gebildet wurde, waren es an der „Heimatfront" vor allem die Frauen und die Kinder, die für den Krieg mobilisiert wurden.

Als zentraler und besonders wirksamer Hebel der Militarisierung fungierten dabei vor allem die Schulen; die „Schulfront" bildete einen wichtigen Teilbereich der „Heimatfront". Dass eine solche Einflussnahme auf die Kinder (und von ihnen ausgehend auch auf ihre Familie!) überhaupt möglich war, hängt mit wichtigen Entwicklungen in der gesellschaftlichen und der individuell-psychischen Struktur während des 19. Jahrhunderts zusammen: In dieser Zeit entstand mit dem bürgerlichen Staat allmählich auch die Schule als Institution; mit eigenen, nur für den Unterricht errichteten Gebäuden und einer vom Staat erzwungenen Anwesenheitspflicht der Kinder.

Zu Kriegsbeginn konnte daher in einem historisch neuartigen Ausmaß bereits auf umfangreiche Strukturen und Menschengruppen der Institution Schule zurückgegriffen werden, ebenso auch auf eine funktionierende Schulbürokratie. Es ist erstaunlich, wie rasch und größtenteils widerstandslos das Schulsystem umgestellt werden konnte, meist auch unter Begeisterung der Beteiligten.

[27] Quelle: WSM – Wiener Schulmuseum: Mitteilungen, Heft 2, Dezember 2013.

Kriegspropaganda mit Kindern

Unter den Soldaten, die an die Kriegsfront abkommandiert werden, befinden sich viele jüngere Lehrer und ältere (6. u. 7. Klasse) Gymnasiasten, die rasch noch eine „Notmatura“ ablegen konnten. Zahlreiche Wiener Schulgebäude werden beschlagnahmt und als Soldatenquartiere genutzt oder zu Lazaretten umfunktioniert. Die Folgen dieser Maßnahmen lassen nicht lange auf sich warten:

Der Raum- und Personalmangel erzwang an den Wiener Schulen eine starke Einschränkung des Unterrichts. Um die Situation bewältigen zu können, erfolgte eine Reihe von Maßnahmen: Wechselunterricht und sogar Schichtunterricht wurden eingeführt, das Stundenausmaß der einzelnen Unterrichtsgegenstände wurde verkürzt (die Kürzung des Religionsunterrichts wurde allerdings im zweiten Kriegsjahr bereits wieder aufgehoben), die Zahl der Unterrichtstage wurde verringert.

Doch es fehlen nicht nur die Lehrer und die Klassenräume, die Unterrichtszeit wird extrem beschnitten. Folglich sind die Kinder vielfach sich selbst überlassen:

Die Freizeit, in der die Kinder teilweise unbeaufsichtigt blieben, da die Väter an der Front waren und die Mütter nunmehr meist in der Arbeit standen, wurde größer. Hungernde Kinder und Jugendliche streunten umher und machten oft die Gegend unsicher. Um Abhilfe zu schaffen mussten daher Horte, Betreuungseinrichtungen und Ausspeisungsstellen geschaffen werden, in denen die Kinder betreut werden konnten.

Es hat den Anschein, dass nur die Burschen und jungen Männer ihren Beitrag zum Krieg leisten müssen. Doch sehr schnell werden auch die Mädchen in die Kriegsmaschinerie einbezogen:

Ein Hauptbereich der Tätigkeit von Mädchen in den ersten Kriegsjahren war die Herstellung von gestrickten oder gehäkelten Kleidungsstücken für die Frontsoldaten.

Die Anfertigung von „Kälteschutz“ - so der zeitgenössische Begriff - als „weibliche Kriegsarbeit“ wurde bereits unmittelbar nach der Generalmobilmachung vom Unterrichtsministerium behördlich gefordert und daraufhin sehr schnell und offenbar effektiv durchgeführt, obwohl das kostenlose „vaterländische“ Handarbeiten in den Schulen anfangs den Widerstand der Textilindustrie hervorrief.

Was muss nun im Handarbeitsunterricht hergestellt werden:

Für die Herstellung der „patriotischen Handarbeiten", wie „starke" Strümpfe, Schneehauben, Wadenstutzen, Fäustlinge, Fußlappen, Pulswärmer, Shawls und Gamaschen, auch für sog. Leibbinden, wurden von der Unterrichtsbehörde detaillierte „Anweisungen" erlassen. Solche „Liebesgaben aus der Heimat", die auch Tabaksbeutel, Tabak, Zigaretten, Zuckerstücke, Haferflockenkekse u. a. m. umfassen konnten, wurden vom staatlichen „Kriegsfürsorgeamt" in der Wiener Berggasse, vom Roten Kreuz, von privaten karitativen Organisationen (z. B. von Frauenvereinen) oder auch von Schulen an bekannte oder unbekannte Soldaten an den Fronten und in Lazaretten versendet.

Die „Liebesgaben" erfüllten daher nicht nur einen militärischen Zweck, sie leisteten auch einen Beitrag zur emotionalen Mobilisierung für Krieg und Kriegsideologie.

Ebenfalls bestens funktioniert auch die Kriegspropaganda, die auf subtile Art ihren Part zur Gehirnwäsche der Massen leistet:

Die Darstellung des Kriegs als Verteidigungskrieg, die „Übermacht und Hinterlist" der Feinde, das Schreckgespenst einer Lebensmittel- und Güterblockade, die Verantwortung der „Heimatfront" für das Gelingen des Kampfes, für Sieg oder Niederlage an den Fronten, lassen deutlich die Präsenz und Mächtigkeit einer psychologisch geschickt argumentierenden, im Alltag ständig präsenten Kriegspropaganda erkennen, die auch zur Motivierung der Schulkinder und ihrer Eltern eingesetzt wurde.

Kriegsführung bedeutet aber auch Geldverschwendung – folglich wird immer mehr Geld dringend benötigt.

Ein besonderes Mittel der Kriegsfinanzierung bildeten die Edelmetall- und Geldsammlungen sowie die Kriegsanleihenzeichnungen in den Schulen. Für Geldsammlungen bei Schülern fand die Schulbehörde vielfältige Anlässe und Formen der Durchführung; ihre Erträge wurden meist an das k. u. k. Kriegsfürsorgeamt abgeliefert. Zur Unterstützung solcher Aktionen und zur Motivierung der Schüler wurden dabei Postkarten, Gedenkbilder u. ä. m. verkauft, ,,Nagelungen"[28] durchgeführt, mehrere Spar-

[28] Kriegsnagelungen bezeichnen hunderte Aktionen in Österreich-Ungarn, bei denen während des Ersten Weltkriegs gegen eine Spende ein Nagel in ein dafür aufgestelltes hölzernes Objekt eingeschlagen wurde.

Kinder spielen Krieg

tage eingeführt (sogenannte „Entsagungstage", da die Kinder an diesem Tag auf Kleinigkeiten verzichten mussten und den Geldbetrag dafür zu spenden hatten).

Geld wird nur mehr für die Kriegswirtschaft ausgegeben; deshalb muss auch in der Schule drastisch eingespart werden:

Das Gegenstück zu den Sammelaktionen bildeten die Einsparungsmaßnahmen, die im Schulbetrieb durchgeführt wurden: So wurden z. B. Kälteferien eingeführt, um Heizkosten zu senken. Um Papier zu sparen, regte die Schulbehörde nur die Führung eines Heftes pro Unterrichtsgegenstand an u. a. m.

Zusammenfassend ergibt sich ein verheerendes Bild: die Institution Schule verkommt immer mehr zu einer nur mehr dem Krieg zugeordneten sowie unterstützenden Einrichtung. Bildung hat in dieser „Kriegsschule" ihre Bedeutung verloren. Als oberste Prämisse gilt die „Zurichtung der Körper und Köpfe" im Sinne des Militarismus.

Die Kriegszeit nimmt schier kein Ende. Mittlerweile breiten sich in Wien Hunger und Elend aus. Besonders trifft es die Kinder: Schwere Unterernährung, grassierende Seuchen, ansteckende Krankheiten, aber auch Verwahrlosung und Kriminalität sind die Folge. Zum Bildungsnotstand treten der soziale und der psychische Notstand der Wiener Schuljugend.

DAS·TOR·DER·ZUKUNFT
Vortrag des Reichsratsabgeordneten Otto Glöckel
im Rahmen der Jahreshauptversammlung
des Vereines Freie Schule.
Sonntag, 7. Jänner 1917
10 Uhr Vormittag
Großer Konzerthaussaal
III. Lothringerstraße 20
Freier Zutritt.

Das Tor der Zukunft.

Trotz der Kriegswirren und obwohl viele Mitglieder sowie Sympathisanten des Vereins an der Front tagtäglich ihr Leben riskieren müssen, bleibt man in Wien nicht untätig:

Am 7. Jänner 1917 wird nach langem wieder eine Jahreshauptversammlung der „Freien Schule" abgehalten. Reichsratsabgeordneter Otto Glöckel ist als Hauptredner im Großen Saal des Wiener Konzerthauses vorgesehen. Man versucht mittels Plakaten auf die eminente Bedeutsamkeit dieser Rede aufmerksam zu machen.

Zu dieser Zeit ist die Lage der Bevölkerung wegen des Krieges unvorstellbar trist und so formiert sich immer mehr Widerstand gegen die vorherrschenden unhaltbaren Zustände. Eine Protestbewegung, die auch die Neugestaltung des Schulwesens als Topthema propagiert, bildet sich sehr rasch. Als führender Kopf dieser Bewegung tritt der sozialdemokratische Schulsprecher und ehemalige Lehrer Otto Glöckel auf. Glöckels Referat hat den effektvollen Titel „Das Tor der Zukunft" und man fordert jeden auf, sich nicht nur mit diesen Zukunftsplänen auseinanderzusetzen, sondern man wolle gemeinsam dieses Tor der Zukunft öffnen. Der Aufforderung folgen schlussendlich 3.000 Menschen.

Otto Glöckel ist ein markiger Redner. Die Stimmung schwappt beinahe über, als er sehr emotional über die im Krieg herrschende Kinderarmut referiert. Die Zuhörer sind dafür sehr empfänglich, da jeder der Besucher das Elend der Kleinen hautnah kennt. Glöckel untermauert seine Behauptungen aber auch mit Fakten: Mehr als die Hälfte aller 13- und 14-jährigen Schulkinder und 30 Prozent der Sechs- bis Achtjährigen müssen in der Landwirtschaft bzw. in der Industrie hart arbeiten. Waisenkinder werden als „bedürfnislose" Arbeitskräfte von ihren Pflegeeltern schamlos ausgenützt. An 4.155 Schulen werden besonders für die ländliche Jugend sogenannte „Schulbesuchserleichterungen" gewährt, sodass die achtjährige Schulpflicht für sie aufgehoben ist. In der Österreichisch-Ungarischen Monarchie sind mehr als ein Drittel der Bevölkerung Analphabeten! Nur Russland, Serbien und Italien toppen diese traurige Bilanz.

Glöckel mit Schülern

Glöckel fügt erklärend hinzu, dass Kinder ärmerer Eltern nur die Volksschule, im besten Falle noch die Bürgerschule besuchen, kaum jemals aber die Mittelschule. Kurzsichtig betrachtet wäre dieser Umstand gut für die Staatskassa, denn für einen Mittelschüler wendet der Staat 194 Kronen auf, für einen Volksschüler aber nur 49 Heller. Die statistischen Zahlen beziehen sich auf das Jahr 1912.

Folglich fordert Glöckel ein neues, auf weltlicher Erziehung basierendes Schulsystem nach Kriegsende, auch mit einer kompletten Umstrukturierung des Unterrichts. Sein Forderungskatalog beinhaltet beispielsweise:

- Gesicherten Mutterschutz, Ausbau der Kindergärten und Horte.
- Die verpflichtende Volksschulzeit wird bis zum 14. respektive 15. Lebensjahr ausgedehnt.
- Die Möglichkeit, ab dem 14. bzw. 15. Lebensjahr eine Oberstufe einer Mittelschule (= Gymnasium) besuchen zu können, um eine Befähigung für ein Studium an einer Hochschule zu erlangen.
- Verpflichtende Fortbildungsschulen (= Berufsschulen) bei Lehrberufen (Landwirtschaft, Gewerbe, Handel, Industrie etc.), Lehrwerkstätten und eine staatlich geförderte Erwachsenenbildung (= Volkshochschulen)

Otto Glöckel

„Ist es denkbar“, rief Glöckel aus, *„dass der Staat auch in Zukunft seine Aufgabe dann erfüllt sieht, wenn er auf die ordentliche Führung der Geburtsmatrikel achtet, damit er sie bei der Durchführung der Musterungen oder der Assentierungen zur Verfügung hat? Zwischen Geburt und Musterung des Staatsbürgers liegt das weite Gebiet der Fürsorgetätigkeit für die Jugend, die Vorsorge des Staates für seine Zukunft, da darf er sich nicht auf Zufälligkeiten, Wohltaten oder berechnende Hilfeleistungen verlassen.“* (S. Speiser, Wolfgang: Paul Speiser und das Rote Wien, S. 35.)

Glöckel untermauert seine Forderungen, indem er Beispiele von bereits bestehenden fortschrittlichen Schulen im Ausland bringt. Er wird nicht müde, diesen neuen Schultyp in den schönsten Farben zu skizzieren: Der Lehrer müsse befreit werden, um den jungen Menschen Freude an der Schule geben zu können. So müsse die Schulstube ein wenig Glanz in die sonst oft so trüben Tage der Jugend bringen. Und dafür müsse der Drill der freien Wahl der Methodik weichen. Darüber hinaus verlangt Glöckel die Gratisschule für alle Schulstufen sowie ausreichend Stipendien.

Wieder und wieder ruft Glöckel die Bürger und Arbeiter, die Lehrer und die Eltern zu einer großen Schulreform auf, denn die neue Schule werde das Tor der Zukunft sein.

Trotz des Kriegselends findet diese Versammlung im Konzerthaus große Resonanz. Als Folge werden in den deutschsprachigen Gebieten der zerfallenden Monarchie hunderte Zusammenkünfte der „Freien Schule“ unter dem Motto „Das Tor der Zukunft“ abgehalten.

Die gedruckte Fassung dieser Rede – im Kleinformat des „Freie-Schule-Kalenders“ – fällt in hohem Maße der staatlichen Zensur zum Opfer. Die Aussagen Glöckels über den dominanten und in seinen Augen offensichtlich negativen Einfluss der Kirche auf das Schulwesen fehlen deshalb im Buch zur Gänze. Denn überall dort weist das Druckwerk weiße Flecken auf.

Glöckel spricht

Otto Glöckel sinniert später über den Zeitpunkt, als er seine pädagogischen Reformgedanken präsentierte: *„So wurde inmitten des Geschützdonners, eines Meers von Tränen, einer versinkenden Welt, ein Schulreformprogramm aufgestellt, das wirksam blieb bis auf den heutigen Tag."*

Ce qui reste ... Das, was übrigblieb.

■ 12. November 1918

Nach Kriegsende wird die Entstehung der Ersten Republik mit der Ausrufung der Republik Deutsch-Österreich durch die Provisorische Nationalversammlung fixiert. Am Tag davor hat Kaiser Karl auf jeden Anteil an den Staatsgeschäften verzichtet.

■ 16. Februar 1919

Die Wahl der Konstituierenden Nationalversammlung, bei der das Verhältniswahlrecht angewandt wird und erstmals auch Frauen stimmberechtigt sind, findet statt.

Aufgrund der anhaltenden Staatskrise bilden die beiden stärksten Parteien, die Sozialdemokraten und die Christlichsozialen, eine Koalition – der erste Kanzler wird der Sozialdemokrat Karl Renner.

■ 24. März 1919

Die Kaiserfamilie muss das Land verlassen, da sich Kaiser Karl geweigert hat, auf den Thron zu verzichten.

■ 3. April 1919

Die Nationalversammlung beschließt das „Habsburgergesetz“:
Die Kaiserfamilie wird des Landes verwiesen, alle Besitztümer des Hauses Habsburg-Lothringen werden enteignet und der Adel wird abgeschafft.

■ 10. September 1919

Die Nationalversammlung entscheidet sich, den Forderungen des Friedensvertrages von Saint-Germain-en-Laye zuzustimmen.
Drei Wochen später unterzeichnet Kanzler Renner den Vertrag, der schwerwiegende Folgen für die junge Republik hat:
Verbot der Bezeichnung „Deutsch-Österreich“,
Namensänderung von Deutsch-Österreich in Österreich,
Verbot der Vereinigung mit Deutschland,

Verlust der Gebiete Deutsch-Böhmen, Deutsch-Mähren,
Österreichisch-Schlesien und Südtirol,
Übernahme aller Kriegsschulden der ehemaligen Habsburgermonarchie.

Von der riesigen Monarchie bleibt nur ein extrem kleiner Staat übrig, oder wie es der französische Ministerpräsident Georges Clemenceau ausdrückt: „das, was (von der Monarchie) übrigblieb“ (= ce qui reste).

■ 1. Oktober 1920

Die von Hans Kelsen ausgearbeitete Verfassung tritt in Kraft.
Tragende Säule der Republik Österreich ist die parlamentarische Demokratie mit einem Zweikammernsystem (National- und Bundesrat).

Leben mit Hunger.

Obwohl das Kriegsgeschehen bereits offiziell für beendet erklärt worden ist, sind die grässlichen Folgen noch unübersehbar. In Wien ist die Hungersnot besonders krass und es trifft wie meist die Ärmsten der Armen, die Kinder. Das Elend, die Hungersnot und die omnipräsente Angst vor dem Verhungern prägen auch schon die Kleinen und Jugendlichen, denn in der Regel reichen die von den staatlichen Stellen zur Verfügung gestellten Lebensmittel kaum aus. Man errechnet seitens der Behörde die Menge der Nahrung und teilt wie folgt zu: 830 Kalorien pro Kopf und pro Tag müssen ausreichen. Dass daraus ein Fülle an Mangelerkrankungen, wie beispielsweise Rachitis, resultiert, muss nicht explizit erwähnt werden. Diese Krankheiten gehören zum Alltag. 1918 stellt das Jugendamt der Stadt Wien fest, dass von beinahe 51.000 untersuchten Schulkindern aufgrund der Unterernährung bereits 91 Prozent schwere Gesundheitsschäden aufweisen.

Aber nicht nur in Wien ist der Gesundheitszustand der Kinder außerordentlich kritisch. Überall in der ehemaligen Monarchie wütet die Hungersnot. Der 1919 erschienene Artikel in der Tageszeitung „Der Abend" schildert die Situation der „verhungerten Deutschböhmen": [29]

In den Schulen sitzen Kinder, die sich vor Schwäche kaum mehr erheben können. Fast in jeder Bank ist ein Fall von Hungerödem vorhanden, daneben Skrophulose-, Rhachitis- und Tuberkulosefälle, Krankheiten, die infolge der Unterernährung in erschreckender Zunahme begriffen sind. In jeder Klasse zeigen die Lehrer eine Menge Entschuldigungszettel der Eltern vor, auf denen immer wieder geschrieben steht: Mein Kind kann nicht zur Schule kommen, weil wir nichts zu essen haben. Es gibt Schulkinder, die infolge rhachitischer Beinverkrümmungen die Schule überhaupt nicht besuchen können [...]. Die Stadt Asch zählt allein 200 rhachitische Kinder.

Diese verheerende Situation der Kinder bleibt auch dem restlichen Europa nicht verborgen. Aufgrund von privaten Verbindungen – wie sie Max Winter zu politischen Vertretern Italiens hat –, aber auch infolge staatlicher Einladungen werden tausende Wiener Kinder zu Erholungs-

[29] Quelle: https://www.mediathek.at

Anstellen um Brot

aufenthalten in diverse europäische Länder verschickt. Dankenswerterweise haben unzählige Gastfamilien in der Schweiz, in Dänemark, in den Niederlanden, aber auch in Rumänien bei dieser „Aufpäppel-Initiative" mit ganzer Kraft, großem Enthusiasmus und vollem Engagement mitgemacht.

Möglicherweise erscheint die Nennung von Rumänien aus heutiger Sicht manchem Leser etwas überraschend, aber in früheren Zeiten war Rumänien als „Kornkammer Europas" bekannt und somit durchaus in der Lage, diese Kinderhilfe anzubieten.

In der Zeitung „Deutsche Tagespost", die am Dienstag, dem 19. Juli 1921, in Hermannstadt (= Sibiu) erscheint, findet sich auf Seite 3 folgende Information:

Wiener Kinderzug.

An sämtliche Kreisausschüsse, sowie die angemeldeten Pflegeeltern in Stadt und Land: wie die Vereinsleitung der Siebenbürger Sachsen in Wien mitteilt,

Abschied am Bahnhof

geht der Zug mit den erholungsbedürftigen Kindern am 17. d. M. von Wien ab. Die Fahrtdauer des Zuges dürfte 3 bis 5 Tage betragen; wir ersuchen höflichst den Empfang der Kinder entsprechend vorzubereiten.

Hauptanwaltschaft des Deutschsächsischen Volksrates für Siebenbürgen: Gustav Herdert m. p. Anwalt.

Hunderte ausgemergelte Wiener Kinder nehmen die lange und strapaziöse Zugreise nach Hermannstadt/Sibiu dankbar auf sich, um endlich die Chance auf Erholung zu haben, zweifellos vorrangig mit der Option, sich satt essen zu können bzw. zu dürfen. Nicht zu vernachlässigen ist aber auch der psychologische Aspekt, denn es geht entwicklungsbedingt nicht ausschließlich ums Essen an sich, sondern um viele positive Erinnerungen und Geschichten, die mit diversen Speisen verbunden werden. Eine Tatsache, die heutzutage immer noch Gültigkeit hat, doch oftmals durch den – oft achtlos konsumierten – Überfluss an Nahrungsmitteln in den Hintergrund tritt.

Das Original - verkauft!

Leider erfährt der Verein „Freie Schule“ das gleiche Schicksal, wie es auch heutzutage etliche Vereinigungen ereilt: Das Geld ist knapp, es fehlen die Sponsoren und der Schuldenberg wächst konstant.

Irgendwann ist man finanziell völlig ausgeblutet und als Ultima Ratio muss verkauft werden. Die „Freie Schule“ hat außer dem Schulhaus in der Albertgasse keinerlei Familiensilber, das man veräußern könnte.

Ein von Direktor Josef Enslein ausgefertigter Report zur Schulstruktur liegt als Standesausweis für das Schuljahr 1919/20 vor und dient unter anderem auch als Verhandlungsgrundlage für potentielle Käufer. Doch diese sind aufgrund der bitteren Nachkriegszeit rar und somit treten die Verantwortlichen des Vereins in ein entscheidendes Verkaufsgespräch mit den Repräsentanten der Stadt Wien ein.

Auf weiteren Seiten findet man eine exakte Namensliste aller Lehrer – geordnet nach Dienstgrad und Alter – sowie die penible Beschreibung aller an der Schule zum Einsatz kommenden Lehrmittel.

Schlussendlich kommt es, wie es kommen musste.

Lassen wir den langjährigen Direktor der Schule Josef Enslein zu Wort kommen. In der Dezember-Ausgabe 1920 der Vereinszeitung „Mehr Licht“ erklärt er, welche Gründe den Verkauf unumgänglich machten:[30]

In der Gemeinderatssitzung vom 4. November 1920 wurde der Kauf unseres Schulhauses beschlossen. Damit schließt ein wichtiger Abschnitt in unserer Vereinsgeschichte. Wenn auch von Anfang an der Hauptzweck unseres Vereins die Propaganda für eine freie Schule war, so war es zur Zeit der Vereinsgründung im Jahre 1905, als unser Schulwesen unter christlichsozialer Herrschaft in jeder Hinsicht seinen Tiefstand erreicht hatte, unbedingt notwendig, dass der Verein „Freie Schule“ der Öffentlichkeit an einem lebendigen Beispiel zeige, wie eigentlich eine moderne Schule aussehen und betrieben werden solle.

Es wurden sofort zwei Volksschulen errichtet, eine im 1. und eine im 16. Bezirke. Gleichzeitig wurde die Spendensammlung für den Bau eines

---

[30] Quelle: Mehr Licht – Monatsschrift des Vereines „Freie Schule“, Heft 12, Wien Dezember 1920.

Abschrift.
Schulbezirk Wien. Schuljahr 1919/1920

Standesausweis
nach dem Stande vom 15. Oktober 1919

über die 5-klassige Privat-Volksschule für Knaben und Mädchen
8. Bez. Albertgasse 23

Zahl der Stammklassen an der Volksschule: 5
In welchen Klassen bestehen Parallelabteilungen: zur 1. bis 4. Klasse

Gesamtzahl der Klassenabteilungen an der Volksschule: 9

Zahl der Schüler (Schülerinnen) in der	1. Volksschule	60
	2. „	56
	3. „	72
	4. „	36
	5. „	32
Gesamtzahl der Schüler (Schülerinnen)	an der Volksschule	**256**

Zahl der benutzten Lehrzimmer: 9

Besitzt die Schule einen Turnsaal? Ja

Besitzt die Schule einen Sommerturnplatz? Ja

Wird in der Schule Handfertigungsunterricht erteilt?
in allen Klassen verbindlich.[31]

Musterschulhauses begonnen. Während der Verein mit den Schulbehörden einen zähen Kampf wegen des Religionsunterrichts führte, wuchs der Schulbaufonds immer mehr an, wenn auch nicht in dem wünschenswerten Maße. Als dann im Jahre 1909 der Bau des Hauses in Angriff genommen werden konnte, endete der Kampf mit den Schulbehörden leider mit einer Niederlage

[31] Auszug – Quelle: Wiener Stadt- und Landesarchiv, Standesausweise 1919.

vor dem Verwaltungsgerichtshof: Der Religionsunterricht sollte an den Vereinsschulen in derselben Weise wie an den öffentlichen Schulen unter dem Einfluss der kirchlichen und nicht der staatlichen Behörden betrieben werden. Diesem Richterspruch konnte sich der Verein nicht unterwerfen, er gab daher die beiden Schulen auf.

Da aber an ihnen zahlreiche pädagogische Reformen eingeführt worden waren und die Eltern der Schüler großes Interesse an der Weiterführung der Schulen zeigten, wurden sie nicht aufgelassen, sondern mir als Direktor übergeben, blieben aber unter Aufsicht des Vereins. Im Herbst 1910 wurde das neue Schulhaus eröffnet, in welchem im nächsten Jahre beide Schulen dann zu einer vereinigt wurden. Durch Einführung des Arbeitsunterrichts und moderner Methoden, durch Abhaltung von Elternabenden und eifrige Lehrtätigkeit verstand es der Lehrkörper, das Vertrauen der Eltern in immer höherem Maße zu gewinnen.

Dies zeigte sich in dem Zudrang bei der jährlichen Schüleraufnahme. Parallelklasse um Parallelklasse mussten eröffnet werden, und jährlich war die Schule schon vor den Ferien für das nächste Schuljahr vollständig besetzt. Da kam der unglückselige Krieg und nach ihm die allgemeine wirtschaftliche Not. Das Schulgeld musste sprunghaft erhöht werden. Der Andrang zur Schule nahm deshalb nicht ab. Es begann jedoch eine Umschichtung im Schülermaterial, die dem Verein, der auf demokratischer Grundlage aufgebaut ist, nicht gleichgültig bleiben konnte. Bisher waren die Schüler aus allen Schichten der Bevölkerung gekommen. Freiplätze und Schulgeldermäßigungen ermöglichten es auch der Arbeiterschaft und dem Mittelstand, ihre Kinder in die Freie Schule zu senden.

Das hörte nun unter dem Druck der wirtschaftlichen Verhältnisse auf und es bestand die Gefahr, dass die Schule nur mehr von den Kindern der Reichsten hätte besucht werden können. Denn auch bei einem Schulgeld von 2000 Kronen wäre es nicht möglich gewesen, die Lehrpersonen den Zeitverhältnissen entsprechend zu entlohnen. Es wurde daher von der Vereinsleitung mit Freuden begrüßt, dass sich bei der Gemeinde Wien Geneigtheit zeigte, das Schulhaus zu erwerben. Die letzte Hauptversammlung gab die Ermächtigung zu weiteren Verhandlungen, die nach gründlichen Auseinandersetzungen nun endlich zum Abschluss kamen.

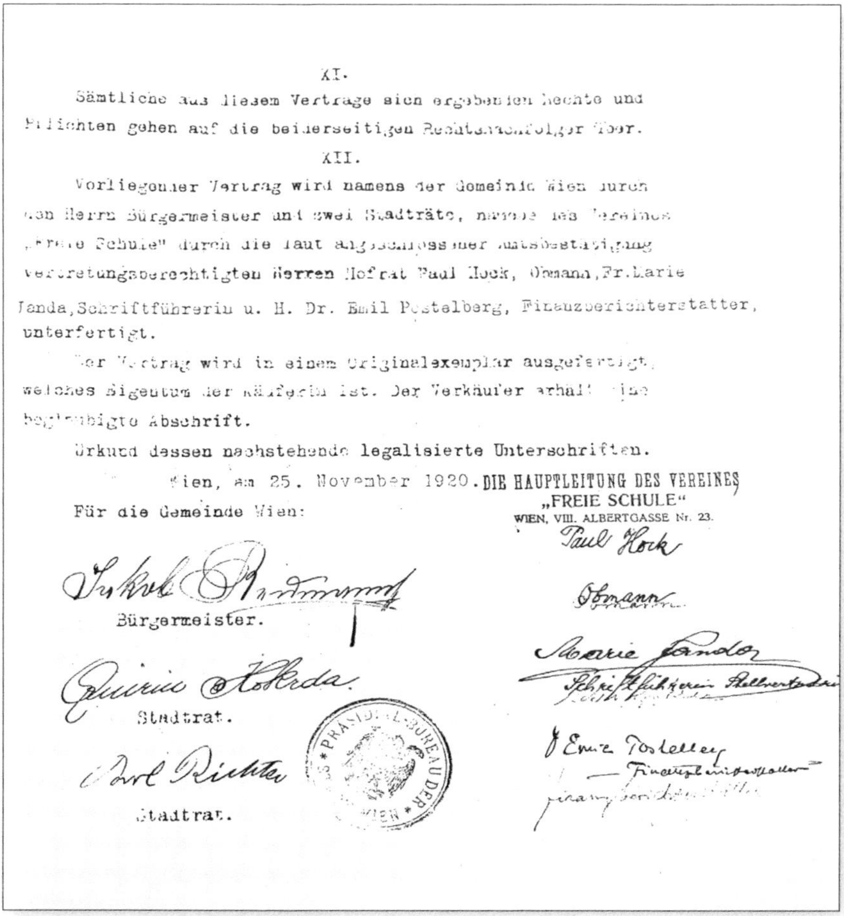

XI.

Sämtliche aus diesem Vertrage sich ergebenden Rechte und Pflichten gehen auf die beiderseitigen Rechtsnachfolger über.

XII.

Vorliegender Vertrag wird namens der Gemeinde Wien durch den Herrn Bürgermeister und zwei Stadträte, namens des Vereines „Freie Schule" durch die laut angeschlossener Amtsbestätigung vertretungsberechtigten Herren Hofrat Paul Hock, Obmann, Fr. Marie Janda, Schriftführerin u. H. Dr. Emil Postelberg, Finanzberichterstatter, unterfertigt.

Der Vertrag wird in einem Originalexemplar ausgefertigt, welches Eigentum der Käuferin ist. Der Verkäufer erhält eine beglaubigte Abschrift.

Urkund dessen nachstehende legalisierte Unterschriften.

Wien, am 25. November 1920.

Für die Gemeinde Wien:

Bürgermeister.

Stadtrat.

Stadtrat.

DIE HAUPTLEITUNG DES VEREINES „FREIE SCHULE" WIEN, VIII. ALBERTGASSE Nr. 23.

Paul Hock

Obmann

Kaufvertrag, fertig unterzeichnet

Mit dem Kauf können wohl beide Teile zufrieden sein. Die Gemeinde erwirbt ein wertvolles Schulgebäude, das den strengsten Anforderungen entspricht, und zugleich vier tüchtige, in der Schulreform erprobte Lehrpersonen, die mit übernommen werden. Der Verein wird die dringendsten finanziellen Sorgen los und hat die Beruhigung, dass das Haus von der Wiener Gemeindeverwaltung in gleichem Sinne für die Allgemeinheit weiter verwendet werden wird. Er kann sich nun mit aller Kraft seiner Hauptaufgabe widmen, die Bevölkerung für die Ideen der Freien Schule zu gewinnen. Hoffentlich wird

Schule Albertgasse 23

in Kürze jede Wiener Schule und in absehbarer Zeit auch jede Schule Deutsch-Österreichs der aufgelassenen Vereinsschule gleichen.

Der Eigentümerwechsel vom Verein „Freie Schule" zur Stadt Wien geht nicht sang- und klanglos über die Bühne, sondern findet auch schon im Vorfeld in der Presse seinen Niederschlag. Am 28. Oktober 1920 schreibt die „Arbeiter-Zeitung" auf Seite 5 bereits:

Aus der Gemeinde: Ankauf der Freien Schule.

Der Gemeinderatsausschuß für Wirtschaftsangelegenheiten hat am Mittwoch auf Antrag des Stadtrates Kokrda beschlossen, das Gebäude der Freien Schule, Albertgasse Nr. 23, um den Betrag von 2.467.488 Kronen anzukaufen. Das Gebäude wurde im Jahre 1910 erbaut, besteht aus einem Gassendoppeltrakt mit einem Tiefparterre, einem Hochparterre, drei Stockwerken und Dachgeschoß und einem Hofseitentrakt mit gleicher Geschoßzahl.

Das Stadtbauamt hat berechnet, daß sich die Kosten für die Herstellung eines Neubaus in gleicher Ausführung wie das Gebäude des Vereines Freie Schule gegenwärtig auf sechs bis sieben Millionen Kronen stellen würden. Der Kaufvertrag hebt das dem Verein Elternvereinigung zustehende Mietrecht auf. Das Gebäude wird vorläufig noch nicht vollkommen geräumt übergeben, sondern es werden die Kanzleiräume des Vereines gegen einen entsprechenden Mietzins so lange im Hause belassen, bis die Gemeinde anderweitig solche Lokalitäten zu beschaffen in der Lage ist. Die Verwendbarkeit des Gebäudes für Schulzwecke wird dadurch nicht beeinträchtigt.

Die Musterschule der Freien Schule, in der besonders tüchtige, für ihren Beruf begeisterte Lehrer ein Jahrzehnt hindurch an der Schulreform praktisch arbeiteten, hatte ihr Mission mit dem Augenblick erfüllt, in dem die Schulreform in den städtischen Schulen mit Energie in Angriff genommen wurde. Die Schule, in der in Deutschösterreich vor allem der Arbeitsunterricht und die neue Unterrichtsmethode erprobt wurden, hört nun zu bestehen auf und die Gemeinde Wien, die nun das Schulreformwerk in eigenen städtischen Schulen durchführt, übernimmt nun auch mit dem Reformgedanken das Gebäude dieser verdienstvollen Reformschule.[32]

Das Schulhaus ist somit verkauft, aber was passiert mit dem Direktor und seinen Lehrern? Auch da gibt es eine korrekte „Abwicklung" mit dem neuen Eigentümer: Alle Lehrer – sofern sie dies wollen – können weiterhin an der Schule bleiben und werden von der Stadt Wien personell übernommen. Dies gilt selbstverständlich auch für Josef Enslein!

[32] Quelle: Arbeiter-Zeitung Nr. 298 vom 28. 10. 1920, S. 5.

Aus zwei mach eins.

1919 wird Otto Glöckel Unterstaatssekretär und sieht seine Chance gekommen, das von ihm propagierte neue pädagogische Konzept verwirklichen zu können. Paul Speiser äußert sich dazu in der „Sozialistischen Erziehung", Nummmer 4, April 1930, euphorisch:

Nun konnten die Sozialdemokraten alles, was die Freie Schule als eine verhältnismäßig kleine, gegen eine Welt von Feinden auftrotzende Organisation gefordert hatte, verwirklichen, da sie ja eine große, die Führung der Republik innehabende Partei waren.

Die Schulreform soll aber nicht nur über das Ministerium verordnet werden, sondern man wünscht sich die aktive Beteiligung der Lehrer und der Eltern. Im Sinne der „Freien Schule" hebt Glöckel bereits im April 1919 den Zwang zu religiösen Übungen auf und verwirklicht somit schnell eine der Hauptforderungen des Vereins.

Aufgrund der neuen politischen Landschaft in Österreich scheiden die liberalen Mitglieder wie Paul Hock und Julius Ofner aus dem Verein aus.

Die Christlichsoziale und die Großdeutsche Partei haben die Liberalen verdrängt. Als Auswirkung verliert das liberale Bürgertum in Österreich völlig an Bedeutung.

Durch die Personalrochade wird die „Freie Schule" ein sozialdemokratischer Verein – mit Paul Speiser als Obmann und Philipp Frankowski[33] als Vereinssekretär. Außerdem leitet Paul Speiser seit August 1919 den Wiener Stadtschulrat, doch demissioniert, als Otto Glöckel im Oktober 1920 aus seiner Regierungsfunktion ausscheidet. Damit ist der Weg frei für Glöckel, den neuen Leiter des Stadtschulrats, seine Schulreform und das damit verbundene neue pädagogische Konzept umzusetzen. Hauptmerkmale sind der koedukativ geführte Unterricht und das Aussetzen der unfreiwilligen religiösen Übungen. Nichtsdestotrotz wird das Reformprogramm vom politischen Gegner stark angefeindet und kann dadurch nur teilweise im Regelschulwesen verankert werden.

---

[33] Philipp Frankowski schreibt sich tatsächlich mit „w".

Max Winter, Paul Speiser, Otto Glöckel, von links

Große Unterstützung für alle pädagogischen Vorhaben Glöckels leistet der Verein „Freie Schule“: Man organisiert im großen Stil Veranstaltungen, wie zum Beispiel in der Volkshalle des Wiener Rathauses, um so die Wiener Bevölkerung für diese Neuerungen zu begeistern. In den Schulen kommt es zu Elternvertretungswahlen und diese gewählten Elternräte fungieren meistens wieder als Multiplikatoren. Folgende Zahlen sollen die pädagogische Aufbruchsstimmung unter den Eltern dokumentieren:

375.000 Mütter und Väter wählen die Liste „Fortschrittliche Elternräte“, während sich die Gegner der sozialdemokratischen Umstrukturierungspläne mit 25.000 Stimmen begnügen müssen. Anhand dieses Ergebnisses lässt sich der durchschlagende Erfolg für den Verein „Freie Schule“ nicht mehr leugnen.

Peu à peu kristallisiert sich heraus, dass die Aufgaben und Zielsetzungen des nunmehr sozialdemokratischen Vereins „Freie Schule“ vielfach mit denen der „Kinderfreunde“ kongruent sind. Reger Meinungsaustausch, zahlreiche Unterredungen und hitzige Debatten führen schließlich dazu, dass Speiser als Vorsitzender der „Freien Schule“ und Anton Afritsch sowie Max Winter für die „Kinderfreunde“ die Fusion der beiden Organisationen in die Wege leiten.

Die Reichskonferenz der „Kinderfreunde“ gibt im Dezember 1922 dazu grünes Licht. Die Generalversammlung des Vereins „Freie Schule“ gibt ihr Plazet dazu am 7. Jänner 1923.

Der neu gegründete Verein trägt ab sofort den Namen „Freie Schule – Kinderfreunde“ und stützt seine Vorhaben mit einem Schlag auf 87.891 Mitglieder.

„Die Sozialistische Erziehung“, 3. Jahrgang, Nummer 1, wird im Jänner 1923 folglich zu einer Jubelausgabe. Enthusiastisch betitelt Otto Felix Kanitz seine Ausführungen als „Mit verdoppelten Kräften!“, Max Winter freut sich, denn „Wo eine Schule, dort eine Ortsgruppe“, Philipp Frankowski macht sich bereits Gedanken über „Die Schulung der Elternräte“ und Anton Tesarek zeigt seine pragmatische Seite mit dem Artikel „Zur praktischen Arbeit“.

Otto Glöckel verfasst als Vordenker der Schulreform den folgenden Leitartikel: „Freie Schule – Kinderfreunde“. Eingangs verweist er auf den doch schwerwiegenden Entschluss beider Organisationen im Sinne der gemeinsamen Idee und beschreibt sogar die Wehmut, die ihn überkommt, wenn er an den Abschied von dem ursprünglichen Verein denkt. Welch starkes Zugehörigkeitsgefühl in seinen Worten steckt, lässt sich leicht erkennen, denn Glöckel verwendet bereits im ersten Absatz in diesem Zusammenhang den Begriff Liebe.

Aber bitte lesen Sie selbst.

Die Sozialistische Erziehung

Reichsorgan des Sozialdemokratischen Erziehungs- und Schulvereines „Freie Schule - Kinderfreunde“

Redaktion und Verwaltung:
Wien XIII, Schloß Schönbrunn
(Kinderheim).

Telephon: 80-4-82.

Erscheint allmonatlich

Bezugspreise:
Infolge der schwankenden Herstellungskosten kann ein fester Jahresbezug nicht bestimmt werden. Gegen eine entsprechende Anzahlung erfolgt die regelmäßige Zusendung.
Dieses Heft kostet K 2000·— č K 2·—.

3. Jahrgang | Wien, Jänner 1923 | Nr. 1

Otto Glöckel / „Freie Schule - Kinderfreunde“.

Ein bedeutsamer, folgenschwerer, aber notwendiger Beschluß ist gefaßt worden: die Vereinigung der „Freien Schule“ mit den „Kinderfreunden“. Er dürfte wohl keiner der beiden Organisationen ganz leicht gefallen sein, ging doch jede bisher ihren eigenen Weg, gestaltete sich jede ihre eigene Geschichte und verfügte jede über ihre eigenen Kräfte. Ein Stück Selbständigkeit mußte aufgegeben werden, um dafür ein Stück Macht einzutauschen. Wir faßten den Beschluß nicht voreilig; wohl überlegt mußte der Schlußstein zur neuen Organisation gelegt werden. Und doch müssen wir gestehen, daß uns ein wenig Wehmut erfüllt; wenn wir auch wissen, daß es sich nicht um einen Abschied von Idealen handelt, so ist es doch der Abschied von einer Organisationsform, die mit uns gewachsen ist, mit der uns tausend Erinnerungen verknüpfen, mit der uns eine aus schweren Kämpfen entsprungene Liebe verbindet.

So will ich denn ein wenig in der Geschichte der „Freien Schule“ blättern, die zu einer Geschichte des österreichischen Schulkampfes der letzten Jahrzehnte geworden ist, die uns aber auch Wegweiser für die Zukunft sein soll. Die „Freie Schule“ mußte entstehen, um den immer straffer organisierten klerikalen Schulfeinden ein Gegengewicht zu bieten. Sie wählte sich mit gutem Bedacht den Wahlspruch: „Mehr Licht!“ Ihre Aufgabe war es, zum Kampfe gegen klerikale Volksverführung und klerikale Schulverderbnis aufzurufen, die Massen mit Kampfgeist zu erfüllen und sie zu organisieren. In zweiter Linie fiel ihr die Aufgabe zu, den reaktionären Schulbestrebungen ein positives, fortschrittliches Schulprogramm entgegenzustellen. So wurde der Boden der „Freien Schule“ die natürliche Diskussionsstätte für neue Erziehungsziele und Schulpflege. Zunächst waren wir in eine Defensive gedrängt: Monarchie und Geistlichkeit hatten gleiche Interessen und stützten sich daher gegenseitig. Franz Ferdinand war nicht nur Thronfolger, sondern auch Protektor des Katholischen Schulvereins. Die christlichsoziale Schulherrschaft unter Lueger und Geßmann baute sich auf brutalstem Terror auf. Die „Freie Schule“ wurde zum Stützpunkt der Abwehr und daher der Gegenstand fanatischen Hasses der Klerikalen. Wo viel Haß — dort viel Liebe! Stark, einig und kampfesfroh stand die „Freie Schule“ da, sich über das ganze alte deutsche Österreich erstreckend. Da fand sich das deutschnationale Herrenhausmitglied Braß, das eine Spaltung des Vereins hervorrief durch die Gründung der „Freien deutschen Schule“, die nie eine Wirksamkeit entfaltete. Damit wurde allen deutschnationalen Schwächlingen eine willkommene Ausrede in den Mund gelegt. Das war der erste Sündenfall der Los-von-Rom-Menschen, später kam der Verrat bei der Bewilligung der Kongrua, sie endeten bei dem Verrat an ihrer nationalen Ideologie, bei der Beschlußfassung über Genf und sie wurden so die Ministranten des Prälatenkanzlers!

Unterdes leistete die „Freie Schule“ auf dem Gebiet der Schulreform bedeutsame Arbeit. Durch die Gründung der Musterschulen in der Babenbergerstraße und im Volksheim, später in der Albertgasse, zeigte sie zum erstenmal praktisch auf, wie eine moderne Schule aussehen soll. Die Kämpfe um diese Schulen sind noch in aller Erinnerung. Mitten im Kriege, da man die Militarisierung auch der Schulen mit allen Mitteln betrieb, entrollte die „Freie Schule“ am 7. Jänner 1917 in der denkwürdigen Massenversammlung im großen Konzerthaussaal ein neues Schulprogramm voll Ernst, Wucht und Klarheit und schrieb darüber: „Das Tor der Zukunft!“ Die Idee war siegreich, hier wurde der Grundstein zur österreichischen Schulreform gelegt, die sich heute der Anerkennung der Fachleute aller Nationen rühmen darf, die zum Ansehen, zur kulturellen Kreditfähigkeit der Republik Österreich wesentlich beiträgt.

Nach dem Zusammenbruch wurde die „Freie Schule“ in einen sozialdemokratischen Verein umgewandelt und trug so der allgemeinen politischen Entwicklung Rechnung. Das Bürgertum klammert sich immer mehr an die Kirche als den Hort und die Schutzwehr des Kapitalismus, des Ausbeutertums, der Reaktion. Der sozialdemokratische Schulverein nahm sich nun der Organisierung der Elternvereinigungen, insbesondere der sozialdemokratischen Elternräte, planmäßig an, und als der Stadtschulrat von Wien am Beginn dieses Schuljahrs daranging, die gleichmäßige Organisation der Elternvereine durchzuführen, übernahm es die „Freie Schule“, die Eltern über die Tendenzen des Erlasses aufzuklären und die Elternvereinswahlen vorzubereiten. Mit der Lüge, der Stadtschulrat habe das Gebet aus der Schule verbannt, die freie Entschlußfähigkeit der Elternvereine aufgehoben, mit Flugblättern und Broschüren, die diese Lügen verbreiteten, zogen die Klerikalen in den Kampf. Aber auch die „Freie Schule“ war nicht untätig, alles wurde aufgerüttelt, und unter außerordentlich lebhafter Beteiligung, nach Abführung eingehender, manchmal heftiger Debatten wurden die Elternratswahlen durchgeführt. Die Wiener Eltern haben ihr Urteil über die Schulreform und den Wiener Stadtschulrat, der unter sozialdemokratischer Leitung steht, ausgesprochen: 25.000 Väter und Mütter sind der klerikalen Agitation zum Opfer gefallen, ließen sich verhetzen. Diesen stehen 375.000 Väter und Mütter, das sind 93·6 Prozent, gegenüber. Fürwahr ein Volksgericht über die klerikalen Schulverderber, wie es vernichtender nicht sein könnte! Immer wieder verlangten die Klerikalen eine Elternabstimmung; wir präsentieren sie! Sie verlangten das Entscheidungsrecht der Eltern; wir präsentieren das Resultat! Die Eltern haben unzweideutig ihren Willen kundgegeben: Herr Minister Schneider, warum entscheiden Sie nicht über das Schulgebet? Legen Sie auf die eine Wagschale den Befehl des Episkopates, dann die Wünsche alter, vertrockneter, vergrämter Jungfrauen, die dankbar dafür sind, ihre Ekstasen in religiöse Verzückungen überführen zu können, dann die Meinung reaktionärer Männer, die aus politischen oder finanziellen Geschäftsgründen, die aus Unverstand sich aufs Jenseits vertrösten lassen, und auf die andere Wagschale: Väter und Mütter, die legitimiert sind, durch die Sorgen um ihr eigen Fleisch und Blut, durch die Verantwortung, die sie vor sich und vor den Kindern zu tragen haben, und durch die heiße Liebe, die sie mit ihren Kindern verbindet. Zweifeln Sie noch, Herr Minister, auf welcher Seite sich die Wagschale senken wird? Wir stützen uns auf ein zu klares Votum, und dieses Votum herbeigeführt zu haben, ist zum Großteil ein Verdienst der „Freien Schule“. Ein junger und doch erfahrener, ein tapferer und begeisterter Kämpfer schließt seine Rechnung ab und geht neuen Aufgaben entgegen!

Neben der „Freien Schule“ entwickelte sich innerhalb des Proletariats auf dem Gebiete des Erziehungswesens eine zweite Organisation: die „Kinderfreunde“. Mit starker Hand, von

Güte geführt, will sie die Erziehung des proletarischen Kindes außerhalb der Schule beeinflussen, manchmal ergänzen. „Freundschaft!" rufen sich diejenigen zu, die ein Stück wichtigster proletarischer Selbsthilfe organisierten, die neue, frische Kräfte für einen hohen Zweck auslösten und überraschende Erfolge erzielten. Aber bald fühlten wir alle: Sind es denn zwei verschiedene Gebiete, die da proletarische Organisationen betreuen? Ist die Sorge für das Kind nicht ein Ganzes? Dürfen wir unsere Kräfte zersplittern und die Gefahr hervorrufen, daß wir nicht miteinander, sondern nebeneinander, vielleicht sogar gegeneinander arbeiten? Es gibt nur eine Konsequenz: Vereinigen wir uns im Zeichen der Liebe und Sorge für das proletarische Kind, vereinigen wir unsere Kräfte im Zeichen des kulturellen Aufstieges, vereinigen wir unseren Kampfeswillen gegenüber dem klerikalen Feind, unser Wissen, unsere Tatkraft, um aufzubauen, um zu verteidigen ein neues Erziehungssystem, das Schule und Haus erfassen soll!

Zwei Starke, zwei Selbstbewußte, zwei Gleichwertige vereinigen sich, daher bedeutet die Vereinigung nicht ein Aufgeben oder ein Verwischen der bisherigen Tendenzen, sondern ein Unterstreichen dieser! Der zukünftige Verein wird innerhalb des Proletariats im Bewußtsein seiner Verantwortung die Aufgabe übernehmen, die kulturellen Bedürfnisse des Proletariats auf dem Gebiete der Erziehung zu befriedigen, das Proletariat für diesen Kampf zu organisieren und zu führen. Gegenüber den Klerikalen soll gelten: nicht Abwehr, sondern Angriff! **Die Jugend für uns!** Die Partei muß sich erneuern, sie darf nicht erkalten, Jugend bringt frisches, heißes Blut, unsere Organisation muß zum Jugendbrunnen unserer Partei werden!

So nehmen wir bewegten Herzens Abschied von unserer alten „Freien Schule", so führen wir sie über in eine größere, leistungsfähigere Gemeinschaft, so erweitern wir ihren Wirkungskreis, erhöhen ihre Schlagkraft. Hört ihr Freunde, vernehmt ihr Feinde: Der alte Geist der „Freien Schule" bleibt erhalten! „Freie Schule" und „Kinderfreunde"! Gemeinsam wollen wir führen das bewährte Schwert im Kampfe gegen den Mißbrauch der Religion, gemeinsam gebrauchen die Kelle beim Aufbau eines neuen Schul- und Erziehungswesens: In „Freundschaft!" verbunden zum Kampfe um „Mehr Licht!" In diesem Zeichen gehe die Verbrüderung vor sich, wollen wir kämpfen und aufbauen, in diesem Zeichen freudig unsere proletarische Pflicht erfüllen.

Aus, Ende!

Abzeichen
Verein Freie Schule

Eigentlich ist das Buch über die „ Freie Schule“ hiermit beendet. Mein Resümee: jahrelang recherchiert, Archive durchgeackert, haufenweise (auch bildlich gesprochen) Dokumente gesammelt und ausgewertet, informative Gespräche geführt, tausende Seiten gelesen und zusammenfassend hier erzählt, passende Fotos europaweit gesucht, gefunden und optimiert, diverse Mails an Gott und die Welt zwecks Unterstützung gesendet, einige Lesebrillen verlegt oder verloren, Druckerpatronen öfter als sonst nachgekauft, den PC inständig gebeten, trotz Sicherungskopien, nicht abzustürzen, mit und ohne Maus gescrollt, im 7-Finger-System getippt, manchmal auf Essen und Trinken vergessen, diverse Nächte trotz leisem Schnarchen des neben mir dösenden Hundes durchgearbeitet, manche Tage mit Papier- und Bücherstapeln mitten im Wohnzimmer die Ehefrau zur Verzweiflung gebracht, USB-Sticks gekillt, und, und, und ...

Korrekterweise müsste ich jetzt dieses Finale genießen, mich gemütlich zurücklehnen und freuen, dass ich es geschafft habe, die „Freie Schule“ mit all ihren Aktivitäten für den geschätzten Leser sichtbar zu machen. Ich habe versucht „Mehr Licht“ in die Dunkelheit der Geschichte vieler tapferer und engagierter Frauen und Männer zu bringen, die ihren Beruf als Berufung gelebt haben. Sie haben unter großen Mühen und Schwierigkeiten die moderne Pädagogik der heutigen Zeit eingeläutet.

Im Film würde man dies nun als Happy End bezeichnen! Der populäre Soundtrack umfängt zum letzten Mal die Anwesenden und manch kleine Freudenträne verirrt sich unabsichtlich auf die Wange. Doch just in diesem Moment wird es wieder Licht im Kinosaal und viele Zuschauer streben dem Ausgang zu, während noch der Abspann läuft. Ende gut, alles gut!

Die Psychologen sagen, wer eine Situation, eine Handlung, ein Geschehnis usw. ganz bewusst zu einem guten Ende bringt, der beginnt das Was-auch-immer-Folgende mit einem positiven Gefühl. Somit sinkt

Paul Speiser, 1933

auch das Risiko, etwas zu bereuen. Und wir haben den Kopf frei, um uns gedanklich auf die kommende Aufgabe vorzubereiten. Ein Enden wird somit zum Ausatmen für ein Beginnen!

Das Buch ist beendet, aber kann ich das Gesagte wirklich hier anwenden? Irgendwann und irgendwo hat ein scharfsinnig denkender Mensch behauptet, dass alles, was einen Anfang hat, selbstverständlich auch ein Ende hat, und meistens hat das, was ein Ende hat, auch eine Fortsetzung.

Na also, was jetzt!?! Ende? Ja? Nein? – Oscar Wilde wird zugeschrieben, dass er den positiven Effekt beim Ende befürwortete. Denn er meinte, am Ende wird alles gut. Und wenn es noch nicht gut ist, ist es noch nicht das Ende.

Aber bei der „Freien Schule" ist ja eh alles gut geworden, oder? Die Schulden konnten durch den Verkauf des Schulhauses getilgt werden, die Lehrer und der Direktor behielten ihre Jobs, die Fusionierung mit den Kinderfreunden erweiterte den Mitgliederstatus enorm … Also, alles paletti! Alle schienen glücklich, alles schien gut zu sein, also wäre der „Film" hier zu Ende.

Doch die Frage drängt sich auf: Wie ist es dann weitergegangen? Hat sich der neue Verein bewährt? Was hat die Stadt Wien aus „ihrem Schulhaus" gemacht? Werden auch heute noch Kinder in der Albertgasse 23 unterrichtet? Fragen über Fragen!

Ich habe es gewusst: Das Ende hat eine Fortsetzung!

Die Erfolgsstory geht weiter ...

Der Zusammenschluss von „Freie Schule“ und „Kinderfreunde“ ist 1923 vollzogen, das Schulhaus längst an die Stadt Wien verkauft und die im Haus Albertgasse 23 angesiedelten Vereinsräumlichkeiten dürfen gegen Bezahlung einer Miete weiterhin genutzt werden. Der neue Vereinsname „Freie Schule – Kinderfreunde“ deutet auf die Fortsetzung des Grundkonzepts beider Organisationen hin. Doch wer oder was verbirgt sich hinter den „Kinderfreunden“? Ein kurzer Abriss der Geschichte der „Kinderfreunde“ soll hier mögliche Unklarheiten bereinigen.

Nach der Jahrhundertwende verbringt der Tischler und Familienvater Anton Afritsch mit seinen Kindern oft seine Freizeit im seiner Wohnung nahegelegenen Grazer Volksgarten. Es ist ihm ein Anliegen, diese gemeinsame Zeit konstruktiv zu gestalten, und er sieht es als selbstverständlich an, dafür eine Basis zu schaffen. Obwohl ihm damals wahrscheinlich nicht bewusst, zählt Afritsch zu den Pionieren der kindgerechten Freizeitpädagogik.

Auch andere Kinder von Arbeitern wollen an den „neuen“ Aktivitäten teilhaben und so gründen Anton Afritsch und ungefähr 50 Eltern am 23. Februar 1908 den „Arbeiterverein Kinderfreunde“, einen Fürsorgeverein für notleidende Kinder. Sehr bemerkenswert und daher besonders zu erwähnen ist der § 2 des Vereinsstatuts: „Der Verein ist ein nichtpolitischer und stellt sich zur Aufgabe, das geistige und leibliche Wohl der Kinder zu fördern.“

Nun worin bestehen diese Neuerungen? Was macht der Afritsch, dass er einen derartigen Zulauf hat?

Er organisiert Märchenvorleseabende mit Lichtbildern, Sportaktivitäten und Wandertage, alles kostenfrei. Über kurz oder lang schafft er es auch, Ferienlager für die Arbeiterkinder auf die Beine zu stellen. Eine durchschnittliche Proletarierfamilie hätte diese Art der Freizeitgestaltung ihrem Kind/ihren Kindern niemals finanzieren können. Nachdem Geld knapp ist, entscheidet sich Afritsch dafür, sein erstes Kinder-Ferienlager über eine viertägige Wanderung zu definieren. 1909 marschiert er mit 30 Kindern auf den 1.720 Meter hohen Hochlantsch, den höchsten Berg

Viele Ortsgruppen: Kinderfreunde Floridsdorf

im Grazer Bergland. Nur zur besseren Vorstellung – es handelt sich dabei pro Wegstrecke (!) um einen 40 Kilometer langen Fußmarsch!

Wie bereits auf der vorhergehenden Seite erwähnt, achtet Afritsch penibel darauf, keine Parteiinteressen, in Form von sozialistischem Liedgut, Büchern etc., einfließen zu lassen. Ferner lehnt er Maiaufmärsche mit Kindern kategorisch ab!

Das Beispiel Afritsch macht Schule. Es entstehen immer mehr Ortsgruppen, sowohl in den ländlichen Gebieten als auch in Wien.

Im Jahr 1913 startet gemeinsam mit dem „Verein zur Bekämpfung der Tuberkulose in der Steiermark" die erste Kinderfreunde-Ferienaktion im 380 Meter hoch gelegenen steirischen Gratkorn, einer Marktgemeinde im Grazer Umland. Es entstehen zahlreiche weitere Ortsgruppen, in Niederösterreich, Kärnten, Salzburg, aber auch in Böhmen, Mähren und Ungarn.

Der Verein Kinderfreunde wächst, ist breit aufgestellt und es kommt am 25. Februar 1917 zur Geburtsstunde der heutigen Bundesorganisation: Der „Alpenländische Arbeiterverein Kinderfreunde" fusioniert mit dem „Arbeiterverein Kinderfreunde für Niederösterreich" und bildet so den „Reichsverein Kinderfreunde". Zum Reichsobmann wird Max Winter gekürt, sein Stell-

Anton Afritsch

vertreter ist Anton Afritsch. Als Meilenstein in der Geschichte der Kinderfreunde ist 1918 der Ankauf des Steinbergschlössls bei Graz zu sehen, denn ab sofort besitzt man das erste eigene Ferienheim! Bei dieser Konferenz beschließt man, von allen Mitgliedern der Kinderfreunde einen monatlichen Mindestmitgliedsbeitrag von 50 Hellern einzuheben. Ferner fasst man den Plan, auch die Eltern in ihrer Erziehungstätigkeit zu unterstützen. Dafür müssen diese aber geschult werden. Also einigt man sich als „Erziehungsverein des Proletariats" zu arbeiten. Die Vereinszeitung „Der Kinderfreund" ist ebenfalls geboren und wird an die Mitglieder monatlich verteilt.

Auf Betreiben des Reichsobmanns Max Winter in seiner Funktion als Stadtrat von Wien erhalten die Kinderfreunde im Hauptteil des Schlosses Schönbrunn einige Räume für die Arbeit in der Jugendfürsorge zur Verfügung gestellt. Die Bedingung vom 17. August 1919 lautet: Innerhalb von 48 Stunden muss in den 84 ehemaligen Kaiserräumen ein Kinderheim aus dem Boden gestampft werden. Es klappt und über 100 Kinder zwischen 3 und 14 Jahren ziehen unmittelbar darauf ein. Die Leitung des Kinderheims wird Anton Tesarek, einem jungen Lehrer, übertragen. Im Spätherbst 1919 entschließt man sich aufgrund der vorhandenen Möglichkeiten respektive Räumlichkeiten, die „Schönbrunner Erzieherschule" im Schloss zu eröffnen. Die Leitung übernimmt Otto Felix Kanitz. Die private Kaderschmiede für künftige Erzieher des Vereins „Kinderfreunde" ist Realität geworden. Ferner werden eine Bibliothek und die „Reichsbücherstelle" eingerichtet – daraus entwickelt sich 1923 der Verlag Jungbrunnen.

1921 kommt es schlussendlich doch zur Eingliederung in die Sozialdemokratische Arbeiterpartei (SDAP).

1923 erfolgt die Zusammenlegung mit dem Verein „Freie Schule".

Aufgrund der Februar-Ereignisse wird 1934 die Sozialdemokratische Arbeiterpartei verboten und somit auch der Verein „Freie Schule – Kinderfreunde" behördlich aufgelöst. Das gesamte Vereinsvermögen inklusive

Paul Speiser, Karl Seitz, Karl Renner, v. links, 24. August 1945

Heime wird beschlagnahmt und die Räumlichkeiten in der Albertgasse 23 dürfen von der Landesorganisation „Freie Schule – Kinderfreunde" ebenfalls nicht mehr genützt werden. Ebenso verfährt man mit den Erziehern, die sofort freigesetzt werden. Die Tätigkeiten im Schloss Schönbrunn müssen eingestellt, die Räume dürfen nicht mehr betreten werden. So ergeht es jeder Ortsgruppe, den Landesorganisationen und auch dem Reichsverein. In Summe sprechen wir von 475 Kinderheimen und Tagesheimstätten, in denen mehr als 120.000 Kinder und Jugendliche betreut werden.

Doch die Idee lebt im Untergrund weiter und 1945 erfolgt unter Beteiligung von Paul Speiser, Theodor Körner und Josef Holaubek eine Neugründung des Vereins „Freie Schule – Kinderfreunde". Bereits ein Jahr nach der Neugründung freut man sich über 36.000 Mitglieder in 286 Ortsgruppen. In zahlreichen nach 1945 retournierten Heimen wird der Betrieb sofort aufgenommen und man veranstaltet diverse Ferienlager.

Steinbergschlössl

Auch das Steinbergschlössl fällt wieder zurück an die Kinderfreunde. Anlässlich des 50-jährigen Gründungsjubiläums der „Kinderfreunde“ wird es 1958 als erstes Kinderdorf bei Graz eröffnet. Die Namensgebung liegt auf der Hand: das „Anton-Afritsch-Kinderdorf“, benannt nach dem Gründer des Vereins.

1993 entscheidet sich die Bundeskonferenz für eine Neuorientierung den Vereinsnamen betreffend. Man „verliert“ die Bezeichnung „Freie Schule“ und nennt sich ab sofort „Österreichische Kinderfreunde – Bundesorganisation“. Alle Landesorganisationen und Ortsgruppen werden ebenfalls namentlich angepasst.

Wie ist diese bedeutende Organisation heutzutage strukturiert? Wie arbeitet sie?

Ein Blick auf die Website der Österreichischen Kinderfreunde klärt auf:

Auf der untersten Ebene sind die Kinderfreunde in Ortsgruppen, d. h. in einer räumlichen Grundstruktur innerhalb einer Stadt, einer Gemeinde oder auch nur eines Dorfes, gegliedert. Da die Ortsgruppen eigenständige Vereine sind, wählen die Mitglieder dieser Ortsgruppen regelmäßig einen Gruppenvorsitzenden sowie einen Vorstand. Gibt es in politischen Bezirken, die zumeist den Verwaltungsbezirken der einzelnen österreichischen Bundesländer ent-

sprechen, mehrere Ortsgruppen, so können sich diese auch als Bezirksorganisation konstituieren und einen Bezirksvorsitzenden sowie einen Bezirksvorstand wählen.

Auf der Ebene darüber gibt es neun Landesorganisationen, die gemäß den neun österreichischen Bundesländern organisiert sind. Der oder die jeweilige Landesvorsitzende sowie die anderen Mitglieder des jeweiligen Landesvorstandes werden in regelmäßigen Abständen auf einer Landeskonferenz gewählt. Auf dieser Landeskonferenz diskutieren und beschließen die Delegierten, die alle Ortsgruppen und Bezirksorganisationen gemäß ihrer Mitgliederstärke zur Landeskonferenz entsenden, auch die politischen Positionen, Vorgaben und Zielsetzungen der Landesorganisation.

Über den Landesorganisationen gibt es noch die Bundesorganisation der Kinderfreunde Österreich. Deren Vorstand wird ebenfalls in regelmäßigen Abständen auf Bundeskonferenzen gewählt. Die Delegierten zu dieser Konferenz werden von den Landesorganisationen aufgrund ihrer Mitgliederstärke entsandt.

Ein Haus für alle Fälle.

Seit der Eröffnung des Schulhauses Albertgasse 23 im Jahr 1910 ist sehr viel Zeit vergangen, der Gründungsverein erstickt systematisch an den Schulden und so sehen sich die Verantwortlichen zehn Jahre später gezwungen, das Gebäude zu veräußern. Die Käuferin ist die Stadt Wien, die nicht nur den Schulbetrieb weiterlaufen lässt, sondern auch das pädagogische Personal übernimmt. Somit ist der Fortbestand des Schulbetriebs gesichert und kein Lehrer – dies gilt auch für den Direktor – wird arbeitslos. Die neue reformpädagogische Kontinuität ist somit ebenfalls gegeben.

Auch die Sekretariatsräume dürfen vom Verein genützt werden, aber es muss monatlich Miete bezahlt werden.

Nachdem sich die beiden Organisationen vereinigt haben, wird das Büro der ehemaligen „Freien Schule" umstrukturiert. In der Folge fungiert Paul Speiser als Obmann der Landesorganisation Wien und Philipp Frankowski wird Sekretär. Man gelangt über einen eigenen Hauseingang zu den Räumlichkeiten, die sich im Halbstock befinden.

Frankowski ist Lehrer, der die sozialen Probleme der Arbeiterkinder kennt, deshalb fokussiert er in seiner Funktion als Sekretär die Arbeit der Wiener Kinderfreunde auf außerschulische Kinder- und Jugendbetreuung:[34]

Aber wir haben erfasst, wir müssen für die Arbeiterkinder in der schulfreien Zeit etwas tun. Daher haben wir ja in Wien die Horte geschaffen. Wir haben damals gesagt: Das Proletarierkind – die Mütter haben damals angefangen, zur Arbeit zu gehen – sollte nicht auf der Straße sein.

Das dafür notwendige Personal ist bei der Landesorganisation angestellt und arbeitet hauptberuflich im Hortbereich. Frankowski erinnert sich an das Jahr 1930:

In Wien hatten die Kinderfreunde damals hundert hauptberuflich angestellte Erzieherinnen.

---

[34] Quelle: Aus einem Interview von Helmut Uitz in Vorbereitung seines Buches Die österreichischen Kinderfreunde und Roten Falken 1908– 1938, Beiträge zur sozialistischen Erziehung, Geyer-Edition, Wien – Salzburg 1975.

Sonnenland, Aufbau „Paradies" 1946

Zusätzlich bieten die Kinderfreunde unterschiedlichste Neigungsgruppen (mit musisch-kreativem Schwerpunkt, Sport, Schachspiel etc.) für die Mädchen und Buben an. Im Sommer werden Kindererholungsaktionen durchgeführt. Zu diesem Zweck mietet man Landschulen an und funktioniert die Klassenzimmer zu Schlafsälen um. Selbstverständlich werden die Kinder vor Ort voll verpflegt und für kindgerechte Abwechslung ist gesorgt. Für viele Kinder ist es die einzige Möglichkeit, ausreichend Essen zu bekommen sowie Bewegung an frischer Luft zu machen oder mit Gleichaltrigen spielen zu können.

Doch zurück zum Gebäude Albertgasse 23. Die Volksschule läuft ohne nennenswerte Änderungen weiter, obwohl sich die Eigentümerverhältnisse geändert haben. Die Stadt Wien ist nun der Schulerhalter und nützt auch dieses Gebäude, um dislozierte Kurse im Rahmen des 1923 in der Burggasse eröffneten Pädagogischen Instituts anzubieten.

Im Vorlesungsverzeichnis für die Lehrerfortbildungskurse wird die Eröffnung der Zweigstelle Albertgasse mit Beginn des Wintersemesters 1935/36 angekündigt. Gleichzeitig werden die Zweigstellen Hegelgasse,

Geburtstag im Sonnenland 1947

Kandlgasse und Herbststraße aufgelassen. In der Albertgasse 23 werden Vorlesungen einerseits auf dem Gebiet der Heilpädagogik, Methodik und Didaktik der Naturlehre gehalten, andererseits befasst man sich schwerpunktmäßig mit den Fächern Deutsch, Physik, Chemie, Geographie und Geschichte.[35] Ebenso wird der große Turnsaal für die Lehrerfortbildung im Bereich des Sportunterrichts genützt.

Die Schrift außen auf der Fassade des Hauses weist die Albertgasse 23 damals als Pädagogisches Institut der Stadt Wien aus, das an diesem Ort bis 1950 besteht. Ungeachtet dessen wird der Schulbetrieb am selben Standort durchgehend bis 1967 fortgesetzt.

Zwischenzeitlich ist in der Pfeilgasse ein moderner Schulkomplex entstanden. Daraus ergibt sich, dass der Schulbetrieb der Albertgasse 23 nahtlos in diesem Neubau seine Fortsetzung findet.

[35] Quelle: Vorlesungsverzeichnisse für die Lehrerfortbildungskurse des Päd. Instituts, Wien-Bibliothek.

Kinderjause 1946

Unter der Bauleitung von Ing. Viktor Moser lässt die Stadt Wien das ehemalige Gebäude „Freie Schule“ anschließend renovieren beziehungsweise umbauen. Die Decken der früheren Klassenräume werden bis auf die Höhe der großflächigen Fenster abgesenkt, die Fenster erneuert und die Notstiege auf der Hofseite wird abgetragen. Der Turnsaal wird zu einem Festsaal umgebaut. Überdies erfolgt der Einbau eines Personenaufzugs.

Während der Umbauarbeiten wird das Büro der Wiener Kinderfreunde in das Schulungszentrum der Roten Falken im Schloss Schönbrunn, Gardetrakt links, verlegt. Das Kinderurlaubsbüro (= Anmeldungen für Ferienaktionen) arbeitet währenddessen in dem Gassenlokal Albertgasse 13–15, das extra dafür angemietet wurde.

Nach zwei Jahren freut man sich im Herbst 1969 über das Ende des Umbaus. Das Haus Albertgasse 23 hat sich einer Regenerations- und Verjüngungskur unterzogen; heißt, die Raumverteilung wird neu geregelt und die Wiener Kinderfreunde haben ab sofort mehr Platz, denn sie beziehen die Büroräume im 1. und 2. Stock.

Der „Verein für Geschichte der Arbeiterbewegung“ erhält für sein Archiv den 3. und 4. Stock und die SPÖ Josefstadt richtet Räume im Halbstock als Sekretariat ein.

Baustelle Albertgasse 23

Erinnerungsstafel 100 Jahre Kinderfreunde, Albertgasse 23 heute

Nach der Umgestaltung des ehemaligen Vorwärts-Verlagsgebäudes auf der Rechten Wienzeile 97 übersiedelt der „Verein für Geschichte der Arbeiterbewegung" (heute: „Verein für Geschichte der ArbeiterInnenbewegung") im Jahr 1989 in dieses historische Gebäude und die Wiener Kinderfreunde können die frei werdenden Räume übernehmen.

Anlässlich des Jubiläums „100 Jahre Kinderfreunde" wird am 5. März 2008 neben dem Eingang des Bauwerks Albertgasse 23 eine Gedenktafel feierlich enthüllt, die an die „Freie Schule" als damals innovativ revolutionäre Form eines modernen Schulkonzepts erinnern soll.

Es wurde bis hierher vorrangig auf die „Lebensgeschichte" des Gebäudes hingewiesen, doch auch im Inneren gab und gibt es Entwicklungen. Die Landesorganisation Wien der Österreichischen Kinderfreunde wächst nach dem Zweiten Weltkrieg zu einer bedeutenden Trägerorganisation der Wiener Jugendwohlfahrt heran. Hier einige Beispiele zu Schwerpunktaktionen, die symptomatisch für die Vielfalt der Aktivitäten sind.

Ab 1946: Sonnenland-Aktion – Kinderurlaubsaktion

Warum?

In neun Erholungsheimen am Stadtrand Wiens. Die hungernden Kinder fahren in den Ferien täglich mit Sonderwagen der Straßenbahn zur Erholung, primär zum Aufpäppeln, in diese Wienerwaldheime. Am Abend geht es wieder zurück nach Hause. Tausende Wiener Mädchen und Buben können sich so wenigstens ein Mal am Tag satt essen.

In den 1950er Jahren entwickelt sich aus der „Sonnenlandaktion" die bedeutende „Kinderurlaubsaktion" mit mehrwöchigen Ferienlagern in den Bundesländern, aber auch im Ausland. Sprachferien in England werden ebenso angeboten wie Badeaufenthalte in der Nähe der Insel Krk, Wandercamps im deutschen Mittelgebirge oder völkerverbindende Lager an der belgischen Nordseeküste. Für tausende Großstadtkinder ein richtiges Abenteuer, denn zu dieser Zeit sind Individualreisen noch nicht en vogue, da sie viel zu teuer sind. Unter dieser Prämisse entschließen sich die Wiener Kinderfreunde, im niederösterreichischen Gresten ein eigenes Sommerkinderdorf zu erbauen. Auf einem weitläufigen und wunder-

Flutkatastrophe in Italien: Po-Mündung

schön gelegenen Grundstück am Rande Grestens entstehen mitten im Grünen acht kleine Pavillons für jeweils 16 Kinder und ein Hauptgebäude mit Küche, Speisesaal und Verwaltungsräumlichkeiten. Später wird das Kinderdorf Gresten auch während des Schuljahres genützt: Volksschulklassen aus Wien kommen dort auf Klassenfahrt hin oder verbringen ihre Projektwochen im Haus der Wiener Kinderfreunde.

1952: Polesine-Aktion

Warum?

Im Herbst des Jahres 1951 wurden weite Teile Italiens von heftigen Regengüssen heimgesucht, Erdrutsche und Überschwemmungen waren die Folge. Die Situation war besorgniserregend, weil gleichzeitig viele Flüsse in Ligurien, Piemont und in der Lombardei über die Ufer traten. Doch mithilfe staatlicher und privater Hilfs- und Unterstützungsmitteln konnte man die Schäden leidlich abdecken.

Doch die Lage verschlimmerte sich bedenklich, als sich in der zweiten Hälfte des Novembers 1951 auf dem größten italienischen Fluss, dem Po,

Kinderurlaub Abfahrt, 1955

500 italienische Kinder im Rathaus – Bürgermeister Franz Jonas

eine Hochflut entwickelte. Die Vorboten der Gefahr zeigten sich bereits im Mittellauf des Flusses: Überschwemmungen riesigen Ausmaßes, die auf Dammbrüche und Anstiege der Nebenflüsse des Po zurückzuführen waren. Oberitalien wurde von Flutwellen überrollt und versank im Chaos. Die Schäden waren gigantisch, Mensch und Tier gingen in den Wassermassen unter, Hab und Gut ging unwiederbringlich verloren. Zurück blieben riesige Schlammwüsten und unermessliches Leid.

Die Wiener Kinderfreunde luden im Frühjahr 1952 rund 500 Kinder mit 30 italienischen Lehrerinnen aus dem italienischen Katastrophengebiet nach Wien ein und brachten sie bei Gastfamilien unter. Die Österreichischen Bundesbahnen stellten einen Sonderzug für den Hin- und Rücktransport der notleidenden Mädchen und Buben zur Verfügung. Der Erholungsaufenthalt für die italienischen Kinder umfasste einige Wochen – der Abschied war tränenreich, denn die Herzlichkeit der Wiener Familien kannte keine Grenzen!

1962: Wien hilft Hamburg

Warum?

In der Nacht vom 16. auf den 17. Februar 1962 erlebte Hamburg die schlimmste Sturmflut, die es jemals in der Geschichte der Stadt gegeben hatte. Ein Orkan, der Böen mit Windstärke 12 mit sich brachte, näherte sich der gesamten Nordseeküste. Durch die Heftigkeit des Sturms wurden immer größere Wassermassen in die Elbe hineingedrückt und als Folge brachen die Deiche. Kraftwerke wurden überflutet, der Strom fiel aus. Autobahnen und Eisenbahngeleise lagen mehrere Meter unter Wasser. Die Trinkwasserversorgung war zum Großteil zusammengebrochen, verschmutztes Wasser drang in die Trinkwasserrohre ein. Obendrein drohte durch tote Tiere, Fäkalien und verdorbene Lebensmittel Seuchengefahr. Das Wasser stieg so hoch wie noch nie zuvor, ein Sechstel der Stadtfläche wurde überflutet, 315 Menschen starben. Internationale Truppen halfen den deutschen Soldaten und den Einsatzkräften bei der Bewältigung der Hamburger Katastrophe.

Chartermaschine der AUA aus Rumänien, 1990

Auch die Wiener Kinderfreunde helfen und laden unmittelbar nachher mehr als 100 betroffene Hamburger Kinder zu einem vierwöchigen Aufenthalt bei Wiener Gastfamilien ein.

1990 und 1991: Rumänienaktion. Warum?

In Rumänien ging das Jahr 1989 mit einem blutigen Umsturz zu Ende. Davor starben mehr als tausend Menschen bei Straßenkämpfen zwischen Armee und Zivilisten. Der rumänische Diktator Nicolae Ceaușescu und seine Frau Elena wurden nach fast 25-jähriger Schreckensherrschaft knapp vor Weihnachten 1989 verhaftet, am 25. Dezember 1989 zum Tode verurteilt und sofort hingerichtet. Die Zustände in Rumänien waren unter Ceaușescu katastrophal: Die einstige Kornkammer Europas steckte in einer tiefen Wirtschaftskrise. Strom und Heizung wurden auf wenige Stunden pro Tag reduziert. Nötigste Lebensmittel wie Brot, Butter, Fleisch gab es – wenn überhaupt – lediglich auf Ration. Wohin man blickte, leere Geschäfte, vor denen die Bürger – vielfach die Kinder – stundenlang, nächtelang warteten, dass irgendeine Lieferung kam. Die staatlichen Kinderheime waren voll von hospitalisierten, kranken und verwahrlosten „Waisenkindern", deren Eltern sie abgegeben hatten, weil sie sich außerstande sahen, ihren Nachwuchs zu ernähren. Empfängnisverhütung und Abtreibung hatte der Diktator strikt verboten und diese wurden gegebenenfalls auf das Grausamste sanktioniert.

Die Wiener Kinderfreunde holten bereits im Frühjahr 1990 die ersten 100 Kinder mit einer Chartermaschine der AUA auf Erholung nach Wien zu Gastfamilien. Da aber eine so große Anzahl an rumänischen Kindern Erholung benötigte, wurde die Aktion systematisch ausgebaut. Im Sommer 1990 und 1991 kamen hunderte ausgemergelte Kinder mit den Wiener Kinderfreunden zu Ferienaufenthalten nach Österreich.

Das sind Beispiele aus der jüngeren Vergangenheit, die aber zeigen sollen, wie ernst schon damals gelebte – auch internationale – Hilfestellung von der Landesorganisation Wien genommen wurde.

Heute betreiben die Wiener Kinderfreunde mehr als 170 Kindergärten und Tagesheimstätten mit fast 2.000 Angestellten in Wien. Somit ist die Organisation auch als Arbeitgeber bedeutsam. Zusätzlich setzt man Schwerpunkte in zeitgemäßer Jungendarbeit und kämpft für die Rechte der Kinder. Alle Aktivitäten aufzuzählen würde den Rahmen hier sprengen. Doch eines war, ist und bleibt auch in Zukunft sicher: Im Mittelpunkt stehen immer das Kind und seine Familie!

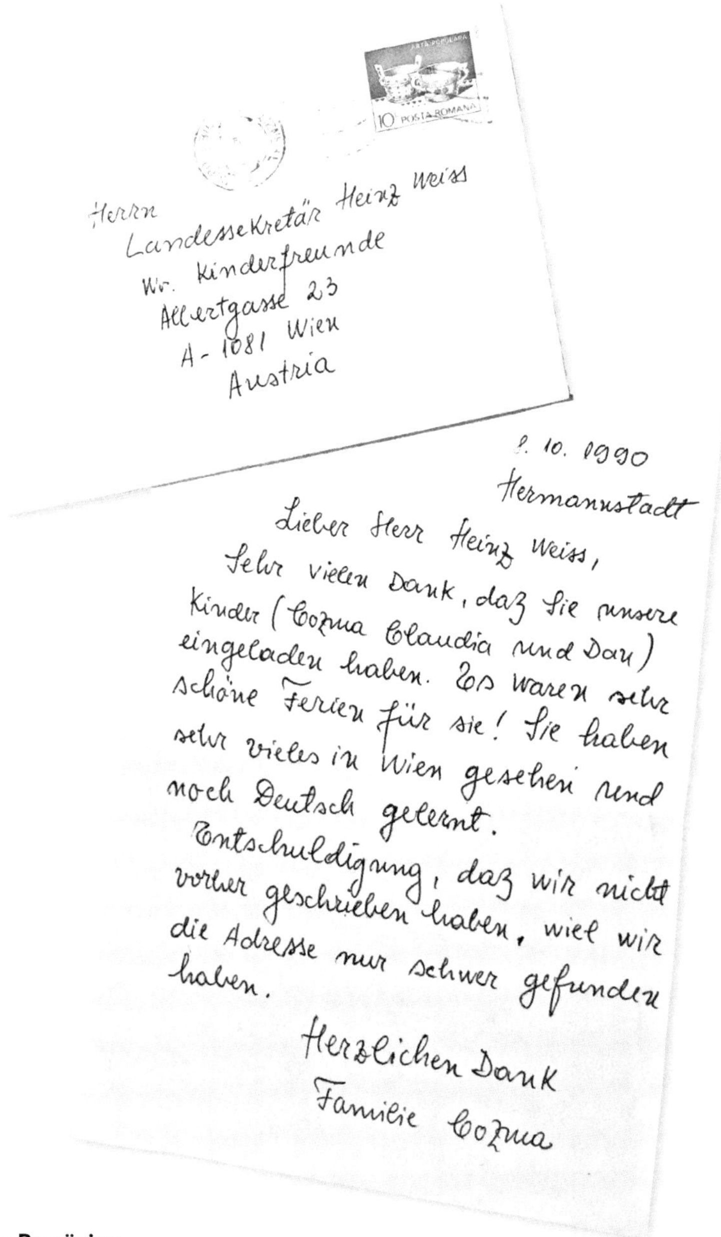

Herrn
Landessekretär Heinz Weiss
Wr. Kinderfreunde
Albertgasse 23
A-1081 Wien
Austria

8. 10. 1990
Hermannstadt

Lieber Herr Heinz Weiss,
Sehr vielen Dank, daß Sie unsere Kinder (Cozma Claudia und Dan) eingeladen haben. Es waren sehr schöne Ferien für sie! Sie haben sehr vieles in Wien gesehen und noch Deutsch gelernt.
Entschuldigung, daß wir nicht vorher geschrieben haben, wiel wir die Adresse nur schwer gefunden haben.

Herzlichen Dank
Familie Cozma

Brief aus Rumänien

Volkshochschule Ottakring

Ein Hauch von Histotainment.

Bestimmt fragen sich jetzt einige geschätzte Leser, was denn in aller Welt in diesem Buch der Begriff „Histotainment" verloren hat, wenn es um die Geschichte des Vereins „Freie Schule" bzw. „Freie Schule – Kinderfreunde" und um deren ehrwürdige Vertreter geht. Wie passt dieses „Kofferwort" – zusammengesetzt aus History und Entertainment – denn hierher? Zu diesen Themen? Aber urteilen Sie selbst oder um Karl Farkas zu zitieren: Schau'n Sie sich das an!

Auch vor mehr als 100 Jahren standen Politiker im Mittelpunkt des öffentlichen Geschehens. Ihr Erscheinungsbild, ihr Auftreten, ihr Stil, ihre politische Haltung wurden zur Basis für Karikaturen – man verspottete, verzerrte und verhöhnte sie. Aber nicht nur zeichnerisch wurden bestimmte Personen überspitzt dargestellt, man legte noch nach und verfasste über sie „Scherzgedichte" – manchmal hart an der Grenze der Beleidigung.

Hier einige Beispiele aus: *Das Hohe Haus in der Karikatur. Max und Moritz im Parlament, von H. Leoster mit Bildern von C. Sichulsky, Wien 1913. Verlag von Moritz Perles, I. Seilergasse No. 4, K. u. K. Hofbuchhandlung* (teilweise unvollständig oder gekürzt).

Dr. Paul Hock (Freiherr von)

Ein Hofrat, der Demokrat is,
Das ist einer, um den schad' is.
Denn die Demokratie
Fördert einen Hofrat nie;
Wie's ihr selber auch nicht nützt,
Wenn sie sich auf jenen stützt.
Und was die „Freie Schule" betrifft,
Ist sie für jeden Hofrat Gift.
Solche Gifte liebt en bloc
Unser Hofrat Baron Hock.

Seine trefflichen Manieren
Wird ein jeder respektieren,
Auch als Redner ist er fein,
Ohne aggressiv zu sein.
Schwingt er aber die adretten
Höchst beweglichen Manschetten,
Dann beflügelt Wissenschaft
Mächtig seiner Rede Kraft.

Als ein Fortschrittsdoktrinär
Exponiert er sich oft sehr,
Engagiert sich theoretisch
Für die Freiheit höchst pathetisch,
Während meistens in der Praxis
Bei ihm leider wo ein Knax is.
Und es läßt sich nicht verhehlen:
Praktische Erfolge fehlen!

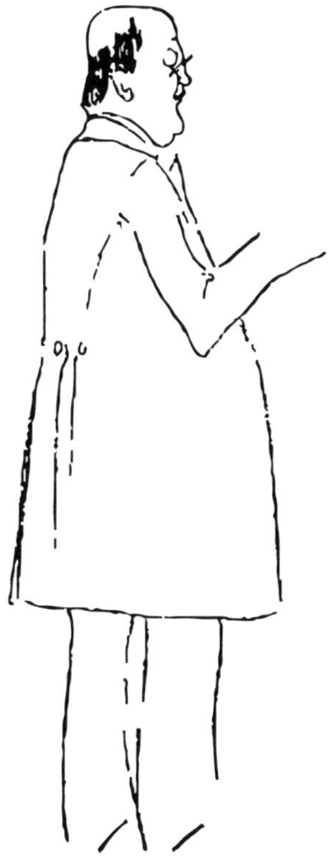

Paul Freiherr v. Hock
Hofrat

Karl Graf Stürgkh
Ministerpräsident, Geheimer Rat

Karl Stürgkh (Graf)

Graf Stürgkh, den doch ein jeder kennt,
Ist der Ministerpräsident.
Man kann des Mannes ganzes Wesen
Aus seines Namens Schreibung lesen:
Der tiefe ü-Laut in der Mitte
bedeutet Ernst und strenge Sitte;
Es zeigt der Konsonanten Fülle
Um milden Kern die rauhe Hülle –
Ein weiches ge, ein hartes ka,
Am Schluß ein hingehauchtes ha.

Einst hatt' er im Großgrundbesitz,
Im liberalen seinen Sitz.
Da man das Wahlrecht reformiert,
Ward zu den Pairs er transferiert.
Und als der Stürgkh der Montags-Presse
Geläutert war in dieser Esse.
Als er die hohe Kunst erlernt,
Wie man sich von sich selbst entfernt,
Nahm Bienerth ihn in Eid und Pflicht
Für Kultus und geg'n Unterricht.
Die Schule hat er hoch geachtet
Und selbst nach Wissenschaft getrachtet,
Nach Wissen, das dem Staatsmann frommt,
Damit er besser vorwärts kommt.

An Exerzitien nahm er teil
Für Klettern und für Seelenheil;
Studieret hat er Tag und Nacht
Wie für sich selbst man Stimmung macht.
Und als die Ära Bienerth um,
War reif er für's Präsidium.
Rasch hat der Gautsch sich abgetan:
Graf Stürgkh kam höchstpersönlich dran.

Auch an der Spitze der Geschäfte
Erwies er keine neuen Kräfte
Und hütet sich vor allen Dingen
So etwas wie Ideen zu bringen.
Der böhm'sche Ausgleich, Gott erbarm!
Ruht bei Fürst Thun in starkem Arm.
Das Sorgenkind bewegt sich kaum
Und spricht nur manchmal aus dem Traum.
Dem Stürgkh ist's recht, er gibt nur acht,
Daß es nicht stirbt und nicht - erwacht:

Der „künft'ge Mann“ ist lahmgelegt,
Solang er es am Busen hegt.

Gewiß, Graf Stürgkh hat Qualität,
Und wenn er schließlich einmal geht,
Muß auch der größte Feind ihm lassen:
Der Mann verstand sich anzupassen.
Er kennt des Hauses Hintertüren

Und wußte oft durch sie zu führen.
Er konnte mit Geschick verhandeln
Und manche schlimme Zeit vertandeln.
Noch eines ist ihm ja gelungen:
Er hat das Wehrgesetz gebrungen;
Für's Volk ist's allerdings so so,
Allein bei Hofe war man froh –
Ein wack're Steirer fühlt sich reich
Durch Dank vom Hause Österreich.

Engelbert Pernerstorfer

Deutsche Worte hört man wieder;
Treu und offen, grob und bieder
Dröhnt ein Pathos rührend schlicht,
Wenn der Pernerstorfer spricht.

Immer schlägt er sich als Held,
Schickt ihn die Partei in's Feld.
Er ist nach Bedarf und Wahl,
Deutsch und international;
Denn bei Schönerer fing er an,
Mit dem Adler stieg er dann,
Und die Doppelüberzeugung
Ist bei ihm auch Herzensneigung.

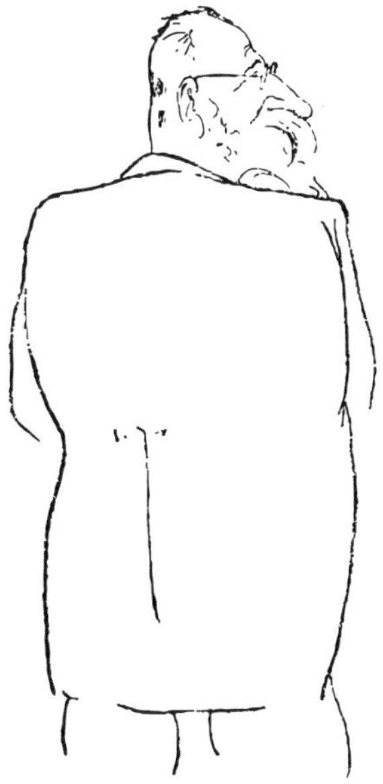

Engelbert Pernerstorfer
Redakteur

Seine literar'sche Note
Mischt er in das Blutigrote
Und vertritt das Burgtheater
Wie der Franzl einst den Prater.
Stark ist er beim Präsidieren,
Stärker noch beim Tarockieren,
Wo er schwärmt für jeden „Block"
Selbstverständlich nur - ad hoc.

Daß Parteimann er sans phrase
Dies beweist er mit der Nase,
Die in Rot so glühend brennt,
Während er doch abstinent.

Karl Seitz

Wenn sich der Seitz vom Sitz erhebt
Wird's in der Nachbarschaft belebt,
Weil er nicht mit dem Pfeffer geizt
Und Klerus wie Teutonen reizt.
Die Blüten seiner Hörerschaft
Sind freilich alle weggerafft:
Bielo, Geßmann, Stransky - fort;

Kein Echo mehr für jedes Wort!
Der letzte Trost in solchem Kummer
Ist nur der blutigrote Hummer.
Man kann – was nicht zu unterschätzen –
Sehr leicht ihn gegen Malik hetzen.
Der Redner wird sich gern verschnaufen,
Indes sie miteinander raufen.

Ist etwas sachlich vorzubringen,
So wird's dem Seitz gewiß gelingen,
Nur leider schert sein Publikum
Sich einen blauen Teufel d'rum,
Auch merkt man, will er lehrreich sein,
Das lederne Schulmeisterlein,
Das alles pädagogisch bringt
Und immer seinen Bakel[36] *schwingt,*
Das Sitten richtet wie den Fleiß
Und alles immer besser weiß.

Für die Partei wär' er ein Segen,
Könnt' sie bloß anders ihn verpflegen.
Denn nur in Proletariernot
Ißt er das schwere Lehrerbrot
Und scheint vielleicht durch die Diät –
So aufgeblasen und gebläht.

---

[36] Bakel = Rohrstock des Lehrers

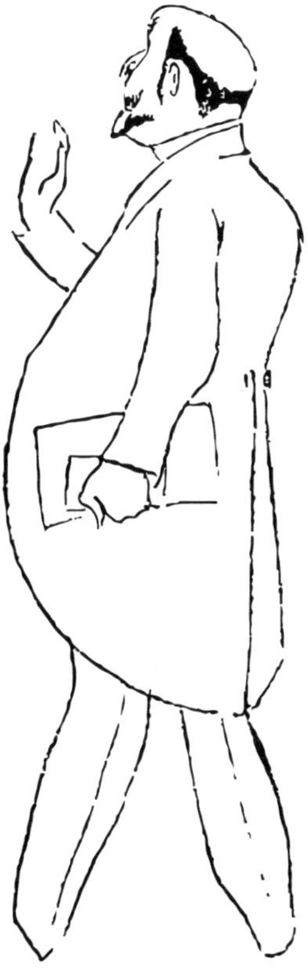

Karl Seitz

Volksschullehrer

Karl Seitz 1869–1950

Karl Seitz

Vom Waisenknaben (Vater verstorben, Mutter konnte die acht Kinder nicht ernähren) zum Lehrer, Gründer und Obmann des „Zentralvereins der Wiener Lehrerschaft", 1901 in den Reichsrat gewählt, nach Kriegsende von der Konstituierenden Nationalversammlung zu ihrem ersten Präsidenten gewählt, damit erster Staatspräsident der jungen Republik bis 1920, drei Jahre später dann Wiener Bürgermeister, 1934 im Rathaus verhaftet, Haft, weigert sich, nach 1938 Österreich zu verlassen, 1944 Deportation ins KZ Ravensbrück, überlebt, schwer krank zurück in die Heimat, erholt sich bis zum Tod nicht mehr.

Seitz galt als brillanter Redner und pflegte trotz seines diplomatischen Geschicks kein Blatt vor den Mund zu nehmen. In seiner Funktion als Bürgermeister musste er u. a. auch neu angestellte Gemeindebedienstete angeloben. Selbstverständlich wussten die Neuen, dass der Bürgermeister auch Vorsitzender der SDAP war und einige steckten sich eine rote Nelke an. Als Seitz während der Angelobung dies bemerkte, schloss er sichtlich verärgert seine Ansprache wie folgt:[37]

Ich bemerke, dass einige von Ihnen sich bemüßigt gesehen haben, rote Nelken oder Parteiabzeichen anzustecken. Ich kann das nicht dulden. Sie stehen hier nicht im Dienst einer Partei, sondern im Dienste der Allgemeinheit. Sie haben allen Wienern, ohne Ansehen der Person oder der Partei, ihre Dienste zu widmen.

Herrliche gute alte Zeit! Unbeschreiblich korrektes Amtsverständnis!

Karl Seitz hatte tagsüber aufgrund seiner vielseitigen Repräsentationstätigkeit – *„Der Bürger will als Mensch und nicht als Akt behandelt werden"* – kaum Zeit, die anfallenden Niederschriften zu erledigen. Deshalb kam abends der Amtsdiener in seine Wohnung und deponierte die großen Aktentaschen, die jedem im Rathaus bekannt waren. Der Bürgermeister blieb immer seinem Grundsatz treu, dass jeder am Abend gelieferte Akt am Morgen erledigt sein müsse. Dafür hatte Seitz auf seinem Arbeitstisch

[37] Quelle: Gröller, Harald D.: Karl Seitz – Ein Leben an Bruchlinien, Schmid Verlag, Wien 2005.

zwei Kaffeemaschinen stehen, mit denen er sich selbst Kaffee zubereitete. Meistens arbeitete er bis drei Uhr in der Früh, versperrte anschließend die Aktentaschen und ging zu Bett. Spätestens um 7.30 Uhr wurde er geweckt um sich dann wieder auf den Weg ins Rathaus zu machen.

Seitz legte auch auf ein gepflegtes Äußeres großen Wert und war bei den Damen extrem beliebt. Sein Spitzname „der schöne Karl" kam nicht von ungefähr. Darüber hinaus befleißigte er sich einer sehr korrekten Sprache, saloppe „proletarische" Ausdrucksweise war ihm ein Gräuel.

1923 lobte „Die Stimme" sein rhetorisches Geschick (s. Gröller, Harald, S. 53): *„Eine Rede von Karl Seitz ist Ohrenschmaus. Er erscheint in der Proletarierversammlung, wo ihn bewusste Gesichter und derbe Hände begrüßen, nicht als Armeleutapostel, sondern als Erzieher, als Erwecker, als väterlicher Freund. Niemand würde hinter dem wirkungsvollen Volksredner Karl Seitz den klugen, geistreichen Parteidiplomaten vermuten, der in den schwierigsten Situationen immer Bescheid weiß."*

Sein Selbstbewusstsein, sein einzigartiger Redestil, sein Humor, sein gepflegtes Äußeres und seine politisch korrekte Haltung kamen bei manchen seiner Genossen nicht immer gut an. Bekanntlich lebte er ihnen auch seinen Grundsatz vor: „Ein Mandatar der Arbeiterbewegung darf sich nicht persönlich bereichern."

Diese seine persönliche Größe als Mann des Friedens und des Kompromisses zeigte er auch, als er 1926 als Wiener Bürgermeister das Lueger-Denkmal enthüllen musste. Lueger war sein ehemaliger Erzrivale gewesen, doch Seitz wählte folgende Worte anlässlich des Festakts (s. ebenfalls Gröller, Harald, S. 64):

Es wird eine unserer wichtigsten Aufgaben sein, dieses Werk Luegers fortzuführen und zu vollenden. Lueger war ein echter Wiener. Er hat der Stadt seiner Väter in seiner Zeit – wenn es notwendig war, auch mit Rücksichtslosigkeit – nach dem besten Wissen in Liebe gedient, als Bürgermeister ihre Entwicklungsinteressen kraftvoll verteidigt.

Als ehemaliger Lehrer lag Seitz das Schulwesen besonders am Herzen und somit freute er sich, dass sein Freund Otto Glöckel dem Wiener Stadtschulrat als geschäftsführender Präsident vorstand. Damit wusste er die moderne Pädagogik in besten Händen.

Klementine und Josef Enslein – er erhält die Ehrenbürger-Urkunde Wiens

Auszeichnung für Klementine Enslein.
Otto Glöckel, der Mitbegründer des Vereins „Freie Schule“ und Reformpädagoge, schrieb am 18. Dezember 1920 folgenden Brief an Klementine Enslein, die sich – obwohl das Gebäude verkauft war – für den Verbleib an der Schule Albertgasse 23 entschieden hatte.

Verehrte Frau Enslein!
Besten Dank für Ihren lieben Brief. Sie werden mich richtig verstehen, wenn ich versichere, daß ich Ihren Übertritt in den öffentlichen Schuldienst wirklich freudigst begrüße. Ihre feine Art, Ihr kunstverständiges Wirken verbunden mit edler Bescheidenheit, Ihr warmes Herz für die Jugend: all das macht Sie zur „Schulreform-Lehrerin“ wie sie sein soll. Darum lege ich den größten Wert darauf, daß Sie Gelegenheit erhalten, von Ihrer Begeisterung auf andere Lehrpersonen abzugeben, von Ihrer Künstlernatur auch andere erfreuen zu lassen.

Ich will keine Schmeicheleien leiern – aber man kommt im Leben so selten dazu, sich gegenseitig ein Werturteil zu fragen – verzeihen Sie, wenn ich die Gelegenheit dazu benütze. Also willkommen im Zeichen der Schulreform!

Klementine Enslein stammte aus bürgerlichem Haus. Ihr Vater war Bezirksrichter in Niederösterreich und avancierte rasch zum Landesgerichtsrat. In der Folge kam es zum Wechsel des Wohnsitzes, doch dann traf die Familie ein schwerer Schicksalsschlag.

Lernen wir Klementine Enslein, geborene Haerdtl, aus ihrem handgeschriebenen Lebenslauf kennen (Quelle: Archiv Dr. Achs).

Besuch der Reformschule Berthold Ottos in
Berlin-Großlichterfelde.
1910 Übersiedeln die Klassen der "Freien Schule"
in das neue Schulhaus des Vereines 8., Albertg. 23.
1911 Vermählung mit Direktor Josef Enslein.
Teilnahme an vielen Veranstaltungen des
Zentralvereines zur Vorbereitung der Schul-
reform, die nach dem Weltkrieg erst zur
Verwirklichung gelangt.
1919–1920 Das neue Schulhaus 8., Albertg. 23
geht in den Besitz der Gemeinde Wien über
und seine ständigen Lehrkräfte treten in den
öffentlichen Dienst, darunter auch ich.*
In diesem Jahr der Übergabsverhandlungen
halte ich einige Kurse für Lehrpersonen
in Handfertigkeitsunterricht für Volks-
schulen.
In diesem Hause ist es mir vergönnt zu
wirken bis zum Ende meiner Dienstzeit
bei Führung von Besuchsklassen.
In den Jahren der Verbotszeit des Zentralvereins
nach 1934 kleiner Arbeitsbeitrag zu den von
Josef Enslein herausgegebenen "Pädagogischen
Blättern", aus welchem dann die beiden
Broschüren „Praktische Arbeit im
Rechenunterricht" und "Praktische
Arbeit im Sprachunterricht" entstanden
sind.
Meinem Wunsch nach dauernder Verbun-
denheit mit der Schule gibt die Pädag.
Sektion des Z.V.s und das Pädag. Institut
Erfüllungsmöglichkeiten.

*Brief Otto Glöckels.

Geb. 1884 in Gföhl N.Ö. als 4. Kind des Bezirksrichters Camillo Haerdtl. Nach dessen Avancements z. Landesgerichtsrat

1890 Besuch d. Volksschule in Urfahr bis 1895, dann der Bürgerschule in Linz.

1896 Tod des Vaters. Studienhalber übersiedelt die Familie nach Wien. Hier, XVII., Geblerg. Vollendung der Bürgerschule.

1898 Staatsstiftplatz im Internat des Zivil-Mädchen Pensionats mit Lehrerinnen-Bildungsanstalt bis

1903 Matura.

Jänner 1904 1. Anstellung in Wien. Ohne Unterbrechung bis zum Herbst 1906. Ein glückhaftes Geschick bringt die entscheidende Wendung in meinem Leben.

1906 Lehrerin an d. Unterrichtsanstalt des Vereines "Freie Schule" unter der Leitung des Direktors Josef Enslein. Hier Erprobung neuer Methoden bei kleiner Schülerzahl: Selbsttätigkeit der Schüler, Handfertigkeitsunterricht, Koedukation.

In diesem Wirkungskreis auch Bekanntschaft mit dem Zentralverein der Wiener Lehrerschaft und seinen Vorarbeiten zur künftigen Schulreform.

1909 Teilnahme an der Schulreformtagung in Gmunden und daran anschließend

Daten:

Titel Oberlehrerin
Dekret des Bm. f. Unterricht
14. IV. 1924, Z. 8326/6
Stadtschulrat f. Wien
17. April 1924 Z. I-9231/23
Einhändigung des Dekretes.

„Die Schulklasse eine Lebens- und Arbeitsgemeinschaft."
In Burger-Steiskal „Praxis und Theorie der Schulklasse" 1931
und auch in der „Quelle" Heft 10 1928

Mitarbeit an d. praktischen Ausbildung der Studierenden am P. I.
Juli 1928
Juli 1930

Quelle 1932 Heft 9
Mehr Selbsttätigkeit im ersten Leseunterr.

Dr. Ludo Hartmann

Sie war als Lehrerin und Autorin diverser pädagogisch-didaktischer Schriftenreihen sehr geachtet. Gemeinsam mit ihrem Ehemann Josef, dem Direktor der Schule Albertgasse 23, erprobte sie neue Unterrichtsmethoden und stellte ihre Erfahrungen auf eine breitgefächerte Diskussionsebene. Soziale Integration und Erziehung des Kindes von klein auf zu Kritikfähigkeit und selbstständigem Handeln waren die Eckpunkte ihres Wirkens in der Klasse. Als Schulreformerin nach den Ideen Otto Glöckels versuchte sie, den Einfluss der Kirche auf den Unterricht zu unterbinden und bezeichnete sich selbst als konfessionslos.

Schuldirektor mit Herz.

Josef Enslein war nicht nur der Garant für die Umsetzung der Schulreform, er war auch die Seele der Schule. Er hatte ein besonderes Geschick in Erwachsenenführung und als Schuldirektor die seltene Gabe, Respektsperson und Vertrauter der Kinder zu sein. Er war ein äußerst kommunikativer Mensch und bei den Eltern beliebt. Daher ist es nicht verwunderlich, dass seine vorsichtig artikulierten Wünsche zum Wohle der Schule beziehungsweise der Schüler meistens rasch erfüllt wurden.

So fädelte man auch die Kontaktaufnahme mit der Künstlerin Grete Wolf-Krakauer ein. Enslein und sein Team hatten nämlich die Idee geboren, Postkarten drucken zu lassen und zu verkaufen, um mit dem Gewinn weitere Anschaffungen für die Schule tätigen zu können. Grete Wolf-Krakauer war Feuer und Flamme, half gern und schuf 1914 verschiedene Bilder zum Thema Schule und Kinder. Diese bunten Postkarten wurden zu begehrten Sammlerobjekten!

Grete Wolf-Krakauer: bunte Postkarten

Die Künstlerin wanderte schon 1924 mit ihrem Mann und der Tochter nach Israel aus. Ein Jahr vor ihrem Tod erhielt Grete Wolf-Krakauer den Preis für Malerei der Stadt Jerusalem. 2019 zeigte die Österreichische Galerie Belvedere im Rahmen der Ausstellung „Stadt der Frauen. Künstlerinnen in Wien von 1900 bis 1938“ ihre Arbeiten.

Gelehrter, Weltklasse!

Wie bereits ausgeführt, führte der Verein „Freie Schule“ vor dem Bau des Schulgebäudes in der Albertgasse 23 an zwei Standorten Versuchsklassen. Daraus ergibt sich die Frage, warum es exakt zu diesen Adressen kam: Babenbergerstraße und Volksheim Ottakring. Die Babenbergerstraße war eine große Wohnung, die einem Vereinsmitglied gehörte und provisorisch zum Klassenraum umfunktioniert wurde. Ganz anders die Situation in Ottakring. Der an der Wiener Universität als Historiker tätige Ludo Hartmann war Schriftführer im Verein „Freie Schule“ und engagierte sich enorm auf dem Gebiet der Volksbildung. Schon 1895 forcierte

Begräbnis Paul Speiser: Norbert Weiss, 3. Reihe ganz rechts, dahinter rechts der Autor.

Hartmann die Gründung der „Volkstümlichen Universitätsvorträge". Seinen volksbildnerischen Tätigkeitsbereich fokussierte Hartmann auf das Volksheim Ottakring – heute Volkshochschule Ottakring. Europas erste Abend-Volkshochschule wurde 1905 ebendort eingerichtet. Die Ausstattung dieser ersten Volkshochschule war für diese Zeit phänomenal. Neben einer eigenen Bibliothek hatte man ein physikalisches und chemisches Labor geschaffen, sowie eines für Experimentalpsychologie.

Zweifellos war es Ludo Hartmann eine Herzensangelegenheit, dass Klassen der „freien Schule" an diesem, „seinem", Standort geführt wurden. Trotzdem befürwortete er vehement den Bau eines vereinseigenen Schulhauses.

Lebwohl, Paul!

Apropos Schulhaus: Paul Speiser agierte ja anfangs als Sekretär des Vereins „Freie Schule", viele Jahre später war er Obmann der Wiener Kinderfreunde und Politiker. Als er im Herbst 1947 verstarb, wurden seine sterblichen Überreste vor dem Wiener Rathaus aufgebahrt. Mehr als

100.000 Wiener kamen, um sich von dem beliebten Vizebürgermeister zu verabschieden. Die gesamte Bundes- und Landesregierung und die Vertreter der alliierten Besatzungsmächte hatten sich ebenfalls eingefunden. Bundespräsident Dr. Karl Renner und der Wiener Bürgermeister Dr. Theodor Körner hielten Trauerreden. Vor dem Sarg stand eine kleine Gruppe Kinder.

Als ich das Foto im „Verein für Geschichte der ArbeiterInnenbewegung“ mit der Lupe genauer betrachtete, staunte ich nicht schlecht: Mitten in der Kinderschar erkannte ich meinen Bruder Norbert und mich selbst!

Doch des Rätsels Lösung war rasch gefunden: Die Vorsitzende der Kinderfreunde Neubau war Lina Schiegl, die Schwester von Paul Speiser. Sie hatte sich für ihren verstorbenen Bruder gewünscht, dass eine „Kinderfreunde-Abordnung“ an den Trauerfeierlichkeiten teilnehmen sollte. Norbert und ich waren damals im Hort der Kinderfreunde Neubau – gemeinsam mit anderen Kindern wurden wir ausgesucht, an dieser Trauerzeremonie teilzunehmen.

F wie Freie Schule, L wie Linz, O wie Otto-Glöckel-Schulen.

In ziemlich „letzter Sekunde" tauchte plötzlich bei der finalen „Recherche der Recherche" ein Zeitungsabschnitt aus dem Jahr 1907 auf, der aber hier von beachtenswerter Bedeutung ist und daher dem Lesepublikum nicht vorenthalten werden soll. In der Linzer „Tagespost" vom 15. September 1907 erscheint unter der Rubrik „Schulzeitung" folgender Beitrag:[37]

Vierte Bürgerschulklasse in Linz

Der Verein „Freie Schule" wird auch heuer die im Vorjahre gegründete Bürgerschulklasse in der Jubiläums-Knaben-Bürgerschule in Linz aufrechterhalten. Es sind bereits über 30 Frequentanten angemeldet und wurden weitere Anmeldungen auch noch heute den 14. d. M. bei obiger Direktion entgegengenommen. Der Schulbeginn der 4. Bürgerschulklasse ist mit dem der übrigen Schulen von Linz (16. September) festgesetzt. Ueber die definitive Aufnahme in den Kurs wird erst die Konferenz des Lehrkörpers entscheiden. Es wird überdies nochmals erinnert, daß nur die mit einem Entlassungszeugnisse versehenen, d. h. außerhalb der Schulpflicht stehenden Bewerber Aufnahme finden können. Daß sich der vorjährige Kurs gut bewährt hat, geht daraus hervor, daß von 13 Schülern desselben, welche die Aufnahmeprüfungen in die Lehrerbildungsanstalt ablegten, dort alle aufgenommen wurden. Die übrigen Frequentanten haben ebenfalls die angestrebten Stellungen oder Aufnahmen in Fachbildungsanstalten erreicht.

Dem aufmerksamen Leser ist mittlerweile hinlänglich bekannt, dass der Verein „Freie Schule" in dieser Zeit speziell in den deutschsprachigen Gebieten der Monarchie viele Anhänger gefunden hatte. Folglich entstanden dort zahlreiche Ortsgruppen. Die Gründung einer eigenen Schule findet man aber nur in Wien. Umso erstaunlicher bzw. erfreulicher, dass die Linzer Klasse „Vierte Bürgerschulklasse" – eine Art Übergangsklasse – im Jahr 1906 eröffnet wurde. Der Grund der Klassengründung und ihres zweijährigen „Vereinsgastspiels" wird von den Oberösterreichischen Kinderfreunden so erklärt:[38]

---

[37] Quelle: (Linzer) „Tagespost" Nr. 212 vom 15. 9. 1907, Seite 8.

[38] Quelle: Braun, K.-H., Dobesberger, B., Rammer, G., Wetzel, K. (Hrsg.): Lernort Kinderfreunde, Leske + Budrich, Opladen 1998, S. 88, 89

Otto-Glöckel-Schule, Wien Hietzing

Unterstaatssekretär Otto Glöckel

In Oberösterreich führt der Verein „Freie Schule" [...] ab dem Jahr 1906 eine eigene 4. Bürgerschulklasse [...]. Diese diente dazu, daß Schüler, die die 3. Klasse absolviert hatten, bis zum möglichen Einstieg in andere Schulen, zum Beispiel Fachschulen, Handelsakademie, Lehrerbildungsanstalt, nicht einfach die dritte Bürgerschulklasse wiederholen mußten, sondern eine eigene Klasse für dieses Jahr hatten. Diese vierte Bürgerschulklasse wurde, nachdem sie sehr viele Schüler besuchten, ab September 1908 von der Stadt Linz übernommen.

Im Zusammenhang mit Schulen und Schulbetrieb muss aber auch explizit auf diverse Otto-Glöckel-Schulen hingewiesen werden. Das „Flaggschiff" lässt Otto Glöckel als geschäftsführender Präsident des Stadtschulrates nach seinen Vorstellungen in Hietzing erbauen. Im Oktober 1934 erfolgt – schon im Ständestaat – die feierliche Eröffnung. Das Schulgebäude zeichnet sich durch große Fenster, lichtdurchflutete Klassenzimmer und breite Gänge aus. Umgeben ist das großzügig gestaltete Haus in der Veitingergasse von einem Sportplatz bzw. Grünflächen, die ausschließlich den Schülern zur Verfügung stehen. Diese Schule gilt lange Zeit als modernste Bildungsstätte Österreichs. Nach dem Zweiten Weltkrieg kommt es 1946 an diesem Standort zur offiziellen Namensgebung in „Otto-Glöckel-Schule".

Natürlich werden in der Zweiten Republik noch andere Schulen nach Otto Glöckel benannt; man findet sie beispielsweise in Wiener Neustadt, St. Pölten, Linz, Traiskirchen, Groß-Enzersdorf usw.

Wir können alles. Wir sind Kinder.

Das Übereinkommen über die Rechte des Kindes wurde am 20. November 1989 von der Vollversammlung der Mitgliedstaaten der Vereinten Nationen angenommen. Die Kinderrechtekonvention (kurz KRK) sichert jedem Kind – also Mädchen und Jungen bis zum 18. Lebensjahr – persönliche, wirtschaftliche und kulturelle Rechte zu. Die Kinderrechtekonvention wurde von allen Mitgliedstaaten der Vereinten Nationen mit Ausnahme von Somalia und den USA ratifiziert und gilt damit als erfolgreichster Völkerrechtsvertrag aller Zeiten.

Das Übereinkommen über die Rechte des Kindes wurde von Österreich am 26. Jänner 1990 unterzeichnet, am 26. Juni 1992 vom österreichischen Nationalrat genehmigt und am 6. August 1992 durch Hinterlegung der Ratifikationsurkunde beim Generalsekretär der Vereinten Nationen ratifiziert (BGBl. 1993/7). Am 5. September 1992 ist die Kinderrechtekonvention in Österreich formal in Kraft getreten.

Der Nationalrat hat am 20. Jänner 2011 das Bundesverfassungsgesetz über die Rechte von Kindern, womit zentrale Bestimmungen des UN-Übereinkommens über die Rechte des Kindes in Verfassungsrang gehoben wurden, mit den Stimmen von SPÖ, ÖVP, FPÖ und BZÖ beschlossen. Am 16. Februar 2011 trat das BVG Kinderrechte in Kraft.

Das Bundesverfassungsgesetz über die Rechte von Kindern – in erster Linie zu erwähnen ist das dort verankerte „Kindeswohlvorrangigkeitsprinzip“ (Art. 1) – ist ein verbindlicher Orientierungsmaßstab für die Gesetzgebung, Gerichtsbarkeit und Verwaltung sowie auch für die Leistungen staatlicher und privater Einrichtungen.[39]

So lautet es einleitend zum Thema Kinderrechte seitens des „offiziellen“ Österreichs. Doch hat es tatsächlich in Österreich nach dem Zweiten Weltkrieg fast 40 Jahre lang gedauert, bis man sich mit den Rechten der Kinder auseinandergesetzt hat? Jein!

Die Unterzeichnung und Ratifizierung der KRK ist die eine Seite, aber das in den frühen 50er Jahren von Paul Tesarek ins Leben gerufene

---

[39] Quelle: kinderrechte.gv.at

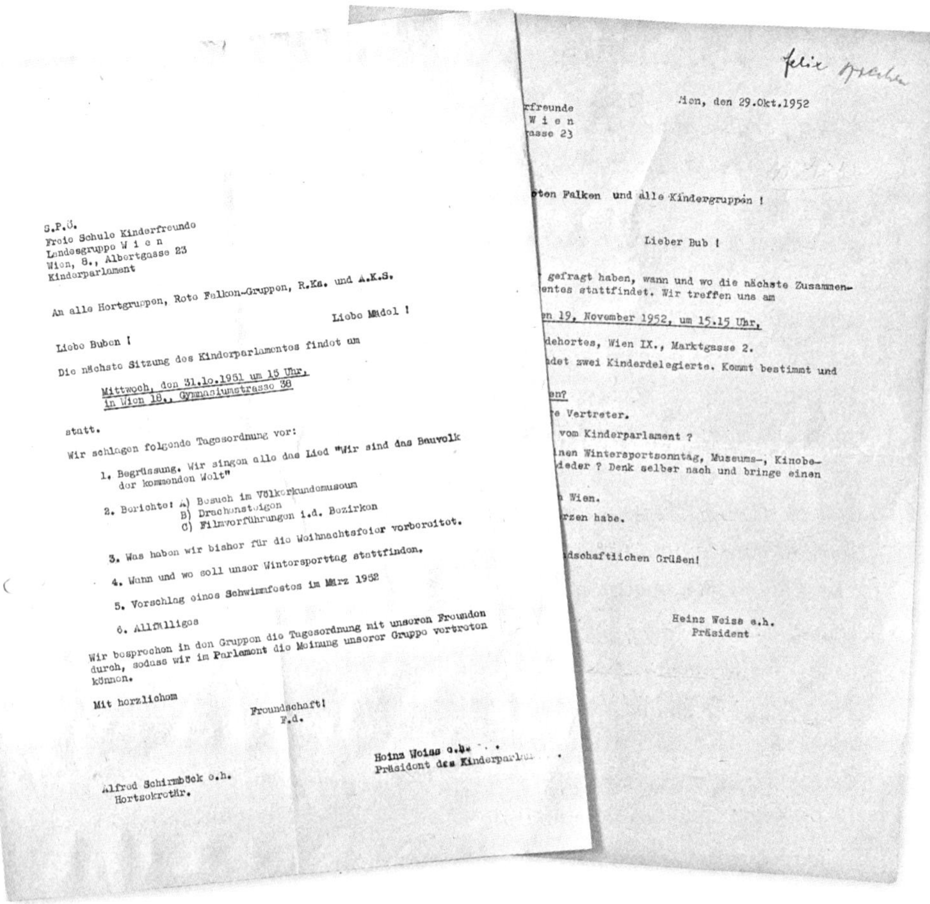

S.P.Ö.
Freie Schule Kinderfreunde
Landesgruppe W i e n
Wien, 8., Albertgasse 23
Kinderparlament

An alle Hortgruppen, Rote Falken-Gruppen, R.Ks. und A.K.S.

Liebe Mädel !

Liebe Buben !

Die nächste Sitzung des Kinderparlamentes findet am

Mittwoch, den 31.10.1951 um 15 Uhr,
in Wien 18., Gymnasiumstrasse 38

statt.

Wir schlagen folgende Tagesordnung vor:

1. Begrüssung. Wir singen alle das Lied "Wir sind das Bauvolk der kommenden Welt"
2. Berichte: A) Besuch im Völkerkundemuseum
   B) Drachensteigen
   C) Filmvorführungen i.d. Bezirken
3. Was haben wir bisher für die Weihnachtsfeier vorbereitet.
4. Wann und wo soll unser Wintersporttag stattfinden.
5. Vorschlag eines Schwimmfestes im März 1952
6. Allfälliges

Wir besprechen in den Gruppen die Tagesordnung mit unseren Freunden durch, sodass wir im Parlament die Meinung unserer Gruppe vertreten können.

Mit herzlichem

Freundschaft!
F.d.

Heinz Weiss e.h.
Präsident des Kinderparl...

Alfred Schirmböck e.h.
Hortsekretär.

...rfreunde
...W i e n
...asse 23

Wien, den 29.Okt.1952

...ten Falken und alle Kindergruppen !

Lieber Bub !

... gefragt haben, wann und wo die nächste Zusammen-
...entes stattfindet. Wir treffen uns am

...n 19. November 1952, um 15.15 Uhr,

...dehortes, Wien IX., Marktgasse 2.

...det zwei Kinderdelegierte. Kommt bestimmt und

...en?

...e Vertreter.

... vom Kinderparlament ?

...nen Wintersportsonntag, Museums-, Kinobe-
...ieder ? Denk selber nach und bringe einen

... Wien.

...rzen habe.

...dschaftlichen Grüßen!

Heinz Weiss e.h.
Präsident

Einladungen Kinderparlament

Kinderparlament die andere. Er ist Pädagoge mit Leib und Seele, sprüht vor Ideen, dazu gesellen sich Funktionen wie Ehrenobmann der Kinderfreunde und Präsident der Erziehungs-Internationale.

In seinem Buch „Auf dem Wege zu einem österreichischen Kinderparlament“ formuliert Tesarek die Gedanken, die seinem Projekt zugrunde liegen:[40]

Es gehört zu den wichtigen Erziehungszielen unserer Bewegung, die Kinder möglichst selbsttätig sein zu lassen, damit sie recht selbständig werden. Was aber etwa für Handfertigkeit, für Leibesübungen gilt, ist auch für den geistigen Bereich anzustreben: Unsere Kinder sollen nicht nur beim Zeichnen und Malen, beim Basteln und beim Turnen, bei der Beherrschung ihres Körpers (ihrer Hände, ihrer Beine ...) selbsttätig sein können, sondern sie sollen auch selber beurteilen und urteilen, auch im sittlichen Bereich selbständig entscheiden können, entscheiden wollen.

Freilich, auch hier handeln wir wohlüberlegt: wir berücksichtigen auf dem Wege zum Kinderparlament Alter und Entwicklungsstufe der Kinder; auch ist zu bedenken, wie lange die Kinder schon in unseren Gemeinschaften, ob sie überhaupt mit dem seelischen Klima unserer Bewegung vertraut sind. Je jünger die Kinder, je kürzere Zeit sie bei uns sind, um so vorsichtiger werden wir sie nach und nach mit Selbstverantwortung belasten. Fast auf keinem Gebiet rächen sich Verfrühungen so sehr wie hier, in der Selbstverwaltung. Wir hüten uns natürlich, etwa gar Kleinkinder zu betont vor Entscheidungen zu stellen. Von ihnen fordern wir meist freundlich die Erfüllung unserer Wünsche, provozieren nur gelegentlich eine eigene Entscheidung.

Tesarek beschreibt die Diskussionsrunden der Jüngeren als Plauderstunden, die durch gekonntes Frage-Antwort-Spiel unter loser Leitung des Erziehers geordnet ablaufen. Die Kinder lernen daher bald gewisse Grundregeln eines „wohlgeordneten Parlamentarismus“:

Es spricht immer nur ein Redner. Man muss warten können, bevor das Wort erteilt wird. Es ist notwendig, gut und zusammenhängend zu reden. Niemand wird ausgelacht, wenn er nicht gut redet oder etwas Unrichtiges vielleicht gar Unsinniges sagt. Jedes Kind hat das Recht auf Meinungsäußerung.“

Dass es dieses von Tesarek initiierte Wiener Kinderparlament auch tatsächlich gegeben hat, kann ich persönlich bestätigen. Nicht nur das, im Schuljahr 1951/52 sowie im Schuljahr darauf haben mich die Delegierten der Kinderfreunde-Kindergruppen zum Präsidenten gewählt. Eine durchaus verantwortungsvolle Position für einen 12-jährigen Buben. Unser Parlament tagte im Schuljahr ein Mal pro Monat. Ein großer Raum im Kinderfreunde-Tagesheim Gymnasiumstraße diente als Sitzungssaal.

---

[40] Quelle: Tesarek, Anton: Auf dem Wege zu einem österreichischen Kinderparlament, Verlag Jungbrunnen, Wien 1956, S. 4, 5.

Kinderparlament

Selbstverständlich hatte ich als Präsident einen Stellvertreter, in meinen beiden Amtsperioden war es ein Mädchen. Um die Anträge, Beschlüsse und Wünsche der Delegierten korrekt zu dokumentieren, wurde ein Schriftführer bestellt. Wir alle hatten gelernt, Diskussionen vorbildlich zu führen, und es herrschte trotz oftmaliger Meinungsverschiedenheit eine kollegiale Atmosphäre. Meistens waren 60–70 „Parlamentarier" anwesend und eine Vertrauensperson aus dem Kreis der Erzieher, die aber bei den offenen Abstimmungen kein Stimmrecht besaß.

Für mich als Halbwüchsigen war dies eine aufregende Zeit und ich nutzte jede freie Minute, mich akribisch auf die nächste Sitzung vorzubereiten. Diverse Wünsche, die Kindergruppen der Bezirke geäußert hatten, kamen auf die Tagesordnung. Worum ist es dabei eigentlich gegangen? Mit welche Bitten oder Forderungen sollte sich das Kinderparlament auseinandersetzen? Auf der Agenda standen: wienweiter Schwimmwettbewerb, Filmsonntage in Kinos, Schachwettbewerbe in den Bezirken, kindgerechte museumspädagogische Führungen speziell im Völkerkundemuseum, bezirksübergreifende gemeinsame Faschingsfeste, einzelne Schitage im Wienerwald, Einladungen von Kinderbuchautoren für Lesungen.

Leider war es nicht immer möglich, alle „Petitionen" in die Realität umzusetzen. Bei den Kindern machte sich dann gelegentlich Enttäuschung breit. Aber mit dem Gefühl einer zerstörten Hoffnung umgehen zu lernen, bezeichnet Tesarek als *„[...] erzieherisch wichtig! Gewöhnen wir unsere Kinder auch bei uns an das Neinsagen, an die Versagung! Es ist für unsere Arbeit eine wichtige Probe, wie sie solche Enttäuschungen aufnehmen, wie diese anerkennen und innerlich verarbeiten!"*[41]

Die Delegierten zum Kinderparlament der Wiener Kinderfreunde waren zwischen 10 und 14 Jahre alt und auf diese Altersgruppe beschränkt. Kaum richtig eingearbeitet, war meine Amtsperiode wieder vorbei!

Für mich persönlich war es eine aufregende und menschlich bereichernde Erfahrung. Wir konnten selbst bestimmen, uns entfalten und Verantwortung übernehmen – eingebettet in eine funktionierende Gemeinschaft.

Die Reminiszenz der berühmten Kinderbuchautorin Astrid Lindgren trifft ebenso auf meine Kindheit zu:

„Zwei Dinge hatten wir, die unsere Kindheit zu dem machten, wie sie war – Geborgenheit und Freiheit." („Mein Småland", Astrid Lindgren & Margareta Strömstedt.)

---

[41] Quelle: Tesarek, Anton: Auf dem Wege zu einem österreichischen Kinderparlament, Verlag Jungbrunnen, Wien 1956, S. 8.

Bildnachweis.

Archiv Erna Low: 89, 105, 106, 107, 108, 109

Archiv der Österreichischen Kinderfreunde:
6, 21, 28, 29, 30, 57, 59, 71, 82, 121, 126, 148, 172, 174, 175, 177

Archiv der Wiener Kinderfreunde:
93, 180, 181, 182, 183, 185, 186, 216

Archiv Dr. Oskar Achs: 150, 151, 203, 204, 205

BBC: 110

Bezirksmuseum Josefstadt: 26

Die Unzufriedene, 10. Jahrgang, Nr. 16, Wien 23. 4. 1932 – http://anno.onb.ac.at/cgi.content/anno?aid=uzf&datum=19320423&seite=1&zoom=29: 45

Franz Blaha: 176

Österreichische Nationalbibliothek
Credit „ÖNB/Wien Signatur 154 594-B“: 32

Österreichisches Volkshochschularchiv: 101, 191, 206

PID – Presse- und Informationsdienst der Stadt Wien: 202

Verein für Geschichte der ArbeiterInnenbewegung:
11, 56, 63, 65, 75, 80, 129, 161, 208

Wien Museum: 12, 144, 147, 156, 157

Wiener Stadt- und Landesarchiv: 26, 27

Die Zahlen bedeuten die jeweilige Seitenangabe. – Soweit nicht angeführt, stammen die Illustrationen und Fotos aus dem Archiv von Heinz Weiss.

Im echomedia buchverlag sind folgende Bücher von Prof. Heinz Weiss erschienen:

Das Rote Schönbrunn (2008)
Der Schönbrunner Kreis und die Reformpädagogik der Schönbrunner Schule

Freundschaft in Hietzing (2012)
Die Geschichte der Hietzinger Sozialdemokratie

Otto Felix Kanitz (2016)
Vom jüdischen Klosterschüler zum Top-Roten der Zwischenkriegszeit

Eine umfangreiche Vortragstätigkeit dokumentiert seine Forschungsarbeit über die Geschichte der Kinderfreunde. Darüber hinaus veranstaltete Heinz Weiss sowohl an der Volkshochschule Hietzing (2005) als auch im Österreichischen Staatsarchiv (2007) Ausstellungen über die „Pädagogen des Schönbrunner Kreises".

Ergänzend zur Galerie „Heldenplatz '29" zeigte der Waschsalon im Karl-Marx-Hof in 1190 Wien in Kooperation mit Prof. Heinz Weiss eine vielbeachtete Ausstellung über Otto Felix Kanitz, den Organisator des großen Jugendtreffens 1929 mit 50.000 Teilnehmern in Wien.

© PRIVAT

Über den Autor.

Empathie, Hilfsbereitschaft, Toleranz, Verantwortungsbewusstsein, Fairness, Respekt und Freundschaft sind nur einige der Werte, die Heinz Weiss von Kindheit an geprägt haben. Als Bub besucht er einen Hort der Kinderfreunde und ist schon damals von den Ideen der Bewegung fasziniert. Neben seiner kaufmännischen Ausbildung engagiert er sich bei den Roten Falken, später als „Bundesfalke", um letztlich als Geschäftsführer viele Jahre die Leitung der Wiener Kinderfreunde zu übernehmen. Dabei kommt sein Hobby – die Zeitgeschichte – immer zu kurz. Das ändert sich aber schlagartig, als Heinz Weiss in Pension geht.

Als profunder Kenner der österreichischen Sozialdemokratie widmet er sich gerne auch der Geschichte der Kinderfreunde. Zu dieser ihm vertrauten Materie hält er Vorträge im Rahmen der Erwachsenenbildung, initiiert Ausstellungen und schreibt Bücher. Mit der vorliegenden Lektüre lädt Prof. Heinz Weiss seine Leserinnen und Leser in das Haus Albertgasse 23 ein und unternimmt mit ihnen eine abwechslungsreiche Reise in die bewegte Vergangenheit des geschichtsträchtigen Gebäudes in der Wiener Josefstadt.